Martha Kleinhans, Julia Görtz, Maria Chiara Levorato (Hg.)

La forma dell'assenza

Martha Kleinhans, Julia Görtz,
Maria Chiara Levorato (Hg.)

La forma dell'assenza

Facetten italienischer Epistolographie
vom 14. Jahrhundert bis heute

 **Würzburg**
University Press

Impressum

Julius-Maximilians-Universität Würzburg
Würzburg University Press
Universitätsbibliothek Würzburg
Am Hubland
D-97074 Würzburg
www.wup.uni-wuerzburg.de

© 2021 Würzburg University Press
Print on Demand

Cover: Silke Korbl
Umschlagbild: Lettera di Veronica Gambara a Cristoforo Madruzzo
(Correggio, 15 ottobre 1546) © Trento, Biblioteca Comunale, BCT1-612, c. 68r

ISBN 978-3-95826-164-8 (print)
ISBN 978-3-95826-165-5 (online)
DOI 10.25972/WUP-978-3-95826-165-5
URN urn:nbn:de:bvb:20-opus-234745

Inhaltsverzeichnis – Indice

Einführung

Martha Kleinhans

„… E mi hai lasciato solo le tue lettere, / onde io le ribevessi nella tua assenza"[1] besingt die italienische Dichterin Alda Merini (1931-2009) im Gedicht *Lettere* die Sehnsucht stillende, imaginäre Kraft von Briefen, die ein abwesendes Du zu ersetzen vermögen. Für Roland Barthes war die Figur der Klage über die Abwesenheit des bzw. der Geliebten historisch die der Frau, wie er in seinen *Fragments d'un discours amoureux* formuliert: „Historiquement, le discours de l'absence est tenu par la Femme […] C'est la Femme qui donne forme à l'absence, en élabore la fiction".[2] Im Liebesbrief gibt die Frau der Abwesenheit des geliebten Gegenübers Gestalt. Um Begriffe wie ‚Liebe', ‚Absenz' und ‚weibliches Begehren' kreisen die meisten der im Folgenden in den Blick genommenen Briefe. Ziel des vorliegenden Bandes ist es, bei den ausgewählten italienischen Briefen von Frauen die Ebene des *Discours* zu fokussieren und die gestalterische, formgebende Spezifität weiblicher Briefkunst aus unterschiedlichen Perspektiven zu beleuchten.

Der Brief steht in unseren Tagen unter erheblichem Druck, das Kulturgut epistolarer Überlieferung droht in naher Zukunft zu verschwinden. Zunehmende Digitalisierung und eine immer hektischere, kurzlebige Kommunikation in den sozialen Medien scheinen das Schreiben von Briefen obsolet zu machen. Auf der anderen Seite ist in jüngster Zeit ein neues Interesse für das Untersuchungsobjekt Brief in verschiedenen Disziplinen der Geisteswissenschaften zu verzeichnen. In der deutschen Italianistik hat sich die Linguistik ausgiebig mit pragmatischen Briefen im *Volgare* beschäftigt und darauf aufbauend den Begriff der ‚Diskurstradition' entwickelt.[3] Der Bereich der mittellateinischen Briefliteratur Italiens ist ebenfalls gut erforscht.[4] Besonders angloamerikanische und italienische Studien zur volkssprachlichen Epistolarität Italiens haben in den letzten Jahren mit Hilfe aktueller kulturwissenschaftlicher Ansätze Briefkorpora des *Trecento*, *Quattrocento* und *Cinquecento* analysiert.[5] Für die deutsche Italianistik sehe ich hier noch offene Forschungsfelder. Überaus gewinnbringend wäre es, so scheint mir, innovative theoretische Ansätze aus unterschiedlichen Disziplinen (Philologie, Rhetorikforschung,[6] Medien- und Kommunikationswissenschaften, Schreibforschung,[7] Diskursanalyse, Gendertheorien) zusammenzuführen und das mittlerweile vielfach neu edierte und digital in Datenbanken zugängliche Briefmaterial des Mittelalters und der Frühen Neuzeit mit einem solchen inter- bzw. transdisziplinären Ansatz zu befragen. Der vorliegende Band kann und will hier nur erste Impulse an-

---

[1] Merini 1993, 17.
[2] Barthes 1977, 20.
[3] Cf. Koch 1985 und 1988. Zum Begriff cf. ferner Glessgen 2005, 209.
[4] Cf. Ruhe 1975.
[5] Cf. zum Beispiel Crabb 2015 und Tylus 2009.
[6] Cf. Ueding 2016.
[7] Cf. Clare et alii 2018.

hand exemplarischer Teiluntersuchungen zu Briefen von Italienerinnen aus unterschiedlichsten Epochen geben. Die vorgestellten Texte bewegen sich auf der diachronen Achse vom ausgehenden 14. Jahrhundert bis in die Gegenwart und lassen spezifische Diskurstraditionen erkennen.[8] Die hier versammelten Beiträge behandeln vorrangig italienischsprachige Frauenbriefe, von denen signifikante Beispiele ausgewählt und mit verschiedensten aktuellen methodischen Zugriffen untersucht werden.[9] Thematischer Schwerpunkt sind unterschiedliche Facetten der Amor-Inszenierung, die Formen und Funktionen religiöser und profaner Liebesdiskurse, denen sich ein Ausblick auf aktuelle intermediale Tendenzen und die didaktischen Möglichkeiten anschließt, italienische Briefe im Unterricht zu behandeln.

Briefe sind zunächst einmal ein graphisches Kommunikationsmedium, sie sind nicht nur kulturgeschichtliche Dokumente, die man als Steinbruch für sozialhistorische Forschungen ausschlachten kann, sondern sie besitzen einen ästhetischen Eigenwert.[10] Epistolares Schreiben stellt ein äußerst vielschichtiges Untersuchungsgebiet dar, bei dem nicht nur das Endprodukt des Brieftextes, sondern auch die historisch und individuell sich verändernden Konstellationen des Schreibens, die jeweilige Schreibsituation und der Schreibvorgang mitberücksichtigt werden sollten.[11] Handschriftlich überlieferte Briefe eignen sich besonders gut dazu, auch Faktoren wie zum Beispiel benutztes Schreibmaterial,[12] Charakteristika der Handschrift, die den Grad der subjektiven Anteilnahme indizieren, oder bestimmte Emotionalisierungsverfahren in Augenschein zu nehmen.

Der Brief verfolgt oft nicht nur ein pragmatisches Interesse, er kann ein besonderes Darstellungs- und Reflexionsmedium sein, er bewegt sich zwischen *écriture réelle* und fiktionalem, poetischem Entwurf. Epistolarität oszilliert häufig zwischen der Verschriftlichung spontaner Gefühle und der Spiegelung des eigenen Ich wie auch des abwesenden Adressaten. Der Brief kann Vorstufe für eine literarische Fiktion sein oder gar selbst zum fiktionalen Gebilde werden, vermag die Rede des Anderen zu imaginieren oder eine eigene oder fremde Äußerung zu reflektieren und zu kommentieren. Der literarische Status des Briefs muss stets aufs Neue bestimmt werden, es muss diskutiert werden, inwieweit Privatbriefe, intime Briefe, eine biographische oder soziale Konstruktion darstellen.[13] Das Distanzmedium Brief bedient sich dabei Sprachmarkierungen einer Sprache der Nähe. Als äußerst elastische Textform ist der Brief aufnahmefähig für unterschiedlichste Themen und Register, kann in Prosa oder Versform abgefasst sein. Epistolarität agiert im Zwischenraum zwischen histo-

---

[8]   Ein Großteil der Beiträge basiert auf dem dankenswerterweise vom MAECI finanziell unterstützten Workshop *La lettera italiana fra para|testo e testo letterario dal Trecento a Oggi* (Würzburg, 14.1.2020).

[9]   Jedem der Beiträge geht ein Abstract in der jeweils anderen Sprache (deutsch bzw. italienisch) voraus, so dass auf eine genaue Zusammenfassung hier in der Einführung verzichtet werden kann.

[10]   Cf. Clare et alii 2018.

[11]   Cf. Stingelin 2004, 15. Er differenziert zwischen ‚Schreib-Szene‘ und ‚Schreibszene‘, wobei bei letzterem Begriff das Moment des Problematisierens und des (Auto-)Reflexiven gegenüber der Schreibszene hinzukommt.

[12]   Beispielsweise die Benutzung eines (teilweise) bereits geschriebenen Briefes eines Anderen. Maria Savorgnan etwa fügte zwischen die Zeilen eines Briefs des *Medailleurs* Moyse an Pietro Bembo einige Zeilen ein, worin sie Moyses Bekenntnis des Schlechtschreibens malizös bestätigt, um dann mit Bembo ein geheimes Treffen zu vereinbaren (Brief Nr. 71, Savorgnan 2012, 101-102 und 127-128).

[13]   Cf. Jovicic 2010.

rischem faktualem Dokument, Alltagskommunikation und Literarizität.[14] Briefe tauchen mit dem Übergang von der Oralität zur Schriftlichkeit auf. Seit den Anfängen volkssprachlicher Literatur zeigen italienische Dichter und Dichterinnen Interesse am Brief, machen sich seine klare Struktur zunutze und schöpfen sein poetisches Potential des Imaginären aus: Man denke nur an die Korrespondenzgedichte der Dantezeit[15] oder an die Briefdichtung italienischer Petrarkistinnen, die die Ovidsche Tradition der *Heroides* aufnahmen.[16]

Im *Volgare* abgefasste Briefe sind aber auch Indikatoren für zunehmende Alphabetisierung, für eine Sprengung des elitären Zirkels der Lateinkundigen. Der volkssprachliche italienische Brief entwickelt sich aus dem Kaufmannsbrief, wobei dieser sich zunehmend von der Orientierung am lateinischen Brief löste.[17] Volkssprachliche Briefe des *Tre-* und *Quattrocento* orientieren sich nicht immer an der von der *ars dictaminis* vorgegebenen Struktur, die eine Gliederung in *Salutatio* (Begrüßung), *Exordium* (Einleitungsteil), *Narratio* (Erzählung), *Petitio* (Ersuchen) und *Conclusio* (Schlussteil) vorsah. Italiens *Tre Corone* Dante, Petrarca und Boccaccio bevorzugten, so jedenfalls die Überlieferung, die lateinische Sprache für ihre Korrespondenz.[18] Nicht zufällig kommt es mit zunehmender ökonomischer Macht der italienischen Handwerker und Kaufleute zu einer regelrechten ,Explosion' der brieflichen Kommunikation, zur Entwicklung einer besonderen Schrift, der *mercantesca*.[19] Im Geschäftsbrief finden sich formelhaftes Schreiben und Nähe zur gesprochenen Sprache kombiniert. Erst eroberten sich die Notare,[20] dann die Kaufleute mit ihren im *Volgare* abgefassten Briefen das Terrain gegenüber der klerikalen Elite, bis schließlich auch zunehmend Frauen meist höherer Gesellschaftsschichten das Recht für sich einfordern, Briefe zu schreiben, wie etwa die Bittbriefe von Witwen über Probleme der Vormundschaft belegen.[21]

Materielle Textgestalt, Textgliederung, Handschrift oder Druck, Lesbarkeit, graphische und morphosyntaktische Auffälligkeiten, der Briefaufbau und bestimmte Gruß- und Endformeln können Aufschluss über frühneuzeitliche Briefschreiberinnen und deren Schreibsituation geben.[22] Schreibende Liebende thematisieren etwa ihre körperlich-seelische Be-

---

[14] Cf. Clare et alii 2018.

[15] Cf. Kleinhans 2020, 361-388.

[16] Cf. Schneider 2007, 141-150.

[17] Einen guten Überblick über die Gattungsgeschichte ,Brief' bietet Palermo 2010.

[18] Während Francesco Petrarca auf der Basis der klassischen lateinischen Briefliteratur – man denke an die Briefe Ciceros oder an Horazens Pisonenbrief – seine Briefe über persönliche Probleme und Alltagsfragen in verschiedenen Modi, Versepistel oder sorgfältig gestalteter Prosabrief, in lateinischer Sprache formuliert, sind uns keine italienischen Briefe von ihm tradiert. Dies heißt aber nicht, dass er für den täglichen Austausch mit Männern und Frauen, die des Lateinischen nicht mächtig waren, nicht auch die italienische Sprache benutzt hätte.

[19] Cf. Frangioni 2009, 125. Sie belegt ihre Ausführungen mit wertvollen Abbildungen von Briefen.

[20] Sie standen häufig wie Lapo Mazzei, der die Datinis bei der Korrespondenz unterstützte, im Dienst von wohlhabenden Kaufleuten (cf. Mazzei 1880).

[21] Cf. Zdekauer 1897, 256: „Madonna Batista, vedova, allo stesso Magistrato, per assumere essa stessa la tutela del figliuolo".

[22] Es macht eben einen Unterschied, ob eine Frau wie Margherita Datini an ihren Ehemann mit „Per la tua Margherita" (Fondo Datini 1401890, zit. nach http://datini.archiviodistato.prato.it/) und Lena Strozzi mit „Lena tua servitore" (zit. nach Miglio 2008, 287) unterzeichnet, Santa Caterina dagegen ihre Briefe mit „Gesù

findlichkeit oder den Ort und Zeitpunkt ihres Schreibens, um bei ihrem Geliebten bestimmte Reaktionen hervorzurufen.[23] Für italienische Frauen bot je nach Alphabetisierung seit dem Mittelalter der Brief – diktiert oder von eigner Hand geschrieben – eine Möglichkeit, die Absenz des Anderen zu überbrücken, dem eigenen Warten und Leiden an der Ferne des Anderen Ausdruck zu verleihen. Briefe gaben der Ferne des Geliebten eine Gestalt. Sie stellten den Schreibenden einen Raum bereit, der ihnen gestattete, sich zu artikulieren. Im Medium des Briefs vermochten Frauen ihre Selbst- und Wirklichkeitswahrnehmung in Worte zu fassen, sie konnten ihre Subjektivität sprachlich modellieren und Formen der Selbstautorisierung erproben. Briefe von Ehefrauen, Töchtern oder Nonnen – seien es intime Briefe oder amtliche und geschäftliche Korrespondenz – bieten interessante Dokumente der Alltagskommunikation, öffnen ein Fenster in die Alltagsrealität von Frauen in Italien, sie erlauben aber auch spezifisch weibliche Strategien der Affektmodellierung zu erkennen. Dies möchte ich an einigen Briefbeispielen aus der Frühen Neuzeit verdeutlichen, die in den Beiträgen des Bandes nicht diskutiert werden.

Briefe schreibende Frauen finden sich seit der zweiten Hälfte des *Trecento* dokumentiert.[24] Dem Umstand, dass Margherita Datini (1360-1423) die meiste Zeit ihrer Ehe räumlich getrennt von ihrem umtriebigen, sehr viel älteren Kaufmannsgatten lebte, verdankt die Nachwelt einen einzigartigen Briefwechsel. Dank des spektakulären Funds tausender Briefe und Geschäftsdokumente des europäischen Großkaufmanns Francesco di Marco Datini (ca. 1335-1410) im Palazzo Datini in Prato und der bis heute überaus engagierten Stiftung Datinis sind hervorragende Voraussetzungen für die Forschung gegeben. Allein über vierhundert Briefe der beiden Ehepartner sind erhalten und in einer Datenbank zugänglich.[25]

Am 20. Januar 1386 schreibt Margherita ihrem Gatten Francesco nach Pisa einen in mehrfacher Hinsicht interessanten Brief. Zum einen offenbart sie ihr rhetorisches Talent, wenn sie in Frage stellt, ob Francescos Lob über ihren gut formulierten Brief wirklich als solches gemeint war. Dennoch kann sie ihre Freude und ihren Stolz über ihre Leistung nicht

---

dolce, Gesù amore" (*passim*) beendet. Besonders auffällig der *Salutatio*-Teil in Caterinas Briefen: Nach „Al nome di Gesù Cristo crocifisso e di Maria dolce" folgt die Anrede an den jeweiligen Adressaten „Carissimo […] in Cristo dolce Gesù". Sodann nennt sie sich selbstbewusst beim Namen, da sie ihr Schreiben durch Christi Blut legitimiert weiß: „Io Catarina, serva e schiava de'servi di Gesù Cristo, scrivo a voi nel prezioso sangue suo" (*passim*).

[23]   Maria Savorgnan erwähnt gern gleich zu Briefbeginn ihren Gesundheitszustand, um die Intensität ihrer Liebeserregung zu metaphorisieren (Brief Nr. 10, Savorgnan 2012, 77) oder um den Gegensatz zu Bembos sorglosem Wohlleben zu betonen (Brief Nr. 11, ibid.).

[24]   Cf. die von Zdekauer 1897 edierten Sieneser Briefe aus dem 15. und 16. Jh. Interessant ibid., 243-244 der Brief von Margherita de' Banchi an ihren in Palermo befindlichen Ehemann, in dem sie sich über seine lange Abwesenheit erzürnt zeigt und ihn auffordert, schleunigst heimzukehren: „In peró che voi mi pro[metteste di tornare] fra 4 mesi, e no' ci siate in chapo dell'anno, che non vi chrederò mai più nulla, avendomi detto [prom]esse e giuri che voi facesti". Oder der Brief von Guglielmo Gigli da Lucca an den Cancelliere del Comune über eine mit ihrem Geliebten geflohene Sklavin vom 6. Oktober 1394 (ibid., 251-252).

[25]   Cf. die Datenbank des Fondo Datini in Prato, http://datini.archiviodistato.prato.it/. In Deutschland arbeitet Katharina Tugend an einem Dissertationsprojekt zum Briefwechsel des Ehepaars Datini, cf. hierzu Tugend 2015 und 2019. Carolyn James und Antonio Pagliaro ist eine Übersetzung ins Englische zu verdanken. Cf. ferner die höchst informative Biographie von Origo 1985 sowie Crabb 2015, die aktuelle methodische Ansätze der amerikanischen Genderforschung an den Briefen Margheritas erprobt.

ganz verbergen. Ironisch wirft sie Francesco vor, er habe weder je auf den Rat seines Geschäftspartners Boninsegna in Avignon noch auf ihren Rat gehört. Sie bekennt sich zwar zu weiblicher Zurückhaltung, wie sie zeitgenössische Anstandsbücher forderten, intendiert mit ihrer Äußerung aber genau das Gegenteil: Sie will, dass ihr Gatte endlich ihre guten Ratschläge befolgt, wie zum Beispiel den Verzicht auf gesundheitsschädliches Essen und Trinken während des Karnevals, und sagt ihm das auch immer wieder explizit. Ferner ist sie sehr um seine psychische Befindlichkeit besorgt. Er könne ihr derartiges, wie er in seinem Brief meinte, ruhig persönlich sagen, solle es aber nicht schreiben.

> Oggi ricevetti vostra lettera fatta a dì 19 detto, alla quale apresso rispondo a' bisogni. Voi dite, per una lettera ch'io vi mandai, fu chosì bene dettata: non so se 'l dite per lo chontradio; se gl'è chosì, mi piace. A mio parere no' mi pare né che Boninsegna né d'io v'abiamo bene chonsiglato, ché mai non à' voluto fare chosa che d'egli t'abia detto; non dico di me che sono femina, ché per gli chonsigli delle femine non si de' l'uomo ghovernare. Della vostra venuta voi qua mi piace: prieghovi che ve ne isforziate, faretemi uno grande piacere. Prieghovi non voglate avere le ghotte per questo charnascale, verebevi male a punto a' fatti ch'avete a fare: non vi voglate senpre dare pensieri e fatte le chose sanza dire: "Io me ne fo beffe che voi faciate mai altro che tribolare". Del drimi voi a bocha sono chontento, no' me ne iscriviate nulla.[26]

Wie sehr auch sie fürchtet, ihr Schreiben könne in falsche Hände geraten, beweist ihre dringende Bitte am Ende des Briefs, Francesco möge das Schriftstück sofort nach der Lektüre verbrennen.[27] Dank der glücklichen Überlieferungslage – es sind sowohl Briefe Margheritas an ihren Gatten als auch Briefe von ihm an sie erhalten[28] – können wir mitverfolgen, wie sich unterschwellige Konflikte zwischen den ungleichen Ehepartnern steigern und auf beiden Seiten mit spitzen Anspielungen und ironischen Seitenhieben gearbeitet wird. Das Medium des Briefs, die Abwesenheit des Ehegatten, nutzt Margherita zur Selbstermächtigung. Ihre Behauptung, im direkten Gegenüber hätte sie sich geziemender, das heißt ihrer sozialen Rolle als Ehefrau angepasster, verhalten als im Brief, mag man ihr nicht recht glauben. Ihr Hinweis auf ihre adelige Abstammung wird zur stolzen Waffe im Streit mit dem Kaufmannsparvenu.[29] Margherita erhebt mit ihrem Schreiben keinerlei Anspruch auf Literarizität, doch versteht sie es sehr wohl Affekte sprachlich zu kodieren. Zu Beginn der Ehe artikuliert Margherita noch stärker ihre Sehnsucht nach körperlicher Nähe, etwa wenn sie am 27. Februar 1385 Francesco gegenüber beteuert, sie würde ihm bis ans Ende der Welt folgen: „Io sono diliberata al tutto di venire, nonché a Pisa, ma in chapo dello mondo quando voi vi chontentasse".[30] In späteren Jahren füllt sie bravourös die soziale Rolle der selbständigen Geschäftsfrau aus, versucht ihr Leid über ihre unerfüllte Mutterschaft und ihren vom geschäftlichen Erfolg besessenen Ehemann durch perfekte Organisation ihres Hausstands

---

[26] Ed. Rosati 1977, 23. Ich weiche hier mit der Zeichensetzung von Rosati ab. „Chontento" muss sich m.E. auf Margherita beziehen, auch andernorts nennt sie sich selbst „contento" (cf. z.B. ihr Brief vom 8. Mai 1399, ed. Rosati 1977, 293).

[27] Ibid., 25. Cf. dazu Tugend 2020, 108, die diese Briefpassage als stärkste Markierung des Unsagbaren hervorhebt. Dadurch werde sichtbar, dass etwas Unsagbares ausgesprochen wird.

[28] Cf. Datini 1990 und Datini 2002.

[29] Cf. ed. Rosati 1977, 26 (Brief vom 23. Januar 1386): „i' ò pure un pocho del sanghue de Gherardini, che me ne pregio assai di meno; ma io non so chonoscere il sanghue vostro!"

[30] Ed. Rosati 1977, 15.

und der Geschäfte Francescos wie auch durch ihr religiös-karitatives Engagement zu kompensieren. Die gläubige Margherita musste nicht nur die Geburt eines illegitimen Sohnes akzeptieren, der allerdings noch im Säuglingsalter verstarb, sondern nahm auch Ginevra, die Tochter Francescos aus einer Verbindung mit einer Sklavin der *famiglia*, wie ihre eigene Tochter auf. In einem Brief aus dem Jahr 1402 deutet sie zudem den Tod eines weiteren illegitimen Kindes ihres Gatten an. Aus Liebe zu ihm sei auch sie über das „Ereignis" betrübt, umso mehr deshalb, weil er so betrübt sei, keine männlichen Nachkommen zu haben. Mit dem Hinweis auf Gottes Fürsorge versucht sie ihren Ehemann zu trösten und auf den rechten Weg des Glaubens zu lenken. Sie vergisst ferner nicht, an die Mutter des verstorbenen Kindes zu denken, die diese „bittere Pille" schlucken müsse, die ihr selbst wenigstens erspart geblieben sei.

> Piacemi che lla mula e altre chose ti mandai abi avute, perché penso che ttu sia cho' maninchonia assai, di che mi grava; e simile io sono tanto manichonosa del chaxo atchorso, sì per amore di te, ché penso ch'ella ti sarà grande maninchonia per più rispetti. Io vognio che ttu ti chonforti, perché Idio t'à ttolto che ttu non ài avuti figniuogni e ora ti lieva dinanzi questi isprotchi a cc(i)ò che ttu tti spitchi di questo mondacco, ché vedi che speranza ci si può porre; a mio parere, e' gni è da dolersi del chaso, ma chredimi, Francescho, che Dio fa ttutto pel bene dell'anima tua, purché ttu sapi chongniocere; ma chosì il volessi tu ffare chome ttu il chongniocci! [...] priegho Idio ch'egni abi fatto verace miserichordia, e dia grazia at quella madre ch'ella porti questa faticha per modo ch'ella non offenda a Dio, ché ttropo ène amaro botchone questo chet quand'io lo penso la grazia che Dio m'à fatta, ch'io non arò at provare questo botchone.[31]

Margheritas Briefe an Francesco sind meist unter Zeitdruck hektisch diktiert. Um unabhängiger von Dritten zu sein, erlernte sie sogar das Schreiben, sicherlich verfügte sie aber nicht über vollkommene Schreibkompetenz, sie drückt sich eher sprechsprachlich aus, achtet kaum auf ansprechende Diktion und graphische Korrektheit. Ihr Stil zeichnet sich durch hohe Emotionalität aus, zutiefst persönliche Äußerungen werden mit sachlichen Angaben über Warenverkehr und Kosten bestimmter Dienstleistungen vermengt.

Häufig empfanden Frauen Scham über ihre unzureichende Schreibkompetenz, thematisierten ihre Angst vor Verspottung durch den geschulteren männlichen Briefempfänger und griffen zu Bescheidenheitsgesten. Doch immer wieder, so ein Brief aus dem Jahr 1423 der Florentinerin Lena Strozzi (ca. 1405-1449), wagen sie es dennoch ihre Gefühle auszusprechen. Nach der *Salutatio* mit „Carisimo mio mag[i]ore, reccevemo tua letera" bestätigt Lena ihrem Gatten Neri Acciaioli die Übersendung des gewünschten *chapuccio*, gewährt dann aber auch Einblick in ihre Seelenlage, ihre innige Liebe und tiefe Depression, weil sie ihren Ehemann bereits zwei Monate entbehren muss:

> Tue mi dicevi pure ch'io ti sgrivesi sì ch'io ti scrivo il meglo che so, sì che no[n] ti far bef(f)e di me; io ti p/recho che tue t'i[n]gegni di tornare el più tosto che tu puoi che ogni dì / mi pare unn an[n]o ché, quand'io no[n] ti vecho tornare i[n]chasa né lla

---

[31]   Brief vom 18.5.1402 (Fondo Datini 1401946, zit. nach http://datini.archiviodistato.prato.it/).

m/antina né lla sera né gnuon ora, penssando quant'io ò a stare ch'io no[n] / ti
vech<a> mi vie' vogla di disperrami. Doi mese, Neri mio, chome potrò / io mai tanto
istare ch'io no[n] ti vecha?[32]

Im Vergleich zu Margherita Datinis und Lena Strozzis Briefen wirken die dreiundsiebzig
überlieferten Briefe der vornehmen Witwe Alessandra Macinghi Strozzi (1406-1471) an
ihre aus Florenz verbannten Söhne themenzentrierter, sorgfältiger gebaut und sprachlich
gewandter.[33] Alessandra Strozzi war gezwungen, nach der Verbannung und dem baldigen
Pesttod ihres Ehemanns mehrere Kinder aufzuziehen. Trotz hoher Steuerlast und politi-
scher Ränke gelang es ihr, ihre Töchter gut zu verheiraten und ihren Kindern das Stadtrecht
zu sichern.[34] Aus dem Briefwechsel mit ihren Söhnen ersteht das Bild einer außergewöhn-
lichen, tatkräftigen Frau.[35] Alessandra Strozzi ist sich des Unterschieds zwischen einem Gespräch von Angesicht zu Angesicht und schriftlicher Kommunikation wohl bewusst. Ihre
epistolare Darstellungsweise, die geschäftliche Angelegenheiten und affektive Sorge neben-
einanderstellt, ohne auf Fragen der Ästhetik achten zu können, behagt ihr nicht, wie aus
dem Brief an ihren Sohn Filippo vom 11. Mai 1464 hervorgeht:

Non guatare al mio bello scrivere: e s'io fussi presso a voi, non fare' queste letteracce;
chè direi a bocca e' fatti mia, e voi e' vostri. Pazienza![36]

Besonders viel Mühe wendet sie auf einen umfangreichen Brief an ihren Sohn Filippo vom
6. September 1459 auf, in dem sie ihrer grenzenlosen Trauer über den Tod ihres geliebten
Nesthäkchen Matteo Ausdruck verleiht.[37] Sie macht sich Vorwürfe, dass sie nicht nach
Neapel gereist ist, um ihren plötzlich erkrankten Matteo nochmals zu sehen und Filippo zu
trösten.

Considero che avendo auto el disagio delle male notti, e la maninconia della morte e
dell'altre cose, che la persona tua non de' stare troppo bene: e tanto mi s'avviluppa
questo pensiero el dì e la notte pel capo, che non sento riposo. E vorrei non avere
chiesto consiglio a persona; anzi, aver fatto quello che mi pareva, e volevo fare: chè
sarei giunta a tempo ch'io arei veduto e tocco el mio dolce figliuolo vivo, e are' preso
conforto, e datone a lui e a te.[38]

---

32   Zit. nach Miglio 2008, 287.

33   Für Doglio 1984, 488 gilt: „le lettere di Alessandra Macinghi Strozzi compongono il primo vero e proprio epistolario in volgare di una donna laica". Ich würde allerdings auch Margherita Datinis Briefwechsel bereits als
epistolario einschätzen.

34   Eine schöne kulturgeschichtliche, gut dokumentierte Einbettung der Lebensgeschichte dieser Frau in die
Florentiner Stadtgesellschaft unter den Medici bietet die Alessandra Strozzi mit Lucrezia Tornabuoni vergleichende Studie von Angela Bianchini 2005.

35   Cf. den Brief von Alessandras Schwiegersohn Marco Parenti an seinen Schwager Filippo Strozzi vom 6.2.1450,
in dem er Alessandra attestiert, aus Sorge um das Fortkommen ihres Matteo habe sie ihn ziehen lassen „et
assai si chonforta, non chon animo di donna ma d'uomo, del bene ch'ella spera vi si debbe aparecchiare"
(Parenti 1996, 27).

36   Brief 34, ed. Guasti 1877, 309. Alfred Doren übersetzt: „Habt nicht acht auf mein ‚schönes' Geschreibsel! Wäre
ich bei Euch, so brauchte ich die dummen Briefe nicht zu schreiben, denn ich könnte Euch mündlich über
meinen Kram berichten, und Ihr mir über Euren. Geduld!" (Ed. Doren 1927, 140).

37   Ed. Doren 1927, 76.

38   Ed. Guasti 1877, 180. Cf. dt. Übers., ed. Doren 1927, 77.

Zugleich sorgt sie sich um die psychische Befindlichkeit Filippos angesichts des Todes seines jüngeren Bruders und gibt ihm Ratschläge für seine Gesundheit. Hätte sie gleich von der Krankheit Matteos erfahren, wäre sie sofort aufs Pferd gestiegen. Filippo aber habe aus Sorge um ihre Gesundheit den Ernst der Lage verschwiegen. Nun leide ihre Seele mehr als ihr Körper:

> Ma i' so che per paura ch'io non ammalassi e non avessi disagio, nollo facesti: e i' n'ho
> più nell'animo ch'io no n'arei auto nella persona. Ora di tutto sia Iddio lodato, chè
> per lo meglio ripiglio tutto.[39]

Resolut und beherrscht fordert sie jedoch im Brief vom 18. Dezember 1459 an ihren anderen Sohn Lorenzo, der sich in Brügge aufhält, den Tod Matteos zu akzeptieren und fortan nicht mehr über „diese Sache" zu schreiben, da man die Situation doch nicht ändern könne:

> Ho dipoi una tua de' 9 d'ottobre, che n'ho preso conforto, e si perchè eri sano, e
> perchè della perdita grande che abbiàn fatta del nostro Matteo veggo che la pigli en
> pazienza; che me ne dài assa' conforto. E poi che a questo non è rimedio, si vuole por
> fine allo scrivere di questa materia; e solo a pregare per l'anima sua, e attendere a star
> sani, e a vivere mentre che a Dio piace: chè lo scrivere de' fatti sua è da dar pena ad
> amendue. E però porrò fine; ed altro non c'è da dire di sue faccende.[40]

Hier bei Alessandra Strozzi wird im Schmerz der Mutter eine Subjektivität und ein individueller Ton spürbar, der in den Briefen Margherita Datinis nur selten zu hören ist.

Eine eigene Studie verdienten die Briefe von Klosterfrauen. „Donna di esquisito ingegno"[41] rühmte Galileo Galilei seine *figlia naturale* Virginia, die als Suor Maria Celeste (1600-1634) im Klarissinnenkloster von Arcetri lebte.[42] Aus ihren Briefen an ihn spricht nicht nur zärtliche Tochterliebe gegenüber dem Vater, sondern auch das Bedürfnis einer intelligenten Frau nach einem eigenen Rückzugsraum für die Entfaltung ihrer Persönlichkeit, lange vor Virginia Woolf:

> Non desidero camera grande o molto bella, ma solo un poca di stanzuola, come
> appunto adesso me se ne porge l'occasione di una piccolina, che una monaca vuol
> vendere per necessità di danari; […] Amandomi Ella come so che mi ama, e
> desiderando il mio contento, supponga che da questo me ne deriverà contento e
> gusto grandissimo, e pur anco lecito e onesto, […].[43]

✳✳✳

---

[39]   Ed. Guasti 1877, 181.
[40]   Ibid.
[41]   Zit. nach Wagner 2003, 15.
[42]   Cf. Wagner 2002 und 2003.
[43]   Galilei 2002, 69-70.

Die Beiträge des vorliegenden Bandes setzen sich mit ausgewählten Briefen von Italienerinnen auseinander, die in italienischer Sprache danach strebten, im epistolaren Schreiben der Absenz eine Form zu geben, sei es der Absenz eines realen, sei es eines imaginären Geliebten oder eines (himmlischen) Freundes. Mit je unterschiedlicher Zielrichtung und Intensität zeichneten sie hierbei auch sich selbst, konstruierten sie sich als liebende Frauen.

Mit den 383 Briefen der Hl. Katharina von Siena (1347-1380) eröffnet sich das Subgenre des geistlichen italienischen Frauenbriefs,[44] dem mit dem Buchdruck massenhafte Verbreitung zuteilwurde. Die willensstarke und wortgewaltige Caterina Benincasa da Siena mit ihrer Gabe, eine suggestive, in der Realität wurzelnde Bildersprache zu erfinden, nutzt den Brief als Ausdrucksmittel ihrer weiblichen Spiritualität und formt ihn zu einem rhetorisch brillanten Mobilisierungsinstrument ihrer moralischen und kirchenpolitischen Anliegen um, das die Funktion einer den Männern vorbehaltenen Predigt übernehmen kann (Beitrag Levorato). Nur selten schildert Caterina im Brief ihre extremen körperlichen Qualen und Ekstaseerlebnisse. Eine Ausnahme bildet der Brief an Raymund von Capua, der eine Art persönliches Vermächtnis darstellt.[45] Möglicherweise wagt Caterina es hier, minutiös die verschiedenen Phasen mystischer Entrückung, ihre körperlichen Qualen bis hin zur Körperstarre und schließlich das Erleben göttlicher Präsenz im Gespräch mit dem *Agnello* als direkte Ich-Aussage zu formulieren, weil sie sich dem Tod nahe weiß,[46] aber auch, weil sie damit ihre göttliche Sendung legitimieren und ihre Gemeinschaft zur Nachfolge aufrufen kann.

Frauen schrieben in der Renaissance über ihre weltliche oder religiöse Liebesleidenschaft, über familiäre Probleme, Politik oder Kunst und Literatur. Lange blieb etwa Maria Savorgnan unbeachtet,[47] obgleich sie in ihren Liebesbriefen an den renommierten Humanisten Pietro Bembo, in die sechs Gedichte integriert sind, ihre Liebespassion virtuos organisiert sowie ihre intellektuellen und literaturkritischen Fähigkeiten unter Beweis stellt (Beitrag Kleinhans).

Ab dem Buchdruck erfreuen sich die sog. *libri di lettere*, gedruckte Sammlungen von Briefen realer oder fiktiver Autorinnen und Autoren großer Beliebtheit und werden zu einer regelrechten Mode.[48] Sie umfassen eine große Spannbreite von *lettere spirituali* bis hin zu *lettere amorose*. Michel de Montaigne rühmt in seinem *Essai* I, 40 über Cicero Italiens *libri di lettere*, wählte aber schließlich nicht die Briefform für sein Werk, sondern kritisiert die Briefe seiner Zeit, die „mehr aufgebauschte Vorreden und Zierborten als Stoff" enthielten.[49]

---

[44] Die vier Briefe der Sa. Chiara d'Assisi (1194-1253) an Agnes von Prag sind nur in lateinischer und deutscher Übersetzung erhalten (cf. ed. Pozzi / Rima 1999). Cf. ferner die Briefe der Seligen Chiara Gambacorti in Guasti 1870.

[45] Cf. Caterina da Siena, ed. Meattini 1987, lettera n. 344, 1181-1195. Hier sticht (ibid., 11) gleich zu Beginn die mehrmalig verwendete Verbform „io non voglio" bzw. „ma voglio" ins Auge.

[46] „Con questo e con molti altri modi, i quali non posso narrare, si consuma e distilla la vita mia in questa dolce Sposa, io per questa via, e i gloriosi martiri col sangue" (ibid., 1193).

[47] Unter dem Titel *Lettere giovenili e amorose di Pietro Bembo scritte ad una donna il cui nome si tace* druckte Gualtero Scotto, Venedig 1552 die Briefe Bembos an Maria Savorgnan (cf. Dionisotti 1950, 45).

[48] Cf. hierzu Ortner-Buchberger 2003. Sie bietet eine sehr informative Studie über die Vielfalt des „Inszenierungstypus Brief" (ibid., 22), vor allem die italienischen Briefbücher des 16. Jahrhunderts.

[49] Montaigne 1998, übers. Hans Stilett, 131.

Mir wäre ein Umgang vonnöten (wie ich ihn ja einmal hatte), der mich anreizte,
unterstützte und weiterführte, denn mich mit dem Wind zu unterhalten, wie andere
es tun, könnte ich nur im Traum; jedenfalls will ich mich nicht mit fiktiven
Briefpartnern für einen Gedankenaustausch über ernsthafte Dinge behelfen –
geschworener Feind von allem Falsch, der ich bin […]
Die Italiener verstehen Briefe großartig zu drucken. Ich besitze davon, glaube ich,
hundert verschiedene Bände; die von Annibale Caro scheinen mir die besten.[50]

Italienische Dichterinnen des *Cinquecento* demonstrierten ihr Können auch in poetischen
Briefen. Während Veronica Gambara (1485-1550) im Briefwechsel mit Pietro Bembo neben
traditioneller Bescheidenheitsgestik ihre Autorschaft zur Geltung zu bringen weiß, erläutert
der Brief der Kaufmannstochter Gaspara Stampa (ca. 1523-1554), der ihrem Gedichtbuch
vorausgeht, die Beweggründe für die Zusammenstellung zu einer Gedichtsammlung, ja
möglicherweise will Stampa auch sechs in Terzinen gegossene *capitoli* als ‚Briefe‘ verstan-
den wissen (Beitrag Andreani). In einem Gedicht wendet sich das lyrische Ich im Gestus
der Selbstreferentialität dem eigenen Brief zu – „Dettata dal dolor cieco ed insano, / vattene
al mio signor, lettera amica, / baciando a lui la generosa mano"[51] – und evoziert mit diesen
Versen die Tradition des Geleits in Gedichten der Dantezeit.[52] Chiara Matraini (1515-1604)
wiederum verteidigt und kommentiert in Briefform ihre Dichtung und nimmt für sich das
Recht in Anspruch als Frau über die Liebesthematik zu schreiben.

Das 18. Jahrhundert gilt gemeinhin als das Jahrhundert des Briefs, scheint eine ideale
Ausdrucksform neuzeitlicher Subjektivität darzustellen. An der Schwelle vom 18. zum 19.
Jahrhundert konzipierte Ugo Foscolo schließlich unter dem Eindruck von Goethes *Werther*
den Briefroman *Ultime lettere di Jacopo Ortis*.[53] Wenn in der Oper Briefe geschrieben und
getauscht werden, liegt ein Medientransfer vom Brieftext zur Oper, genauer zum Brief in
der Oper, vor, rücken Fragen von Medialität und Performativität des Bühnenbriefs ins
Blickfeld. Das berühmte Briefduett Susannas und der Gräfin Almaviva in Mozarts *Nozze di
Figaro* (1786) bietet sich an, um über für die Zeit charakteristische Begriffe wie Aufrichtigkeit und Täuschung sowie den Zusammenhang von Epistolarität und Erotik nach-
zudenken (Beitrag Schwan).

Leben und Literatur durchdringen sich in den Liebesbriefen von Schriftstellerinnen des
19. und 20. Jahrhunderts wechselseitig, halfen ihnen, die eigene Subjektivität frei zu äußern
und mit neuen, transgressiven Formen der Selbstautorisierung zu experimentieren. Der
erotische Briefwechsel der Skandalautorin Sibilla Aleramo (1876-1960) mit dem psychisch
kranken Dichter Dino Campana (1885-1932)[54] und die Korrespondenz der sardischen
Schriftstellerin und späteren Nobelpreisträgerin Grazia Deledda (1871-1936) mit dem
Journalisten Stanis Manca[55] sind zwar von der Herkunft und Persönlichkeit der Briefschreiberinnen wie auch vom Stil der Briefe selbst höchst unterschiedlich, doch verbindet

---

[50]   Ibid.
[51]   Stampa 2010, 320.
[52]   Cf. Kleinhans 2020, 361-388.
[53]   Aufgrund der Materialfülle bleibt der *romanzo epistolare* im vorliegenden Band ausgeklammert.
[54]   Cf. Aleramo 2002.
[55]   Cf. Deledda 2010.

beide Autorinnen ein gesteigerter Drang nach weiblicher Selbstkonstruktion im geschützten Raum des *genere minore* ‚Brief' (Beitrag Meineke / Neu-Wendel).

Als dialogisches Medium eignete sich der Brief schon immer besonders gut für den Fremdsprachenunterricht. Für den Bereich der Didaktik werden originelle Möglichkeiten aufgezeigt, wie der Brief im Unterrichtsgeschehen eingesetzt werden kann (Beitrag Vannini). Der Beitrag gibt ein Experiment aus dem Würzburger Brief-Workshop wieder, in dem ein poetischer Brief von Sibilla Aleramo, deren Liebesbriefe zuvor von Meineke / Neu-Wendel diskutiert worden waren, für die Arbeit mit den Teilnehmerinnen und Teilnehmern didaktisch aufbereitet wurde.

Didaktische Aspekte spielen auch im letzten Beitrag eine Rolle. Neben intermedialen und transkulturellen Aspekten wird das didaktische Potenzial des E-Mail-Romans *Caro Hamid, fratello lontano* (2007) von Anna Russo für den Fremdsprachenunterricht Italienisch aufgezeigt (Beitrag Görtz). Der zeitgenössische transkulturelle Roman für Jugendliche stellt intermediale Bezüge zu einem anderen kommunikativen Medium, dem E-Mail-Wechsel her.[56] Dadurch, dass Strukturen des E-Mails im Roman reproduziert werden, findet eine mediale Grenzüberschreitung statt. E-Mails und weitere neue Formen der Kommunikation im Bereich der Sozialen Medien (WhatsApp, Instagram, Twitter usw.) verdrängen heute den traditionellen Brief, finden Eingang in literarische Fiktionen oder führen zu ganz neuen Subgenres. Die Analyse von Russos Roman, der mit Hilfe eines E-Mail-Dialogs die Fiktion einer Brieffreundschaft entwirft, macht aber auch deutlich, wie mächtig das traditionelle Briefformat noch immer ist.

Dank der Zusammenschau verschiedenster italienischsprachiger Texte aus weit auseinanderliegenden Epochen – so möchten die im Band vorgelegten Beiträge demonstrieren – ist es möglich, materiale und mediale Besonderheiten, persönliche und zeitbedingte Textstrategien, ästhetische Originalität wie auch Veränderungen von Diskursformen und des Bewusstseins weiblicher Autorschaft in der *epistolografia femminile* besser wahrzunehmen sowie den Wert interdisziplinärer Zusammenarbeit und unterschiedlicher methodischer Zugriffe zu erkennen, um zu einer angemessenen Beurteilung volkssprachlicher Epistolarität zu gelangen.

Literaturverzeichnis

Primärliteratur

Aleramo, Sibilla / Campana, Dino. *Un viaggio chiamato amore. Lettere 1916-1918*. Ed. Bruna Conti. Milano: Feltrinelli ⁹2002.

Caterina da Siena. *Lettere*. Ed. D. Umberto Meattini. Milano: Paoline Editoriale Libri 1987. <http://www.centrostudicateriniani.it/it/santa-caterina-da-siena/scritti> [11.03.2021].

---

[56]   Cf. Rajewsky 2002, 19.

Chiara d'Assisi. *Lettere ad Agnese – La visione dello specchio*. Ed. Giovanni Pozzi / Beatrice Rima. Milano: Adelphi 1999.

Datini, Francesco. *Le lettere di Francesco Datini alla moglie Margherita (1385-1410)*. Ed. Elena Cecchi. Prato: Società pratese di storia patria 1990.

Datini, Margherita. Le lettere di Margherita Datini a Francesco di Marco (1384-1410). Ed. Valeria Rosati. Prato: Cassa di risparmi e depositi 1977 (Biblioteca dell'Archivio Storico Pratese, 2). <http://datini.archiviodistato.prato.it/la-ricerca/archivio/search> [01.03.2021].

Datini, Margherita. *Per la tua Margherita: lettere di una donna del Trecento al marito mercante*. Ed. Diana Toccafondi / Giovanni Tartaglione. Prato: Archivio di Stato 2002. <http://datini.archiviodistato.prato.it/la-ricerca/le-edizioni-delle-lettere> [01.03.2021].

Datini, Margherita. *Letters to Francesco Datini*. Übers. Carolyn James und Antonio Pagliaro. Toronto 2012.

Deledda, Grazia. *Amore lontano. Lettere al gigante biondo (1891-1909)*. Ed. Anna Folli. Milano: Feltrinelli 2010.

Galilei, Virginia. *Lettere al padre*. Ed. Bruno Basile. Roma: Salerno Editrice 2002.

Gambacorti, Chiara. *Lettere della beata Chiara Gambacorti pisana a Franceso Datini e alla sua donna*. Ed. Cesare Guasti. Prato: Tipografia Guasti 1870.

Macinghi Strozzi, Alessandra. *Lettere di una gentildonna fiorentina del secolo XV ai figliuoli esuli*. Ed. Cesare Guasti. Firenze: Sansoni 1877.

Macinghi Strozzi, Alessandra. *Briefe*. Übers. Alfred Doren. Jena: Diederichs 1927.

Mazzei, Lapo. Lettere di un notaro a un mercante del secolo XIV. Ed. Cesare Guasti. Firenze: Le Monnier 1880. <https://archive.org/details/letterediunnota02mazzgoog/page/n8> [11.03.2021].

Merini, Alda. *La presenza di Orfeo*. Milano: Scheiwiller 1993.

Montaigne, Michel de. *Essais*. Übers. Hans Stilett. Frankfurt: Eichborn 1998.

Paolo, Cesare (ed.). *Lettere volgari del secolo XIII scritte da senesi*. Bologna: Gaetano Romagnoli 1871.

Parenti, Marco. *Lettere*. Ed. Maria Marrese. Firenze: Olschki 1996.

Russo, Anna. *Caro Hamid, fratello lontano* (=lettere e diari 18). San Dorligo della Valle (Trieste): Edizioni EL 2007.

Savorgnan, Maria. *"Se mai fui vostra". Lettere d'amore a Pietro Bembo*. Ed. Monica Farnetti. Ferrara: Edisai 2012.

Savorgnan, Maria – Bembo, Pietro. *Carteggio d'Amore* (1500-1501). Ed. Carlo Dionisotti. Firenze: Le Monnier 1950.

Stampa, Gaspara. *The Complete Poems. The 1554 Edition of the „Rime", a Bilingual Edition.* Eds. Troy Tower / Jane Tylus. Chicago-London: The University of Chicago Press 2010.

Zdekauer, Lodovico (ed.). „Lettere volgari del Rinascimento senese", in: *Bulletino senese di storia patria* 4,1 (1897), 237-286.

Sekundärliteratur

Barthes, Roland. *Fragments d'un discours amoureux.* Paris: Éditions du Seuil 1977.

Bianchini, Angela. *Alessandra e Lucrezia. Destini femminili nella Firenze del Quattrocento.* Milano: Arnaldo Mondadori 2005.

Bizzocchi, Roberto. „Decodificare le emozioni", in: Venzo, Manola Ida (ed.). *Scrivere d'amore. Lettere di uomini e donne tra Cinque e Novecento.* Roma: Viella 2015.

Clare, Jennifer / Knaller, Susanne / Rieger, Rita / Stauf, Renate / Tholen, Toni (eds.). *Schreibprozesse im Zwischenraum. Ästhetik von Textbewegungen.* Heidelberg: Winter 2018.

Crabb, Ann. *The Strozzi of Florence: Widowhood and Family Solidarity in the Renaissance.* Ann Arbor: The University of Michigan Press 2000.

Crabb, Ann. *The Merchant of Prato's Wife. Margherita Datini and her World (1360-1423).* Ann Arbor: University of Michigan Press 2015.

Doglio, Maria Luisa. „Scrivere come donna: fenomenologia delle "Lettere" familiari di Alessandra Macinghi Strozzi", in: *Lettere Italiane* 36,4 (ottobre-dicembre 1984), 484-497.

Frangioni, Luciana. „Il carteggio commerciale della fine del XIV. secolo: layout e contenuto economico", in: *Reti medievali Revista* X (2009), 1-161. <http://www.rmoa.unina.it/1994/1/75-1013-1-PB.pdf> [11.03.2021].

Glessgen, Martin. „Diskurstraditionen zwischen pragmatischen Regeln und sprachlichen Varietäten", in: Schrott, Angela / Völker, Harald (eds.). *Historische Pragmatik und historische Varietätenlinguistik in den romanischen Sprachen.* Göttingen: Universitätsverlag, 207-228.

Jovicic, Jelena. *L'intime épistolaire (1850-1910). Genre et pratique culturelle.* Newcastle upon Tyne: Cambridge Scholars Publishing 2010.

Kaborycha, Lisa (ed.) *A corresponding Renaissance. Letters Written by Italian Women 1375-1650.* Oxford: Oxford University Press 2016.

Kleinhans, Martha. „[…] ch'al tu' sonetto in parte contradico. Poetische Kommunikation zwischen Dichtern der Dantezeit über (ihre) Dichtung", in: Klein, Dorothea (ed.). *Formen der Selbstthematisierung in der vormodernen Lyrik.* Hildesheim: Weidmann 2020, 361-388.

Koch, Peter. *Distanz im Dictamen. Zur Schriftlichkeit und Pragmatik mittelalterlicher Brief- und Redemodelle in Italien.* Habilitationsschrift Freiburg 1987.

Koch, Peter. „Fachsprache, Liste und Schriftlichkeit in einem Kaufmannsbrief aus dem Duecento", in: Kalwerkämper, Hartwig (ed.). *Fachsprachen in der Romania.* Tübingen: Narr 1988, 15-60.

Koch, Peter / Oesterreicher, Wulf: „Sprache der Nähe – Sprache der Distanz. Mündlichkeit und Schriftlichkeit im Spannungsfeld von Sprachtheorie und Sprachgeschichte", in: *Romanistisches Jahrbuch* 36 (1985), 15-43.

Miglio, Luisa. *Governare l'alfabeto. Donne, scrittura e libri nel Medioevo.* Roma: Viella 2008.

Origo, Iris. *"Im Namen Gottes und des Geschäfts": Lebensbild eines toskanischen Kaufmanns der Frührenaissance. Francesco di Marco Datini 1335-1410.* Übers. Uta-Elisabeth Trott. München: Beck 1985 [it. 1957].

Ortner-Buchberger, Claudia. *Briefe schreiben im 16. Jahrhundert. Formen und Funktionen des epistolaren Diskurses in den italienischen ‚libri di lettere'.* München: Fink 2003.

Palermo, Massimo. „Lettere e epistolografia", in: *Enciclopedia dell'Italiano* (2010). <https://www.treccani.it/enciclopedia/lettere-e-epistolografia_%28Enciclopedia-dell%27Italiano%29/> [09.03.2021].

Rajewsky, Irina. *Intermedialität.* Tübingen: Francke 2002.

Ruhe, Ernstpeter. *De Amasio ad Amasiam. Zur Gattungsgeschichte des mittelalterlichen Liebesbriefes.* München: Fink 1975.

Schneider, Ulrike. *Der weibliche Petrarkismus im Cinquecento: Transformationen des lyrischen Diskurses bei Vittoria Colonna und Gaspara Stampa.* Stuttgart: Steiner 2007.

Schrott, Angela. „Präsente Schreiber(innen). Nähe und Lebendigkeit in privaten Briefen aus diskurstraditioneller Sicht", in: Bernsen, Michael / Eggert, Elmar / Schrott, Angela (eds.). *Historische Sprachwissenschaft als philologische Kulturwissenschaft (Festschrift für Franz Lebsanft zum 60. Geburtstag).* Göttingen: V&R unipress 2015, 479–498.

Stauf, Renate. „Der Liebesbrief als Kunstform", in: Clare, Jennifer / Knaller, Susanne / Rieger, Rita / Stauf, Renate / Tholen, Toni (eds.). *Schreibprozesse im Zwischenraum. Ästhetik von Textbewegungen.* Heidelberg: Winter 2018, 115-127.

Stingelin, Martin. „Einleitung", in: Id. (ed.). *‚Mir ekelt vor diesem tintenklecksenden Säkulum'. Schreibszenen im Zeitalter der Manuskripte.* München: Fink 2004, 7-21.

Tugend, Katharina. „Die kommunikative Konstruktion von emotionaler Nähe und räumlicher Distanz. Die Briefe von Margherita und Francesco Datini (1384-1410)“, in: *Discussions* 11 (2015), 1-16. <https://perspectivia.net//publikationen/discussions/11-2015/tugend_konstruktion> [01.03.2021].

Tugend, Katharina (Rez.). „Ann Crabb: The Merchant of Prato's Wife. Margherita Datini and Her World, 1360-1423. Ann Arbor: University of Michigan Press 2015“, in: *sehepunkte* 15 (2015), Nr. 12. <http://www.sehepunkte.de/2015/12/27368.html> [11.03.2021].

Tugend, Katharina. „Die Entgrenzung des Sagbaren in einer spätmittelalterlichen Ehe am Beispiel der Datini-Briefe“, in: *Unsagbarkeit. Sprachen der Liebe in der Literatur der Vormoderne.* Berlin: De Gruyter 2019, 101-118.

Tylus, Jane. *Reclaiming Catherine of Siena: literacy, literature, and the signs of others.* Chicago: University of Chicago Press 2009.

Ueding, Gerd. „Wechselrede. Rhetorische Anmerkungen zur europäischen Brieftheorie“, in: *Cahiers d'Études Germaniques* 70 (2016), 21-34. <http://journals.openedition.org/ceg/826> [11.03.2021]; DOI: <https://doi.org/10.4000/ceg.826>.

Wagner, Birgit / Laferl, Christopher F. *Anspruch auf das Wort. Geschlecht, Wissen und Schreiben im 17. Jahrhundert. Suor Maria Celeste und Sor Juana Inés de la Cruz.* Wien: WUV 2002.

Wagner, Birgit. „Briefe und Autorschaft. Suor Maria Celestes Briefe aus dem Kloster“, in: Hämmerle, Christa / Saurer, Edith (eds.). *Briefkulturen und ihr Geschlecht. Zur Geschichte der privaten Korrespondenz vom 16. Jahrhundert bis heute.* Wien: Böhlau (L'Homme. Schriften 7) 2003, 71-88.

Zarri, Gabriella. „Introduzione“, in: *Per lettera. La scrittura epistolare femminile tra archivio e tipografia (secoli XV-XVII).* Roma: Viella 1999, IX-XXIX.

Zarri, Gabriella (ed.). *Per lettera. Scrittura epistolare femminile.* Roma: Viella 1999.

„Io Caterina, scrivo a voi": le lettere di un'instancabile comunicatrice di fine Trecento

Maria Chiara Levorato

Abstract

Caterina Benincasa (1347-1380), die Tochter eines Färbers aus Siena, Mystikerin und Kirchenlehrerin, ist die erste italienische Schriftstellerin. Neben ihrem Hauptwerk, dem *Dialogo della divina provvidenza*, hinterlässt sie über 380 Briefe an Adressaten verschiedenster Stände und sozialer Gruppen. Die in den Briefen betrachteten Themen aus Politik, Kirche, Moral zeigen Caterinas Einfluss auf die Gesellschaft ihrer Zeit. Die sprachliche und stilistische Untersuchung der Briefe Caterinas hebt die originelle selbstbewusste Bildsprache und die zielorientierte Rhetorik der Autorin hervor, wie in diesem Beitrag am Beispiel des Briefes an Giovanna Pazza nachgewiesen wird. Die Briefe nehmen, so ergibt die Textanalyse, oft den Charakter von kurzen Abhandlungen oder Predigten an. Das Briefkorpus stellt nicht nur ein einzigartiges historisches und kulturelles Dokument dar, sondern ist auch als ein dynamisches literarisches Werk einer Schriftstellerin zu verstehen, das die Grenzen der Gattung Brief überschreitet.

Introduzione

A più di cinquecento anni dalla morte di Caterina da Siena (Roma 1380) Federigo Tozzi pubblica alcune *Lettere* della mistica, sua conterranea, di fine Trecento presentandole come un'opera che continua ad avere un impatto efficace anche sul lettore moderno.

> Noi non del quattordicesimo secolo, e né meno studiosi di scienze mistiche, Santa Caterina interessa di più soltanto per le sue Lettere. Rileggendole, vediamo che i suoi sentimenti e la sua fede non sono astrazioni lontane dal nostro spirito. [...] Possiamo ancora trarne lunghe ispirazioni di forza, come forse nessuna filosofia moderna possiede [...]. Ella era capace di animare un pontefice o un capitano di ventura; mentre sapeva infondere fiducia ai suoi. [...] Senza Santa Caterina non è più possibile immaginarsi niente; perché nelle sue opere e nei suoi atti c'è sempre anzi tutto lei stessa; lei viva. Era l'espressione più sicura, verso la quale tutti si potevano volgere con la sicurezza di trovarvi le ragioni più essenziali che reggevano e svolgevano la società di quel tempo.[1]

Nell'entusiasta descrizione dell'autore novecentesco vengono schizzati i tratti della figura di una donna inserita nel proprio ambiente e protagonista del suo tempo, che con la sua voce sembra influire non solo sui „suoi", ma anche su personaggi quali il pontefice o il capitano

---

[1] Tozzi 1987, 1309-1312: Sono stralci tratti dalla prefazione al libro dell'autore senese *Le cose più belle di Caterina da Siena*.

di ventura. Con la ripetizione „sicura" e „sicurezza" Tozzi sembra voler insistere sulla forza persuasiva racchiusa nelle parole di un'autrice consapevole di sé e del valore dei propri testi. L'arte di saper comunicare con tutti, da pari a pari, che traspare dalle sue lettere verrà messa a fuoco in questo contributo approfondendone le caratteristiche essenziali, che contraddistinguono Caterina, facendola emergere ancor più come la prima donna in Italia a comporre le sue opere in volgare. Alcuni cenni sulla sua personalità avvincente e sul suo status socioculturale permetteranno inoltre di comprendere maggiormente l'originalità del suo particolare stile retorico. Gli esempi dimostreranno l'ampio e flessibile uso di metafore che conferisce al linguaggio cateriniano una notevole dinamicità ed efficacia, che, come afferma Tozzi, non smette di essere percepita anche dal lettore moderno: „Senza Santa Caterina non è più possibile immaginarsi nulla".

I segni indelebili di una personalità anticonformista

Caterina nasce nel 1347 in una famiglia benestante che apparteneva al *popolo minuto* di Siena.[2] Il padre era tintore e conduceva la sua azienda in ambienti adiacenti alla casa. Fin da piccola Caterina cresce a contatto con l'ambiente domenicano in cui conosce le mantellate,[3] un ordine laico composto da vedove che, seguendo lo spirito domenicano, si consacravano a Dio spendendo poi la loro vita a servizio dei malati e dei bisognosi. Ben presto Caterina decide di entrarvi, pur rimanendo vergine: una scelta al di fuori delle regole della società del tempo, in cui le donne o si sposavano o entravano in convento. Dopo aver vinto le resistenze dei parenti, che le avevano già scelto un marito, e delle mantellate, che non la vedevano di buon occhio a causa del suo stato verginale, Caterina viene ammessa nell'ordine pur continuando a vivere in famiglia. Insieme alle consorelle svolge con cura e dedizione il suo servizio presso l'Ospedale di S. Maria della Scala a Siena. Col tempo la mantellata senese acquista una certa fama tanto che una cerchia di discepoli si raccoglie intorno a lei formando la *famiglia* cateriniana, una comunità che la ama e la considera come madre spirituale. Riconosciuta da molti, anche da chi ricopriva cariche politiche o ecclesiali, come personalità carismatica, viene spesso invitata in varie città o intraprende di sua iniziativa viaggi (Firenze, Pisa, Lucca, la Val d'Orcia, Avignone, Roma), mossa dall'intento di favorire la pacificazione fra le parti in lotta e la riunificazione della Chiesa: tratta e discute da pari a pari con donne e uomini di ogni ceto sociale incontrandoli o scrivendo loro lettere.

In un tempo in cui l'accesso al mondo della scrittura rimaneva privilegio di pochi e il sogno irraggiungibile di molte donne, la mistica senese non solo riesce a valicarne la soglia,

---

[2]   Fra le numerose biografie di Caterina da Siena si ricordano in particolare Helbling 2000 e Vauchez 2016. Helbling ripercorre la vita di Caterina, mistica e al contempo politica, attraverso l'analisi di alcune delle sue *Lettere*. Vauchez fornisce, invece, una descrizione a tutto tondo della personalità trasgressiva di Caterina inserendo la sua azione, il suo pensiero e le sue parole nel contesto storico sociale del tempo.

[3]   Le *sorelle penitenti* affiliate spiritualmente ai domenicani erano chiamate *mantellate* per il mantello di color nero che indossavano sopra l'abito bianco. Mantellati e quindi nascosti dovevano rimanere gli atti di carità compiuti a favore dei bisognosi: anche se le mantellate avevano scelto di vivere fuori dal convento, le loro attività erano frutto della contemplazione e quindi di una profonda pietà interiore, per questo dovevano essere fatte nel nascondimento (cf. Vauchez 2016, 20 e Tylus 2009, 27). Alcuni dati storici rilevanti che dimostrano l'appartenenza di Caterina alle mantellate vengono esposti da Murano (2017, 139-176).

ma sembra quasi voler offrire la dimostrazione di essersene impossessata attraverso la quantità e la varietà dei testi che lascia alla posterità: *Il Libro* o *Dialogo della divina provvidenza*,[4] le 383 *Lettere*,[5] le *Orazioni*.[6] Caterina da Siena è la prima autrice italiana: le sue opere, infatti, a differenza di quelle di altre mistiche che vengono redatte in latino, sono tutte scritte nella lingua madre dell'autrice, cioè nel senese di fine Trecento. Anche se non mancano ricerche filologiche approfondite, soprattutto di studiosi italiani e nordamericani,[7] dal punto di vista linguistico e letterario le opere cateriniane appaiono oggi ancora in parte inesplorate, rivelandosi dunque come oggetto di studio assai ricco e promettente di sorprese.[8]

Le domande aperte: il grado di alfabetizzazione e le fonti culturali

Il filologo che si appresta ad analizzare le opere di Caterina si ritrova di fronte a molteplici questioni aperte: prima fra tutte la domanda sul grado di alfabetizzazione della santa e il conseguente dubbio sull'autorità dei testi. Dal momento che Caterina dettava a numerosi segretari, ci si chiede se questi siano rimasti fedeli alle parole della mistica o se ne abbiano manipolato il testo, per esempio, innalzandone lo stile o inserendo le molte citazioni bibliche e i riferimenti ad altri autori cristiani, ampiamente presenti in tutto il corpus cateriniano.[9] A ciò si aggiunge la problematicità dovuta alla ricostruzione della tradizione dei manoscritti, che, se nell'ultimo periodo, grazie all'intensificazione della ricerca su di essi, ha portato alla luce dati significativi e utili a confermare l'autorità della santa, si rivela d'altro canto ancora oscura e lacunosa.[10] Nonostante ciò, oggi si può affermare con certezza che l'immagine della *sancta illiterata* consegnataci da Raimondo da Capua nella *Legenda Maior*,

---

[4]   Per la consultazione del *Dialogo*: http://www.centrostudicateriniani.it/images/documenti/dialogo/Il_Dia logo.pdf [27.01.2021].

[5]   Il testo di riferimento delle *Lettere* adottato per questo contributo è l'edizione a cura di Antonio Volpato consultabile online: http://www.centrostudicateriniani.it/images/LETTERE_ed._Volpato.pdf [27.01.2021]. Nelle citazioni riportate in seguito ci si riferirà a tale edizione riportando fra parentesi il numero della lettera e la pagina corrispondente (Lett. n., n. di pagina).

[6]   http://www.centrostudicateriniani.it/images/documenti/orazioni/Le_Orazioni.pdf [22.02.2020].

[7]   Per ricerche sugli studi critici pluridisciplinari condotti sulla vita e sulle opere di Caterina da Siena si rimanda al sito del Centro Internazionale di Studi Cateriniani (CISC): http://centrostudicateriniani.it/it/ [11.03.2021]. Una parte degli studi filologici italiani significativi si ritrovano nei seguenti volumi: Trenti / Klange 1995 e Leonardi / Trifone 2003. Fra le ricerche statunitensi emergono in particolare le analisi più prettamente storico-antropologiche di Bynum 1988 e 1991, 181-238, che hanno certamente influenzato i contributi di Tylus 2009 e Money 2013, 136-167, in cui la figura dell'autrice viene ricostruita attraverso analisi filologiche e considerazioni storico-culturali, approfondendo le questioni inerenti all'attribuzione dell'opera, al grado di alfabetizzazione e allo status di scrittrice insieme ad alcune osservazioni sullo stile cateriniano.

[8]   Gli studi filologici dell'italianistica tedesca riguardano l'agiografia di Caterina, ossia la *Legenda Maior* (Wild 2014, 19-36) o trattano questioni precise e circoscritte tratte dal testo del *Dialogo* (Vinken 2008, 17-25; Wild 2014, 19-36).

[9]   Sulle citazioni bibliche cf. Librandi 2015, 111-126, che propone un resoconto sulla scelta e la quantità dei passi citati accompagnato da una riflessione sullo stile e il modo di riferirsi alla Sacra Scrittura tipico di Caterina.

[10]   Fawtier fonda sullo studio dei manoscritti la sua polemica contro l'asserzione che Caterina sapesse scrivere (cf. Fawtier 1930). In tempi più recenti Leonardi basandosi sull'analisi del manoscritto viennese azzarda, invece, l'ipotesi di un lavoro di correzione dei testi delle lettere ad opera di Caterina (cf. Leonardi 2003, 71-90).

la prima agiografia della santa, non corrisponda alla realtà: la maggior parte degli studi conferma, infatti, che Caterina sapesse leggere e probabilmente anche scrivere. Le testimonianze a favore di quest'ipotesi sono fornite dai documenti del suo processo di canonizzazione, da informazioni raccolte attraverso l'analisi dei manoscritti e da fonti storico-letterarie quali le lettere dei suoi discepoli.[11] A quest'ultima categoria appartiene la seguente testimonianza che dimostra che Caterina non solo avesse accesso ai testi sacri e della tradizione cristiana, ma che si ponesse anche domande sull'interpretazione del testo per tradurne il messaggio in indicazioni utili alla sua vita e a quella dei suoi interlocutori. Si tratta di una lettera del 1374 in cui Tommaso Caffarini risponde a una domanda di Caterina, che voleva sapere se nel salmo 130 si trovasse la parola *adlattatus* o *ablattatus*.[12] A seconda che la consonante sia la [d] o la [b] il significato cambia completamente: *adlattatus* si riferisce all'allattamento, *ablattattus* allo svezzamento, che rappresenta il momento della separazione fisica, cioè del distacco tra madre e figlio.

> Come sapete, parlando io con voi quando fui con frate Simone, infra l'altre cose mi dimandasti se quello verso del salmo: Domine non est exaltatum cor meum, vuol dire sicut adlattatus sanza el b, o sicut ablattatus col b, ed io vi risposi che poteva essere che dicesse adlattatus sanza el b, che tanto vuol dire quanto persona che si diletta a notrica di latte. […] Poi pensando sopra di ciò e legiendo nel salterio trovai che dice pure ablattatus col b, che tanto vuol dire quanto persona che s'è levato dal latte e riceve el saldo e perfetto cibo. Ancora lessi in Agustino sopra el salterio, a trovai che esso dice similmente, a fa sopra tutto el salmo una bella esposizione, la quale volendola ad voi comunicare, attendete, che acciò che più chiaramente voi avere possiate lo 'ntelletto di santo Agustino.[13]

Caffarini suggerisce a Caterina l'interpretazione di Agostino che, leggendo *ablattatus*, attribuisce a questa metafora il significato del distacco richiesto da Dio all'anima per permetterle di crescere: l'anima viene per così dire svezzata da Dio. Si nota che quest'immagine e la relativa interpretazione agostiniana ritornino in varie lettere di Caterina come cogliamo dalle seguenti parole rivolte a Raimondo: „Or gittiamo e' denti lattaiuoli e studianci di mettare e' denti granati de l'odio e dell'amore" (Lett. n. 303, 460). Le domande sul salmo 130 testimoniano che Caterina non solo conoscesse certi passi della Scrittura, ma che cercasse di interpretarli e di comprenderli. Un'attenta analisi delle *Lettere* rivela innumerevoli passaggi nei quali è possibile ritrovare poi l'eco di opere di Domenico Cavalca quali la *Vita dei Padri* e lo *Specchio della Croce* o della *Leggenda Aurea* di Jacopo da Varazze. In altri luoghi si riconoscono poi metafore, come quella dello svezzamento, attribuibili a testi tratti da Sermoni di Bernardo da Chiaravalle, da Tommaso D'Aquino e da opere di Padri della Chiesa

---

[11] Un'indagine sulle fonti che offrono testimonianze sul grado di alfabetizzazione della santa viene esposta da Murano 2017, 139-176. Cf. anche Vauchez 2016, 155-165, che riporta una sintesi delle opinioni degli studiosi sul tema confermando che alla luce delle testimonianze date, Caterina infranga il tabù delle donne illetterate, pur non appartenendo al mondo delle elucubrazioni teologiche e dell'uso attivo del latino. Un apporto storico e filologico alle ricerche sulla questione della letterarietà e dell'autorialità di Caterina viene fornito da Tylus 2009, 1-50 e 163-214.

[12] Il testo della lettera del 1374 si può trovare nell'edizione delle *Lettere* di Caterina a cura di Misciatelli che riporta anche alcune lettere dei suoi discepoli (Misciatelli 1939, 1285-1289) consultabile anche online: http://www.letteraturaitaliana.net/pdf/Volume_2/t38.pdf [28.01.2021].

[13] Misciatelli 1939, 1285-1289.

(Agostino, Girolamo, Gregorio da Nissa). Ci si chiede allora da dove Caterina avesse potuto attingere le conoscenze che traspaiono dai suoi testi: innanzitutto, si osserva che, a partire dalla metà del quattordicesimo secolo, circolavano già traduzioni parziali o versioni complete in volgare dei sopraddetti testi che probabilmente avevano raggiunto anche la santa. Inoltre, occorre ricordare che la senese partecipava regolarmente alle celebrazioni liturgiche dove ascoltava le prediche dei domenicani e che si trovava regolarmente con le mantellate per giornate di ritiro spirituale o che con loro seguiva quotidianamente le letture comuni durante i pasti come ascoltatrice o, addirittura, lettrice. Inoltre, Caterina era attorniata da personalità religiose e intellettuali di spicco del tempo con le quali amava intrattenersi discutendo su varie tematiche, come si osserva nella lettera sopra, incrementando in questo modo le proprie conoscenze.[14]

Comunicare senza limiti: le *Lettere*

L'epistolario cateriniano appare un *unicum* nella storia dell'epistolografia femminile per il numero di lettere in esso raccolte (383), ma anche per la varietà dei destinatari e la molteplicità dei temi trattati. Dalle esortazioni morali alle questioni politiche, dai consigli spirituali alle invettive contro chi minacciava l'unità della Chiesa: la realtà della vita quotidiana di Caterina e delle vicende storiche di Siena, della Toscana e dell'Italia di fine Trecento permea le *Lettere*, rendendole particolarmente interessanti anche come documenti storici e culturali. Oltre a poche lettere rivolte ai suoi famigliari – ai fratelli, alla madre, alle due nipoti – sono numerose, invece, quelle indirizzate ai figli della sua famiglia spirituale di cui si sente la *mamma*. Fra questi molte donne – come Alessia Saracini, Francesca Gori – o i due discepoli laici, da lei tanto amati, Stefano Maconi e Neri Pagliaresi. Oltre ad essi sono varie le personalità religiose del tempo che la seguono come maestra spirituale: Raimondo da Capua (cui scrive ben 17 lettere), fra Guglielmo Flete, fra Giovanni Terzo, e altri ancora. Legati a questa cerchia più stretta di amici e suoi discepoli c'erano poi varie monache e diversi frati o comunità religiose intere di varie città italiane, che Caterina accompagna e guida con le sue lettere.[15] La senese non si rivolge però soltanto ai suoi discepoli, ma invia lettere anche a numerose autorità ecclesiali: vescovi, cardinali[16] e i papi Gregorio XI e Urbano VI. La riunificazione della Chiesa sotto il pontefice appare il suo chiodo fisso, per questo Caterina ordina a Gregorio XI di tornare a Roma e intima a Urbano VI di non lasciarsi sconfiggere da coloro che avevano eletto l'antipapa provocando lo scisma d'occidente. Il raggio d'azione della sua corrispondenza non si limita certamente all'ambiente ecclesiale: la mantellata, infatti, scrive senza remore a politici delle città italia-

---

[14]   Sulle fonti di Caterina si rimanda al volume di D'Urso, che offre un panorama sugli autori conosciuti dalla senese a partire dalle tracce ritrovate nei suoi scritti (D'Urso 1971). Alcuni studi recenti hanno corretto e precisato le conclusioni tratte da D'Urso mettendo in luce altre fonti oltre a quella da lui indicata come predominante, Domenico Cavalca (cf. Hanson 2007).

[15]   Si tratta di comunità per lo più monastiche di Bologna, Lucca, Pisa, Montepulciano, Spoleto, Perugia, Napoli. Fra esse si ricordano per es. i certosini (il generale Don Guglielmo Raynaud e i monaci di vari monasteri: Pontignano, Belriguardo, Milano, Roma, Napoli, Gorgona, Calci).

[16]   Fra le autorità ecclesiastiche: il vescovo di Firenze, Angelo Ricasoli, il vescovo di Venezia, Correr (futuro Papa Gregorio XII), il cardinale Orsini, il cardinale Corsini, il cardinale Borsano, l'arcivescovo d'Otranto, di Pisa.

ne – i governanti di Siena, Bologna, Lucca, Perugia, Bernabò Visconti – e ai sovrani in Italia
e in Europa – la regina di Napoli, Giovanna D'Angiò, Elisabetta d'Ungheria, Ludovico I, re
di Francia. Certa della missione affidatale da Dio di riportare la pace e di riunificare la
cristianità, Caterina dimostra di perseguire con determinazione i propri fini, utilizzando le
lettere come strumento apostolico che le permetteva di far arrivare la sua voce a tutti.

La composizione delle Lettere: oralità, immediatezza e ispirazione

Pur senza entrare nei dettagli della datazione e della storia della tradizione dei manoscritti,
appare opportuno precisare che la composizione delle Lettere sia da distinguere in due fasi
principali. La prima, cioè la fase di immediata stesura delle lettere, dal 1367 al 1380; la seconda, che corrisponde alla composizione dell'epistolario, dal 1380, anno della morte della
santa, fino al 1410.[17] Il primo periodo coincide, dunque, con la dettatura da parte di Caterina
ai suoi segretari, quindi la scrittura immediata, la revisione delle minime e la correzione fino
alla stesura degli originali. Nel secondo si assiste alla raccolta, alla copiatura dei testi da parte
dei discepoli, nonché alla composizione dei primi volumi di Lettere.

A differenza di Angela da Foligno, Domenica da Paradiso e altre mistiche che dettano le
loro opere esclusivamente ai rispettivi padri confessori, Caterina si serve di diversi segretari:
Cecca, Alessia e altre consorelle; Neri di Landoccio Pagliaresi e Stefano Maconi, due discepoli laici; Raimondo da Capua e Tommaso della Fonte, suoi confessori; Barduccio Canigiani
e altri domenicani che la accompagnano nei suoi viaggi seguendola devotamente come figli
spirituali. I segretari sono, dunque, spesso le persone che le sono accanto nel momento in
cui lei decida di scrivere una lettera o quando in estasi cominci a dettare a volte due o tre
lettere contemporaneamente, come testimonia Raimondo da Capua nella Legenda Maior.

> Queste lettere poi, le dettava così in fretta e senza una benché minima interruzione,
> come se leggesse quel che pronunziava in un libro aperto davanti. Io la vidi spesso
> dettare diverse lettere a due scrivani, destinate a diverse persone e di contenuto di-
> verso, e nessuno di quelli aspettava neppure un momento la dettatura e da lei non
> udiva se non quello che lo riguardava.[18]

Le tracce dello stato estatico in cui avveniva la dettatura si possono individuare ad esempio
nelle rubriche compilate da Neri Pagliaresi, che appaiono su uno dei testimoni fondamentali

---

[17]   Tali riflessioni sulla composizione dei testi delle Lettere nonché sull'analisi del manoscritto viennese sono
       tratte principalmente da contributi italiani e in particolare da Frosini 2006, 91-125.
[18]   Raimondo da Capua 1994, 24, 25.

del testo delle *Lettere*, il manoscritto viennese:[19] „in abstractione facta";[20] inoltre, numerose testimonianze del Processo Castellano confermano che Caterina dettasse sotto ispirazione e assai rapidamente.[21] Oralità, rapidità, immediatezza e ispirazione sono dunque parametri che connotano la composizione delle *Lettere*. Il senese è il veicolo espressivo più appropriato alla mantellata, che le permette di esprimersi immediatamente e rapidamente; inoltre, l'uso di esso contribuisce a confermare l'autenticità del testo e l'attribuzione della sua formulazione a Caterina.[22] In quel tempo la dettatura era poi una pratica usuale non soltanto per le donne, ma anche per gli uomini, che si servivano di scrivani abituati a maneggiare lo strumento grafico più velocemente e agilmente. Un testo dettato può venire attribuito all'autore, così come un testo scritto di sua mano, qualora l'autore ne conservi l'autorità controllandone l'autenticità:[23] nel caso di Caterina non mancano, infatti, le prove che dimostrano che la mistica vagliasse attentamente i testi scritti dai segretari.[24]

In una lettera rivolta a Raimondo da Capua, padre spirituale, confessore e al contempo amico e discepolo devoto della santa, è Caterina stessa ad affidare ufficialmente i propri testi ai suoi discepoli, che nomina direttamente:

> Anco vi prego che el Libro e ogni scrittura la quale trovaste di me, voi e frate Bartolomeo e frate Tommaso e il Maestro ve le rechiate per le mani; e fatene quello che vedete che sia più onore di Dio, con missere Tommaso insieme (Lett. 373, 535).

---

[19] Il manoscritto viennese (Vienna, Österreichische Nationalbibliothek, Palatino 3514) che è stato attestato come autografo di Neri Pagliaresi contiene circa 200 lettere. La scoperta del codice viene attribuita a Theseider che nel corso delle sue ricerche per la prima e incompiuta edizione critica dell'epistolario s'imbatté in tale documento di cui riconobbe subito l'importanza (cf. Theseider 1933, 117-278). La questione dell'attribuzione delle mani che compilarono il codice viene analizzata ampiamente da Frosini 2006, 91-125 e da Leonardi 2003, 71-90. Per una sintesi delle opinioni attuali sul codice viennese e il suo utilizzo per la compilazione della nuova edizione critica si rimanda all'introduzione di Volpato disponibile online: http://www.centrostudi cateriniani.it/it/santa-caterina-da-siena/scritti [11.03.2021]. Gli ultimi studi sui manoscritti e sulla tradizione del testo sono stati pubblicati dall'Istituto storico italiano del medioevo in occasione del seminario tenutosi nel 2016 a Roma per un aggiornamento sui lavori in corso per la pubblicazione dell'edizione critica delle *Lettere* (cf. Dejure / Cinelli 2017).

[20] La nota di Pagliaresi viene riportata nell'introduzione sopra citata di Volpato. Il manoscritto viennese è consultabile online previo accordo con la Biblioteca nazionale austriaca di Vienna.

[21] I discepoli che depongono al Processo Castellano volendo ottenere il riconoscimento che i testi cateriniani fossero stati ispirati dallo Spirito Santo e che quindi avessero un valore dottrinale sottolineano spesso che Caterina dettasse in stato estatico come si coglie dalla deposizione di uno di essi, Francesco Malavolti: „il suo Libro compose quasi sempre astratta dai sensi [...] Vidi anche questa serva di Cristo, Caterina, dettare contemporaneamente per virtù dello Spirito Santo a più scrivani e particolarmente a tre nel medesimo tempo e non una sola volta ma tante volte e in anni diversi" (Centi / Belloni 2009 (1913), 339-340).

[22] L'uso della sua lingua madre permette a Caterina di esprimersi autonomamente e liberamente, come osserva Tylus, che presenta la senese come una figura „completamente orale", preoccupata di verificare che le parole messe per iscritto corrispondessero a quelle da lei pronunciate: „a donna expresses her freedom by speaking in her own favela. [...] Caterina [...] in dictating Letters and Libro to her scribes, apparently insisted not only that her words be written down, but that they be represented as they were spoken" (Tylus 2007, 119-123).

[23] Un testo dettato e, in seguito, revisionato o corretto dall'autore risulta autentico: „Caterina ha dettato le sue opere (com'era consuetudine del tempo) e un testo dettato è autentico alla stessa stregua di un testo scritto dalla mano del suo autore, a condizione che l'autore lo abbia sottoposto a vaglio critico" (Murano 2017, 140).

[24] Cf. Frosini 2006, 91-125, Leonardi 2003, 71-90 e cf. anche Bischetti 2017, 63-102.

„Ve le rechiate per le mani" significa, come osserva Frosini, dopo averne confrontato l'uso in altri testi contemporanei alla lettera, impadronirsene. Parafrasando l'affermazione di Caterina si potrebbe dire che Raimondo, Bartolomeo, Tommaso e il maestro vengano investiti dell'autorità di disporne a piacimento e del conseguente incarico di occuparsene dopo la morte della santa. I discepoli, dunque, tutti uomini di cultura, ecclesiastici, per lo più domenicani, che ricoprivano ruoli autorevoli nell'Ordine e nella Chiesa, possiedono da questo momento piena autorità sui testi della loro madre spirituale.[25] Se l'ipotesi formulata da Theseider (il curatore dell'edizione critica incompleta del 1940 delle *Lettere*) sull'esistenza di una cancelleria cateriniana già prima della morte della santa appare improbabile,[26] resta indiscutibile il fatto che Tommaso Caffarini, insieme ad altri discepoli, istituì dopo la morte di Caterina uno *scriptorium* a Venezia presso il convento domenicano: un luogo in cui tutti i testi cateriniani venivano raccolti e copiati per conservarli e tenerli pronti per il processo di canonizzazione della senese, che si sarebbe svolto a Venezia fra il 1411 e il 1416. La portata dell'intervento dei segretari sulle opere cateriniane durante la vita della santa e dopo la sua morte è stata discussa ampiamente. La cura con cui i discepoli, primo fra tutti il Caffarini, si sono occupati della copiatura e della raccolta di tali testi indica l'aspirazione a conservare intatto il ricordo della santa e soprattutto a custodirne le parole.[27] Per questo motivo appare oggi improbabile che essi abbiano stravolto i testi della loro madre spirituale manipolandone i contenuti o allontanandosi troppo dal suo dettato. Se tale intrusione significativa nel testo è da escludere, d'altro canto in molteplici manoscritti dell'epistolario si attesta un altro tipo di intervento avvenuto molto probabilmente dopo la morte di Caterina: si tratta della sistematica eliminazione dei dettagli personali e concreti presenti nelle *Lettere* in parte rintracciabili in alcuni manoscritti. Lo stralcio tratto da una lettera a fra Bartolomeo Dominici indica che Caterina nelle *Lettere* fornisse spesso informazioni pratiche riguardanti la lettera stessa o altre questioni; ancor più interessante appare il fatto che anche i membri della famiglia cateriniana utilizzassero tali lettere per comunicare fra loro, dandosi notizie o salutandosi affettuosamente a vicenda:

> Ò ricevuta grande letizia, perché mi pare che molto frutto vi si faccia, e d'alcuna buona novella che frate Ramondo mi mandò, che ebbe da misser Nicola da Osmo, sopra e' fatti del passaggio. Godete ed essultate, ché i desiderii nostri s'adempiranno. Non ò tempo di potere scrivare. Nanni sta molto bene e gode. Benedicete il mio figliuolo frate Simone; diteli che disponga la bocca del desiderio a ricevere il latte, ché la mamma ne li mandarà. Stievi a mente quella fanciulla che vi fu racomandata di quello testamento, e anco la mia santa Agnesa, se vi venisse incerto o altro per dare. Permanete ne la santa dilezione di Dio. Alessa e la perditrice del tempo molto molto vi si racomandano (Lett. 198, 163).

---

[25] Cf. ibid.

[26] Theseider espone i risultati delle sue ricerche sui manoscritti nell'introduzione al primo volume della sua edizione critica delle *Lettere* illustrando ivi anche l'ipotesi della cancelleria cateriniana (cf. Theseider 1940, XXXII-CXI).

[27] Nei più recenti studi ci si è soffermati, per esempio sulla tipologia delle correzioni apportate in alcuni manoscritti ipotizzando un confronto costante con fonti più antiche (cf. Cicchella 2019, 395-425).

La perditrice di tempo è, come Volpato osserva in nota alla lettera, Cecca di Clemente Gori, la scrittrice della lettera; la mamma è Caterina e Simone è Fra Simone di Neri da Cortona.[28] Riferimenti a persone e a situazioni concrete come questi avrebbero denigrato le opere cateriniane, che secondo i discepoli dovevano essere presentate al processo di canonizzazione come testi ispirati che perciò non potevano apparire inquinati da elementi che li avrebbero limitati entro confini spaziotemporali della mera quotidianità. Anche se la mancanza di tali dettagli concreti che rendono ogni singola lettera verosimile e reale incide notevolmente sulle indagini filologiche sul testo, d'altra parte, essendo stata individuata, appare allo stesso tempo giustificabile e, per lo meno, circoscritta.

Autoaffermazione di sé

La ferma consapevolezza di sé e del valore del proprio messaggio viene esplicitata da Caterina nella formula con cui l'autrice usa aprire ogni lettera, qualsiasi sia il destinatario: „Io Caterina, inutile serva di Gesù Cristo, scrivo a voi". Dicendo „io" Caterina si presenta come un io parlante o scrivente che, sicuro di sé, si rivolge ad un tu o ad un voi preciso.[29] La professione d'umiltà „inutile serva" attenua solo in parte l'affermazione di sé e della propria volontà. Caterina, poi, si autodefinisce fin dall'incipit chiaramente come scrittrice („scrivo") in rapporto a un tu o a un voi che rappresenta il destinatario. Proseguendo la lettura di qualsiasi lettera si nota che quest'affermazione di sé dell'esordio riappare una o più volte nel testo nei momenti culminanti del discorso in cui l'autrice vuol far capire al destinatario quale sia il messaggio a lui indirizzato. Le richieste o, per così dire, gli ordini di Caterina sono spesso introdotti dai verbi volere, pregare e desiderare coniugati in prima persona e preceduti dal pronome personale „io": „Io voglio che", „io prego che", „io desidero che". L'io di Caterina pronuncia con vigore la propria volontà, non tirandosi indietro nemmeno di fronte alle autorità del tempo, come si legge in questa lettera rivolta al cardinale Pietro Corsini, cui Caterina ordina di essere fedele al papa promuovendo la sua venuta in Italia.

> **Io v'ò detto** che **io desidero** che siate uno agnello a seguitare il vero Agnello: ora vi dico che **io voglio** che siate uno leone, forte a gittare el mugghio vostro nel corpo della santa Chiesa (Lett. 177, 233; neretto dell'autrice).

Con la stessa sicurezza di sé e della verità racchiusa nel proprio messaggio Caterina si rivolge al pontefice Gregorio XI ammonendolo a non lasciarsi intimorire da una lettera in cui qualcuno lo aveva sconsigliato di intraprendere il viaggio di ritorno alla sede papale di Roma. La senese sembra quasi prendersi gioco del papa ordinandogli – „io prego che" – di smetterla di comportarsi come quel fanciullo che la mamma cerca di svezzare: si osservi l'uso della metafora esaminata sopra nella lettera di Caffarini, che in questo luogo appare quasi spregiudicata e irriverente, ma allo stesso tempo utile per far comprendere al pontefice

---

[28]   Per ulteriori chiarimenti si leggano le note n. 20 e n. 30 alla Lett. n. 198 nell'edizione di Volpato completata con l'apparato critico e pubblicata sul sito con la seguente numerazione: Dupré Theseider IIII, Tommaseo 198, Gigli 110. Cf.: http://centrostudicateriniani.it/it/santa-caterina-da-siena/scritti [11.03.2021].

[29]   Librandi (2001, 88-94) conduce un'analisi sull'uso di *voglio, prego* e del rapporto fra l'*io* di Caterina e il *tu* o il *voi* a cui si rivolge.

che è arrivata l'ora di assumere le proprie responsabilità come guida della Chiesa. Si osservi che oltre la formula esortativa „io vi prego" Caterina esplicita i suoi comandi anche attraverso una serie di imperativi: „non siate", „aprite", „inghiottite".

> A me piace la buona fame che egli à de la salute degl'infedeli, ma non mi piace che voglia tòllare el padre a' figliuoli legittimi, e 'l pastore alle pecorelle congregate nell'ovile. E' mi pare che voglia fare di voi come fa la madre del fanciullo quando gli vuole tòllare *el latte* di bocca, che si pone l'amaro in sul petto, ché vuole che senta l'amaritudine prima che 'l latte, sì che per timore dell'amaro abbandoni il sùgiare, perché 'l fanciullo s'inganna più con l'amaritudine che con altro. Così vuole fare a voi, ponendovi inanzi l'amaritudine del veleno e de la molta persecuzione, per ingannare la fanciullezza dell'amore tenero sensitivo, acciò che per paura lassiate *el latte*, el quale *latte di grazia* seguita doppo el dolce avenimento vostro. E **io vi prego** da parte di Cristo crucifisso che **voi non siate** fanciullo timoroso, ma virile: **aprite** la bocca e **inghiottite** l'amaro per lo dolce. Non si converrebbe alla vostra santità d'abandonare *el latte* per l'amaritudine (Lett. 239, 321; neretto dell'autrice).

Il tono persuasivo di tali esortazioni viene certamente accentuato dall'abile uso di metafore che convalidano, rendendo visibile e quindi più comprensibile il fine comunicativo dell'autrice. Non ci sono tentennamenti: Caterina rimane fedele a sé stessa mantenendo lo stesso tono autorevole – dall'esordio alla chiusa della lettera – ponendosi costantemente come io consapevole di fronte all'altro o agli altri.

Metafore della quotidianità e strategie retoriche

Lo stile retorico e il linguaggio altamente metaforico dell'autrice verranno ora approfonditi attraverso l'analisi di una delle sue lettere. Se è vero che ogni lettera si distingua nella sua unicità per essere stata composta in una determinata occasione, con uno specifico scopo comunicativo e indirizzata a una persona precisa e reale, d'altro canto è possibile riconoscere una certa omogeneità stilistica e lessicale in tutto l'epistolario.[30] Nella lettera indirizzata a Giovanna Pazza,[31] una mantellata di Siena e discepola di Caterina, si può individuare, infatti, una struttura rintracciabile anche nelle altre lettere, che se da una parte sembra seguire le regole del *dictamen*, dall'altra si rivela indipendente e libera da ogni schema rigido retorico.[32] La lettera inizia con la formula fissa in cui Caterina giustifica, per così dire, le parole che scriverà, dichiarandosi portavoce del volere di Cristo e Maria: „Al nome di Gesù

---

[30] Devoto 1950, 220: „Sia che si susseguano periodi omogenei sia che siano eterogenei si osserva un'armonia superiore e un ritmo ultra-periodale: ciò è possibile grazie ad un fondo lessicale omogeneo. [...] Varietà che spezza l'uniformità tornando in modo costante".

[31] Giovanna Pazza apparteneva alla famiglia dei Pazzi di Firenze o a quella dei Cinughi di Siena (parenti dei Pazzi di Firenze).

[32] Cf. Librandi 2001, 86 che rielabora lo schema suggerito da Devoto come segue: „Nelle lettere di più complessa e completa articolazione, tuttavia al «desiderio», espresso da Caterina nella formula fissa dell'*incipit* segue una parte di esposizione e di meditazione morale o spirituale, cui può succedere, ma con regolarità minore, una forma di *narratio* di fatti esemplari o di eventi reali connessi alla precedente esposizione. Ciò che non si omette mai, nell'articolazione delle epistole, è l'esortazione, l'incitazione anche l'ordine a tenere un determinato comportamento o a compiere una particolare azione".

Cristo crocifisso e di Maria dolce". Seguono l'indirizzo „Carissima figliuola [...]" e la tipica sottoscrizione „io Caterina [...] scrivo a voi". L'unità testuale „con desiderio di" ricorre in ogni lettera ed esprime il nucleo argomentativo del messaggio che la senese vuole trasmettere al destinatario.

> Carissima figliuola in Cristo dolce Gesù, io Caterina, serva e schiava de' servi di Gesù Cristo, scrivo a te nel prezioso sangue suo, [...] con desiderio di vederti portare realmente ciò che el nostro dolce Salvatore ti permette (Lett. 87, 118).

Alla dichiarazione del motivo della lettera segue un periodo esplicativo suddiviso in due parti, che possono essere individuate in una tesi e in una corrispondente antitesi:[33]

> E a questo cognosciarà la verità etterna che tu l'ami però che altro segno non gli potiamo dare del nostro amore se non d'amare caritativamente ogni creatura che à in sé ragione, e di portare con vera e reale pazienzia infine alla morte, non eleggendo né tempo né luogo a modo nostro ma a modo di Dio, che non cerca né vuole altro che la nostra santificazione. Troppo sarebbe grande ignoranzia che noi, infermi, dimandassimo la medicina al nostro medico Cristo [...] (ibid.).

Due atteggiamenti completamente opposti vengono presentati uno accanto all'altro: la persona che riconosce l'amore di Dio e che agisce di conseguenza, amando le creature secondo la sua volontà e accettando i pesi da portare, perché è certa che siano permessi per il suo bene (la santificazione); l'altra che è ignorante e quindi che non conosce la verità e pretende di decidere lei stessa quali pesi *portare*. Si noti che l'opposizione fra tesi e antitesi appare evidente sul piano lessicale dal contrasto fra *cognosciarà* e *ignoranzia*.[34]Attraverso l'immagine di *Cristo-medico*[35] Caterina cita indirettamente un passo che ricorre nei vangeli sinottici: le tre immagini che lo sottintendono – *infermi, medico, medicina* – vengono utilizzate dall'autrice per rafforzare l'oggetto del suo intento comunicativo.[36] „Unde" apre il periodo successivo: in questo luogo e in tutte le parti esplicative del discorso si moltiplicano i connettivi causali e di spiegazione (però che, unde, cioè, etc.) che conferiscono al testo un ritmo più pacato.

> Unde io voglio che tu sappi, figliuola mia, che ciò che Dio ci dà e permette in questa vita el fa o per necessità della salute nostra, o per acrescimento di perfezione; e però doviamo umilemente e con pazienzia portare, e con reverenzia ricevere, aprendo l'occhio de l'intelletto, e raguardare con quanta carità e fuoco d'amore elli ce le dà; e vedendo che elli ce le dà per amore e non per odio, per amore le ricevaremo. E tanto

---

[33]   In un'analisi sulle metafore del campo semantico del giardino nell'epistolario caterniano Dorota Sliwa osserva l'uso frequente di antitesi nel linguaggio caterniano in cui „due segmenti sono legati da un contrasto semantico messo in evidenza da un parallelismo della costruzione sintattica e del contrasto lessicale" (Sliwa 1995, 131-146).

[34]   Il tema della conoscenza di sé e di Dio come via per arrivare alla Verità eterna è uno dei caposaldi del pensiero caterniano, che svela gli influssi delle teorie tomistiche sulla conoscenza, ampiamente diffuse nell'ambiente domenicano in cui Caterina era immersa.

[35]   Si riporta la citazione del vangelo di Matteo (che ricorre pressoché uguale nei vangeli di Marco e Luca): Mt 9, 12: „Udito questo, disse: Non sono i sani che hanno bisogno del medico, ma i malati" (http://www.bibbia.net/ [28.02.2020]).

[36]   Cf. Librandi 2015, 111-126.

c'è necessaria questa virtù de la pazienzia che ce la conviene procacciare, a ciò che
non perdiamo el frutto delle nostre fadighe; e dovianci levare da la negligenzia, e con
sollicitudine andare colà dove ella si truova (ibid.).

Dopo l'introduzione del periodo esplicativo per mezzo del connettivo causale emerge l'autorità dell'io parlante che si autodichiara esprimendo la propria volontà con il tipico „io
voglio". L'io sicuro di sé si rivolge a un tu, che viene nominato subito di seguito: „tu sappi".
Un ordine espresso all'imperativo e addolcito dall'appellativo „figliuola mia", quasi a mostrare l'interesse amorevole della maestra, che sembra rivolgersi alla discepola chiedendole
se questa stia seguendo il suo discorso. L'autorità espressa da „io voglio" e „tu sappi" riappare negli ordini che ricorrono in prima persona plurale: „doviamo […] dovianci […] ce la
conviene". Caterina è cosciente di rivestire il ruolo di madre, condottiera, *domina*, secondo
il quale può permettersi di dire ciò che occorra fare alla sua interlocutrice. L'occhio dell'in-
telletto e il sonno della negligenza sono due delle metafore più ricorrenti in Caterina: l'uno
il contrario dell'altro. *Intelligere* viene posto in relazione all'atto del vedere, perché significa
distinguere con gli occhi dell'anima; la negligenza, invece, viene paragonata alla stasi e
quindi al sonno. Una domanda introduce la spiegazione successiva:

E dove si truova? In Cristo crocifisso, però che tanta fu la pazienzia sua che el grido
suo non fu udito per alcuna mormorazione. E giudei gridavano «crucifigge!» (Mt 27,
23; Mc 15,13-14; Lc 23, 21), ed elli gridava «Padre, perdona a costoro che mi cruci-
figgono, ché non sanno che si fare» (Lc 23, 34) (ibid.).

Attraverso le due citazioni il pathos cresce: il ritmo accelera elevandosi fino al culmine
dell'invocazione rivolta a Cristo: „O pazienzia che ci desti vita, cioè che portando le nostre
iniquità con pazienzia le punisti in su el legno de la croce sopra el corpo tuo" (ibid.). Caterina ricorda il momento della morte in croce di Cristo, che presenta alla consorella, come
modello da seguire nel portare o sopportare le pene. Si osservi che il „cioè" contribuisce a
far calare nuovamente la tensione e Caterina sembra scendere dalla vetta estatica raggiunta
per calarsi di nuovo nei panni di chi legge e iniziare una spiegazione che proseguirà attraverso l'uso di un sistema di metafore: immagini pregnanti, visibili, palpabili che hanno lo
scopo di rendere chiaro il messaggio.

Col sangue suo lavò la faccia dell'anima nostra; nel sangue sparto con fuoco d'amore
e con vera pazienzia ci recreò a grazia; el sangue ricoperse la nostra nudità perché ci
rivestì di grazia; nel caldo del sangue distrusse el ghiaccio e riscaldò la tepidezza de
l'uomo; nel sangue cadde la tenebre e donocci la luce; nel sangue si consumò l'amore
proprio: cioè che l'anima, che raguarda sé essere amata, nel sangue à materia di levarsi
dal miserabile amore proprio di sé, e d'amare el suo redentore che con tanto fuoco
d'amore à data la vita, e corso, come inamorato, alla oprobiosa morte della croce. El
sangue c'è fatto beveraggio a chi el vuole, e la carne cibo (Gv 6, 55), perché in neuno
modo si può saziare l'appetito de l'uomo, né tollarsi la fame e la sete, se no nel sangue
(ibid.).

L'immagine del sangue, simbolo cristiano del sacrificio offerto da Cristo per la salvezza
dell'umanità, è costantemente presente nelle *Lettere* di Caterina: basti pensare che la parola
sangue ricorre ben 1536 volte. La dottrina mistica dell'autrice ruota intorno a tale immagine
a cui la senese associa metafore note alla tradizione cristiana e altre completamente nuove,

che vengono per lo più tratte dalla vita quotidiana, come si vedrà in seguito. Nel brano riportato sopra il sangue assume molteplici funzioni materializzate nelle immagini a esse metaforicamente collegate, che vengono esposte nella tabella seguente:

Tabella 1

Immagine	Funzione
Lavò la faccia dell'anima nostra	Lavare/purificare
Ricoperse la nostra nudità	Vestire
Distrusse el ghiaccio	Scaldare
Riscaldò la tepidezza dell'uomo	Scaldare
Donnocci la luce	Illuminare
C'è fatto beveraggio	Dissetare e saziare l'appetito dell'uomo

Caterina spiega, dunque, gli effetti della grazia divina ottenuta dal sacrificio di Cristo attraverso azioni che sono legate a percezioni sensoriali: lavare, vestire, scaldare, illuminare, dissetare e saziare. Poi procede con la spiegazione introducendo una metafora tratta dalla vita quotidiana non rintracciabile in altri testi cristiani.

> Questo sangue fu dato a noi abbondantemente: l'ottavo dì doppo la sua natività fu spillata la botticella del corpo suo, che fu circunciso (Lc 2, 21), ma era sì poco che anco non saziava la creatura; ma al tempo della croce si misse la canna nel costato suo, e Longino ne fu strumento, quando gli aperse il cuore. Votiata questa botte della vita del corpo suo – separandosi l'anima da esso corpo (Lett. 87, 119).

La *botte* sta per il *corpo di Cristo*; il *vino* per il suo *sangue*. Attraverso questa doppia metafora Caterina illustra le tre tappe della salvezza donata da Dio per mezzo di Cristo all'umanità: la circoncisione (svoltasi l'ottavo giorno dopo la sua nascita), la ferita al costato, per mezzo della lancia gettata da un soldato e la morte in croce. A questi tre momenti della vita di Cristo corrispondono altrettante immagini associate alla *botte* come si può vedere nella tabella seguente:

Tabella 2

Botte/vino	Corpo di Cristo/sangue
Il vino viene spillato dalla botticella	Il corpo di Cristo bambino viene circonciso
La canna viene inserita nel foro apposito della botte per spillare il vino	Il costato viene colpito dalla lancia e dal corpo di Cristo esce sangue
La botte di vino viene svuotata completamente	La morte di Cristo in croce/l'anima si separa dal corpo

Si nota un percorso ascendente fino al momento culmine dello svuotamento della botte, cioè il distacco del corpo dall'anima. L'epicità della terza tappa viene celebrata lessicalmente dalle parole: *bandito, tromba, trombatore del fuoco.* È l'annuncio della salvezza donata a tutta l'umanità per mezzo del sangue di Cristo:

> Votiata questa botte della vita del corpo suo – separandosi l'anima da esso corpo – el sangue fu messo a mano, e bandito con la tromba della misericordia e col trombatore del fuoco dello Spirito santo, che chiunque vuole di questo sangue, vada per esso (ibid.).

Segue un periodo esplicativo in cui Caterina utilizza ancora una volta il metodo delle domande seguite dalle sue risposte:

> Dove? A questa botte medesima, Cristo crocifisso; seguitando la dottrina e la via sua. Quale è la sua dottrina? Amare l'onore di Dio e la salute dell'anime; e con pena, forza e violenzia della propria sensualità acquistare le virtù. Che via à a tenere chi vuole giognere al luogo e alla dottrina per avere el sangue? E che vasello e lume gli conviene avere? (ibid.).

A quest'ultima domanda Caterina risponde costruendo uno scenario allegorico composto attraverso le seguenti immagini principali: *il lume, la via/casa, il vasello.*

> El lume della santissima fede, la quale fede è la pupilla che sta nell'occhio dell' intelletto; però che se l'anima non avesse questo glorioso lume, smarrirebbe la via, sì come fanno gli uomini del mondo, che ànno acecato l'occhio dell'intelletto da la nuvila del proprio amore e tenarezza di sé, e però vanno per la tenebre come abaccinati. Costoro spregiano e schifano el sangue, non tanto che vadino per esso. Convienci dunque avere el lume, come detto è, e tenere per la via del vero cognoscimento di noi medesimi e del cognoscimento della bontà di Dio in noi, con odio del vizio e amore della virtù. Questa è una via ed è una casa dove l'anima cognosce e impara la dottrina di Cristo crocifisso: in questa casa del cognoscimento di noi e di Dio troviamo el sangue, dove noi troviamo lavata la faccia dell'anima nostra. Che vasello ci conviene portare? El vasello del cuore; a ciò che come spogna, mettendo l'affetto del cuore nel sangue, tragga a sé el sangue e l'ardore della carità con che fu sparto (ibid.).

Nella tabella sottostante (Tab. n. 3) si osservano i due termini della metafora, che Caterina pone l'uno accanto all'altro: l'immagine e il suo significato, il metaforizzato e il metaforizzante. Nel caso dei nessi metaforici *lume-fede* e *occhio-intelletto* si notano due immagini a essi contrapposte *nuvila, occhi accecati-amore proprio di sé.*

Tabella 3

Immagine – Tesi	Significato	Immagine – Antitesi	Significato
Lume, pupilla dell'occhio	Fede	Nuvila	Amor proprio e tenarezza di sé
Occhio	Intelletto	Occhi accecati/abbacinati	
Via/casa	Cognoscimento di sé e della bontà di Dio		
Faccia lavata	Anima purificata		
Vasello/spogna	Cuore/anima		

Tale percorso metaforico da *lume/occhio*, attraverso la *via-casa/conoscenza*, fino alla *faccia/anima lavata* conduce alle due immagini finali: il „*vasello* riempito di sangue" e la „*spugna*" che ha assorbito tutto il sangue. Gli effetti di ciò che è accaduto vengono introdotti dalla congiunzione „allora" e da una frase esplicativa preceduta dai due punti.

> Allora l'anima si inebria: poi che à avuto el lume, e andata per la via seguitando la dottrina di Cristo crocifisso, gionta al luogo, ed empito el vasello, gusta uno cibo di pazienzia, uno odore di virtù, uno desiderio di sostenere, che non pare che si possa saziare di portare croce per Cristo crocifisso (ibid.).

„L'anima s'inebria" e „gusta un cibo di pazienza e un odore di virtù": le conseguenze vengono espresse attraverso immagini relative a uno stato fisico del corpo umano e percezioni sensoriali. L'anima, infatti, che raggiunge questo stadio quasi estatico viene rappresentata dalla figura dell'*ebbro*: „E fa come l'ebbro, che quanto più beie, più vorrebbe bere; e così quest'anima quanto più *porta* più vorrebbe portare". All'allegoria viene accostata la spiegazione introdotta da „e così", in cui si nota un primo ritorno implicito all'esordio della lettera con il verbo che si ricollega all'annuncio del tema: „con desiderio di vedervi portare". Segue un secondo riferimento ad esso.

> E il suo refriggerio le sono le pene; e le lagrime che à tratte per la memoria del sangue le sono bevaraggio, e i sospiri le sono cibo (Sal 41, 3; 79, 6). Questa è la via e 'l modo di potere giognere a la grazia (ibid.).

Caterina spiega attraverso queste tre immagini l'affermazione dell'esordio della lettera cioè: „ciò che Dio ci dà e permette in questa vita il fa o per necessità della salute nostra, o per acrescimento di perfezione". Alla triade delle cose da *portare* e cioè *pene, lagrime, sospiri*, corrispondono le tre immagini di ciò che fa bene all'uomo: *refrigerio, bevaraggio, cibo*. Caterina si avvia ora alla conclusione della lettera con un ritorno esplicito al desiderio dell'esordio: „Questa è la via e 'l modo di poter giognere a la grazia, e d'acquistare questa reina de la pazienzia, della quale io ti dissi che io desideravo di vederti portare realmente ciò che la divina bontà ti permette" (ibid.). Dopo l'ulteriore spiegazione Caterina incita Giovanna e le altre consorelle tramite l'esortazione finale: „Or su, carissime figliuole, non stiamo più a dormire nel sonno de la negligenzia, ma entriamo nella bottiga aperta del costato di Cristo crocifisso" (ibid.). E per essere certa che le discepole abbiano veramente capito, Caterina spiega: „dove noi troviamo il sangue – con ansietato dolore e pianto dell'offesa di Dio" (ibid.). Le citazioni bibliche contribuiscono anche in questo caso a rafforzare il messaggio della lettera: „Non ci à veramente luogo dove riposare el capo (Mt 8, 20; Lc 9, 58), se non nel sangue e capo spinato di Cristo crocifisso" (ibid.). Dopo la breve pausa esplicativa il ritmo discorsivo cambia elevandosi in una seconda esortazione ancor più penetrante dalle immagini pregnanti che l'accompagnano: „Ine dunque gittate saette d'affocato desiderio e d'umili e continue orazioni per onore di Dio e salute dell'anime" (ibid.). Si conclude con la tipica formula di chiusura e il saluto: „Altro non ti dico. Permane nella santa e dolce dilezione di Dio. Gesù dolce, Gesù amore" (ibid.).

Conclusioni

Attraverso l'analisi della lettera a Giovanna Pazza è stato possibile focalizzare l'attenzione sui tratti caratterizzanti dello stile dell'autrice che, pur non potendo essere cristallizzati in uno schema rigido, sono riconoscibili in tutto il corpus. Sia nella lettera alla discepola, sia negli stralci di lettere al vescovo e al papa, emerge l'ampio uso di metafore tratte dalla vita quotidiana o dalla tradizione cristiana. Il linguaggio di Caterina è impregnato di immagini concrete per mezzo delle quali la mistica cerca continuamente di rendere visibili, palpabili, gustabili e odorabili i contenuti divini dei suoi messaggi. I sistemi allegorici costruiti intorno al concetto del „portare" o del „sangue", esaminati sopra, sorprendono per la loro carica comunicativa e la loro portata incisiva: non si tratta di costruzioni allegoriche spropositate e avulse dal contatto con la realtà, ma di scenari costruiti per essere compresi.[37] Le immagini quotidiane della botte, del vasello, della spugna si stagliano davanti agli occhi del lettore: l'autrice si avvicina al piano del recipiente, che viene continuamente chiamato a partecipare al discorso attraverso le domande poste nel mezzo dell'esposizione, che sembrano tradurre in parole il pensiero di chi sta leggendo. Anticipando le domande dei discepoli, la maestra Caterina si preoccupa poi di spiegare ogni passaggio rischiando di ripetersi. I connettivi (unde, perciò, cioè) dimostrano il desiderio di svelare, chiarire, illuminare il significato. Anche le immagini della Sacra Scrittura o della tradizione cristiana vengono utilizzate non per un gusto didascalico, ma per rafforzare il messaggio. Nelle sue lettere Caterina appare perciò tutta intenta a farsi comprendere dal destinatario: il desiderio annunciato nell'incipit viene spiegato durante la lettera, per poi riapparire chiaro, e il più delle volte espresso esplicitamente, nella conclusione. L'autrice appare un'accurata pedagoga, che accompagna passo per passo il destinatario – „Sappi, figliuola mia" – servendosi di numerosi *exempla*, come usavano fare i predicatori: tutti elementi che fanno apparire le lettere come trattatelli oratori o prediche. Caterina usa poi con disinvoltura strategie retoriche come le domande poste nel mezzo del discorso esplicativo e le tante citazioni bibliche dirette o parafrasate. Si osserva la flessibilità con cui l'autrice utilizza le immagini della Scrittura o della tradizione cristiana adattandole al contesto. Nei suoi scritti emerge dunque la dimensione dell'oralità data

---

[37]   Cf. Librandi 2016, 172: „Caterina dunque scompone e ricompone le immagini della sua cultura religiosa e del suo vivere quotidiano, congiungendole in una rappresentazione volta a favorire la comprensione delle verità di fede e del giusto comportamento. Le raffigurazioni hanno, come nei testi dei predicatori, funzione educativa, ma trovano la via per istruire attraverso connessioni metaforiche che vanno anche al di là del linguaggio mistico, imprimendosi nell'immaginario dei fedeli grazie alla loro frequenza e densità".

certamente anche dalla metodologia di composizione, ossia, dal fluire spontaneo del discorso dettato che si riconosce nelle lettere. I passaggi repentini da uno scenario all'altro rivelano che Caterina non fosse interessata a comporre un discorso equilibrato e stilisticamente perfetto, ma che fosse piuttosto guidata dall'urgenza di comunicare. Dai dati a cui si è accennato a proposito della sua formazione culturale e dall'analisi delle sue opere si può dedurre che l'autrice fosse certamente in grado di memorizzare passi della Scrittura, immagini e testi della letteratura cristiana, in gran parte assimilati oralmente, e di rielaborare tali conoscenze dal suo punto di vista applicandole, poi, nei suoi scritti a seconda del fine comunicativo. L'associazione continua a elementi quotidiani fino a scendere nei dettagli, che trapela dagli scenari metaforici sopra analizzati, indica la capacità e la creatività della mistica nel disporre liberamente dei vari contenuti dottrinali e biblici a sua disposizione.

Caterina era una donna e non poteva certamente predicare in pubblico: le *Lettere* si prestano allora come strumenti per attuare la sua missione. L'apostolo Paolo (citato ben 585 volte nelle *Lettere*) risulta essere il suo modello, di cui sembra voler assumere il ruolo annunciando a tutti (dai papi ai prigionieri), attraverso le sue lettere, la salvezza di Cristo. Non a caso Aldo Manuzio, il curatore della prima edizione a stampa delle *Lettere* del 1500, rivolgendosi all'allora cardinal Piccolomini nomina le *Lettere* „gravissimi predicatori".[38] Le *Lettere* divengono perciò il mezzo che permette alla mistica senese di infrangere le barriere sociali del tempo per comunicare con tutti, insegnare e perfino predicare. Il corpus oltre a essere un documento storico culturale senza precedenti si presenta dunque come un prodotto letterario dinamico in quanto attribuibile allo stesso tempo al genere epistolare, alla trattatistica o all'oratoria.

Bibliografia

Testi letterari

Caterina da Siena. *Lettere*. Ed. Antonio Volpato. <http://www.centrostudicateriniani.it/images/LETTERE_ed._Volpato.pdf> [29.01.2021].

Caterina da Siena. *Le lettere di S. Caterina da Siena*. Ed. Paolo Misciatelli. Firenze: Marzocco 1939. <http://www.letteraturaitaliana.net/pdf/Volume_2/t38.pdf> [28.01.2021].

---

[38] La *Lettera al reverendissimo Monsignore D. Francesco de' Piccolhomini da Siena*, datata il 19 settembre 1500, si trova nelle prime pagine dell'edizione a stampa delle *Lettere*, oggi consultabile sul sito della biblioteca Marciana di Venezia. Manuzio definisce le lettere *prediche* che occorre diffondere, perché possano denunciare i difetti, scacciare i vizi e incitare alla vita vissuta secondo le virtù a onore di Dio e a favore della salvezza delle anime: „le quali i loco di gravissimi predicatori se spargano per lo modo & [e] repredano senza timore alcuno li difetti, & [e] discacciati li vitii induchino le sante virtute i laude & honore di Dio & salute de l'anime" (https://marciana.venezia.sbn.it/sites/default/files/repositoryfile/mostre-virtuali/aldo-al-lettore/santa-caterina.pdf [28.02.2020]).

Caterina da Siena. *Epistolario*. Ed. Dupré Theseider. Roma: Istituto storico italiano per il medioevo 1940.

Caterina da Siena. *Le Orazioni*. Ed. Giuliana Cavallini. Siena: Edizioni Cateriniane 1978. <http://www.centrostudicateriniani.it/images/documenti/orazioni/Le_Orazioni. pdf> [28.01.2021].

Caterina da Siena. *Il dialogo della divina provvidenza ovvero il Libro della divina dottrina*. Ed. Giuliana Cavallini. Siena: Ed. Cantagalli 1995. <http://www.centrostudi cateriniani.it/images/documenti/dialogo/Il_Dialogo.pdf> [28.01.2021].

Caterina da Siena. *Sämtliche Briefe. An die Männer der Kirche I*. Ed. Werner Schmid. Kleinhain: Verlag St. Josef 2002.

Caterina von Siena. *Sämtliche Briefe. An die Männer der Kirche II*. Ed. Werner Schmid. Kleinhain: Verlag St. Josef 2005.

Caterina von Siena. *Sämtliche Briefe. An die Ordensfrauen*. Ed. Werner Schmid. Kleinhain: Verlag St. Josef 2007.

Caterina von Siena. *Sämtliche Briefe. An die Männer der Politik*. Ed. Werner Schmid. Kleinhain: Verlag St. Josef 2009.

Caterina von Siena. *Sämtliche Briefe. An die Frauen der Welt*. Ed. Werner Schmid. Kleinhain: Verlag St. Josef 2010.

Raimondo da Capua. *S. Caterina da Siena. Legenda Maior*. Siena: Edizione Cantagalli 1994.

Tozzi, Federigo. *Opere*. Ed. Marco Marchi, Marco. Milano: Arnoldo Mondadori Editore 1983.

Studi

Bischetti, Sara. „Prime indagini su alcune analogie grafiche tra lettere originali e raccolte", in: *Per una nuova edizione dell'Epistolario di Caterina da Siena* (= Quaderni della scuola nazionale di studi medievali, 9). Roma: Istituto storico italiano per il medioevo 2017, 63-102.

Catricalà, Maria. „Caterina e la storia della lingua italiana", in: Trenti, Luigi / Klange Addabbo, Bente (eds.). *Con l'occhio e il lume, Atti del corso seminariale di studi su S. Caterina da Siena (25 settembre – 7 ottobre 1995)*. Siena: Università per stranieri di Siena 1999, 121-130.

Cavallini, Giuliana. *Catherine of Siena*. London, New York: Geoffrey Chapman 1987.

Centi, Tito / Belloni, Angelo (eds.). *Il Processo Castellano: Santa Caterina da Siena nelle testimonianze al processo di canonizzazione di Venezia*. Firenze: Nerbini 2009 (1913).

Cicchella, Attilio. „Tra prassi ecdotica e interpretazione: nuove acquisizioni per l'edizione delle lettere di Caterina da Siena", in: *Bullettino dell'Istituto storico italiano per il medioevo* 121 (2019), 395-425.

Dejure, Antonella / Cinelli, Luciano (eds.). *Per una nuova edizione dell'Epistolario di Caterina da Siena* (= Quaderni della scuola nazionale di studi medievali, 9). Roma: Istituto storico italiano per il medioevo 2017.

Devoto, Giacomo. „Secoli da S. Caterina da Siena", in: De Robertis, Giuseppe (ed.). *Studi di stilistica.* Firenze: Le Monnier 1950, 219-244.

D'Urso, Giacinto. *Il genio di Santa Caterina* (= Quaderni cateriniani, 8). Roma: Edizioni cateriniane 1970.

Fawtier, Robert. *Sainte Catherine de Sienne. Les Ouvres de Sainte Catherine de Sienne*, Vol. 2. Paris: E. De Boccard Editeur 1930.

Frosini, Giovanna. „Il manoscritto viennese delle Lettere di Caterina", in: Leonardi, Lino / Trifone, Pietro (eds.). *Dire l'ineffabile: Caterina da Siena e il linguaggio della mistica: atti del convegno, Siena, 13-14 novembre 2003.* Firenze: Ed. del Galluzzo 2006, 91-125.

Giunta, Diega. *La donna negli scritti cateriniani. Dagli stereotipi del tempo all'infaticabile cura della vita.* Firenze: Nerbini 2011.

Helbling, Hanno. *Katharina von Siena, Mystik und Politik.* München: C.H. Beck 2000.

Kerra Gazerro, Hanson. *St. Catherine of Siena: Dominican tertiary, spiritual author and doctrinal model.* Chicago: University of Chicago 2007.

Leonardi, Lino / Trifone, Pietro (eds.). *Dire l'ineffabile: Caterina da Siena e il linguaggio della mistica: atti del convegno, Siena, 13-14 novembre 2003.* Firenze: Ed. del Galluzzo 2006.

Librandi, Rita. „Le strategie del chiedere nelle «Lettere» di Caterina da Siena", in: *Quaderns d'Italià* 6 (2001), 83-100.

Librandi, Rita. „Dal lessico delle «Lettere» di Caterina da Siena: la concretezza della fusione", in: Leonardi, Lino / Trifone, Pietro (eds.). *Dire l'ineffabile: Caterina da Siena e il linguaggio della mistica: atti del convegno, Siena, 13-14 novembre 2003.* Firenze: Ed. del Galluzzo 2006, 19-40.

Librandi, Rita. *Letteratura religiosa.* Bologna: Mulino 2012.

Librandi, Rita. „La Bibbia riportata da Caterina da Siena", in: Pierno, Franco (ed.). *The Church and the Languages of Italy before the Council of Trent.* Toronto: PIMS (Pontifical Institute of Medieval Studies) 2015, 111-126.

Librandi, Rita. „Un sistema di metafore tra spiritualità e realtà sensibile nelle lettere di Caterina da Siena", in: Baioni, Paola (ed.). *I Domenicani e la letteratura*. Pisa-Roma: Fabrizio Serra Editore 2016, 163-173.

Money, Catherine. „Wondrous Words: Catherine of Siena's miracolous reading and writing according to the early sources", in: Hamburger, Jeffrey F. / Signori, Gabriela (eds.). *Catherine of Siena. The creation of a cult*. Turnhout: Brepols 2013, 263–287.

Murano, Giovanna. „Ò scritte di mia mano in su l'Isola della Rocca", in: *Reti Medievali Rivista* 18 (2017), 139-176.

Noffke, Suzanne. *Klarer Blick in dunklen Zeiten*. Leipzig: Benno Verlag 2012.

Pozzi, Giovanni / Leonardi, Claudio (eds.). *Le scrittrici mistiche italiane*. Bologna: Marietti 1996.

Ruh, Kurt. *Geschichte der abendländischen Mystik*, 2. München: C.H. Beck 1993.

Sliwa, Dorota. „Le metafore del giardino nel linguaggio mistico di Santa Caterina da Siena", in: Trenti, Luigi / Adabbo, Bente Klange (eds.). *Con l'occhio e il lume, Atti del corso seminariale di studi su S. Caterina da Siena (25 settembre – 7 ottobre 1995)*. Siena: Università per stranieri di Siena 1995. 31-145.

Theseider, Dupré. „Il problema critico delle Lettere di santa Caterina da Siena", in: *Bullettino dell'Istituto storico italiano e Archivio Muratoriano* 49 (1933), 117-278.

Trenti, Luigi / Adabbo, Bente Klange (eds.). *Con l'occhio e col lume, Atti del corso seminariale di studi su S. Caterina da Siena* (25 settembre-7 ottobre 1995). Siena: Università per stranieri di Siena 1995.

Tylus, Jane. *Reclaiming of Catherine of Sienne*. Literacy, Literature, and the Signs of Others. Chicago, London: University of Chicago Press 2009.

Vauchez, André. *Caterina da Siena. Una mistica trasgressiva*. Bari: Gius. Laterza & Figli Spa 2016.

Vinken, Barbara. „Tränen zum Leben, Tränen zum Tode, Katharina von Siena, Petrarca, Boccaccio, Theresa von Avila, Zola", in: Söntgen, Beate / Spiekermann, Geraldine (eds.). *Tränen*. München: Fink 2008, 17-25.

Walker Bynum, Caroline. *Holy Feast and Holy Fast. The Religious Significance of Food to Medieval Women*. Berkeley: University of California Press 1988.

Walker Bynum, Caroline. „The Female Body and Religious Practice in the later Middle Ages", in: Ead. (ed.). *Fragmentierung und Erlösung. Geschlecht und Körper im Glauben des Mittelalters*. Frankfurt am Main: Suhrkamp 1996, 110-148.

Wild, Cornelia. „Aus zweiter Hand. Dialog und Providenz, Inszenierte Gespräche", in: Hausmann, Matthias / Liebermann, Marita (eds.). *Zum Dialog als Gattung und Argumentationsmodus in der Romania vom Mittelalter bis zur Aufklärung.* Berlin: Weidler 2014, 19-36.

Wild, Cornelia. *Göttliche Stimme, irdische Schrift, Dante, Petrarca und Caterina da Siena.* München: De Gruyer 2016.

Zancan, Marina. *Il doppio itinerario della scrittura. La donna nella tradizione letteraria italiana.* Torino: Einaudi 1998.

Flammende Liebe und fragmentarischer Selbstentwurf: Maria Savorgnans Briefe an Pietro Bembo

Martha Kleinhans

Abstract

Nel suo carteggio d'amore con Pietro Bembo, Maria Savorgnan, gentildonna veneziana alle soglie del Cinquecento, disattendendo le volontà testamentarie del marito defunto, che la voleva costringere a una vita casta, si costituisce come soggetto di scrittura e manifesta le proprie ambizioni di poetessa e di intellettuale. Prende così vita in forma prosimetrica uno straordinario documento di codificazione dell'amore e dell'intimità nel Rinascimento italiano, il cui potenziale poetico sembrerebbe essere già stato riconosciuto da Pietro Bembo. A differenza di quest'ultimo, le cui lettere dirette „alla donna il cui nome si tace" raggiunsero un grande pubblico nella stampa postuma, Maria Savorgnan rimase però per secoli sconosciuta. Grazie ad un'analisi approfondita dei diversi ruoli dell'epistolografia l'articolo rivela le sue capacità di organizzatrice del rapporto sessuale clandestino, nonché la sua partecipazione alla composizione degli *Asolani*. Infine, il saggio propone un'interpretazione delle sue lettere – poesie, semplici *billets d'amour* e suggestioni di critica letteraria – come frammenti di un opus letterario mai realizzato che ricava il suo fascino dall'*effet de réel*. Emerge un abbozzo di auto-costruzione che cerca di armonizzare amore passionale e trasgressivo con le esigenze sociali di onestà. È Maria Savorgnan stessa a prendere l'iniziativa seducendo il suo destinatario con una poesia petrarchista, ed è sempre lei a porre fine al rapporto quando si accorge che il sogno di una vita sessuale e intellettuale da pari a pari non è possibile.

Einleitung: weibliche Selbstkonstruktion im Liebesbrief

„Non espetate da me vostra chancion: tropo son stata audace; chiedovi perdono; questo è perché tropo amai" (Brief 43 (S, 90)).[1] Aufs Engste verknüpft Maria Savorgnan im Brief an Pietro Bembo leidenschaftliche Liebe, Dichtung und Literaturkritik. Unter der Privatkorrespondenz beziehen Liebesbriefe ihre Faszination aus der Zwischenstellung zwischen Realitätszeichnung und künstlerisch verfremdeter Intimität. Der Liebesbrief versprachlicht und verschriftlicht den Liebesaffekt, im Prozess des Schreibens verändert sich das, was ausgedrückt werden soll, stärker als in der mündlichen Kommunikation. Nicht nur die Distanz zwischen den sich Liebenden ist bei diesem interaktiven Medium größer, sondern es erfolgt auch eine spezifische Modifizierung und Modellierung des Sprechens. Für den späteren Leser verheißen Liebesbriefe einen Blick in die Privatsphäre zweier Liebender, sie beziehen ihre Wirkung aus dem *effet de réel*.[2] Wurden Privatbriefe im Volgare oft als Steinbruch für

---

[1]   Im Folgenden steht das Sigle S für Savorgnan 2012.
[2]   Zum Begriff cf. Barthes 1968, 84-89.

historische Faktensammlung angesehen und ihnen der Status von Literatur abgesprochen, so hatten es Frauenbriefe noch einmal schwerer einem ästhetischen Urteil standzuhalten. Lange wurden sie als bloßer Ausdruck aufrichtiger Gefühle gelesen und lediglich zur biographischen Rekonstruktion genutzt.[3] Freilich bieten gerade die *lettere amorose* von Frauen für die Frage nach der Funktionalisierung intertextueller Verweisstrukturen oder nach dem Einsatz rhetorischer und narrativer Strategien ein interessantes Forschungsfeld.

Ein vielschichtiges Beispiel weiblicher Liebesepistolographie der Renaissance liegt uns mit den erst sehr spät wiederentdeckten Briefen einer vornehmen venezianischen Witwe an den humanistischen Dichter und Sprachtheoretiker Pietro Bembo (1470-1547) vor. Gerade dank des glücklichen Umstands, dass eigenhändige Textzeugen beider Briefpartner tradiert sind, kann die herausragende Originalität von Maria Savorgnans Briefen besser erfasst werden, auch wenn sich der Forschung im Einzelnen noch viele Fragen zur genaueren Entstehungsgeschichte und zum Verständnis des Liebesbriefwechsels stellen.[4] Bis ins 20. Jahrhundert kannte man lediglich die Liebesbriefe des dreißigjährigen Pietro Bembo an eine namenlose Dame. Der berühmte Gelehrte und Kardinal hatte verfügt, dass diese Briefe erst nach seinem Tod an die Öffentlichkeit gelangen sollten. Aus Diskretion verschwieg er den Namen seiner ungefähr gleichaltrigen Geliebten und stellte nur seine Briefe, nicht aber die der geliebten Frau für den Druck bereit, obwohl er, wie man heute weiß, zeitlebens in ihrem Besitz war. Wahrscheinlich überarbeitete er seine Briefe an sie für eine posthume Publikation relativ stark.[5] Nach seinem Tod wurden sie von Gualtero Scotto, Venedig 1552 im zweiten Teil des vierten Bandes unter dem Titel *Lettere giovenili e amorose di Pietro Bembo scritte ad una donna il cui nome si tace* gedruckt.[6] Maria Savorgnans Briefe wurden erst Jahrhunderte nach ihrer Abfassung dank eines Zufalls wiederentdeckt und Bembos *anima dolcissima* (Brief 2 (B, 48))[7] zugeordnet. Erstmals edierte sie Carlo Dionisotti im Jahr 1950.[8] Erschwert wird eine vergleichende Analyse der beiden Briefkorpora durch den Umstand, dass Maria Savorgnan ihre Briefe nicht datierte, Bembo diese aber bei Erhalt oder später mit Datierungen versah, die wohl nicht immer den tatsächlichen Daten entsprechen. Der moderne Herausgeber vermutet, dass Bembo seine und Marias Briefe sogar vordatierte, um so

---

[3]   Die Sozialhistorikerin Natalie Zemon Davis kümmerte sich zu Recht mehr um das Wie als um das Was, fokussierte formale und fiktionale Aspekte in Briefen (cf. Zemon Davis 1988).

[4]   Maria Savorgnan spricht Bembo in Brief 55 ironisch mit „voi che siate misèr Piero Bembo" an (S, 95). Cf. ferner Brief 68 (S, 100) und Brief 70 (S, 100-101). In den letzten Briefen aus Ferrara nennt sie Bembo immer dann beim Namen, wenn der Inhalt keinen Verdacht auf eine intime Beziehung wecken kann (cf. Brief 73 (S, 102) und 76 (S, 104)). Von ihr unterzeichnet sind die Briefe 70, S. 101 („Vostra M.") und 76, S. 104 („M. Savorniana").

[5]   So vermutet bereits Dionisotti 1950. Cf. ferner dazu ausführlich Quaglio 1986. Die These eines „trucco letterario o di un falso più tardo" erwägt Quaglio 1986, 81 zwar, doch weist er sie überzeugend zurück.

[6]   Cf. Dionisotti 1950, 45.

[7]   Im Folgenden steht für Bembos Briefe das Sigle B der Ausgabe von Dionisotti 1950.

[8]   Carlo Dionisotti zog für seine Ausgabe 1950 vor allem den ersten Druck (Venezia, Scotto, 1552) und zwei Handschriften (Paris, BN Ital. 1005 und Archivio Vat., Fondo Borghese, II 449) unterschiedlicher Redaktionsstufen zu Rate. Er präsentierte die beiden Briefreihen nacheinander, zunächst nach dem Autograph (Cod. Vatic. Lat. 1418) Maria Savorgnans Briefe, danach Bembos Briefe an sie. Monica Farnetti schließlich beschränkte sich 2012 auf eine Ausgabe der Briefe Maria Savorgnans.

die Dauer der Beziehung zu der apostrophierten *donna* zu verlängern.[9] Es erscheint deshalb bislang nicht möglich, die Korpora von Bembo und Savorgnan wieder zusammenzufügen.[10] Meiner Meinung nach ist nicht auszuschließen, dass Bembo für sich eine Art *romanzo d'amore* geplant hatte, der seine und Marias Briefe in eine Narration einbinden sollte. Gut erkennbar sind im *carteggio* der beiden Briefpartner die Anfangsphase der Liebe mit zunehmendem Crescendo, Probleme in der Beziehung und schließlich das Ende, das von Maria gesetzt wird.

Das Bild, das Pietro Bembo von seiner Geliebten und seiner Liebesbeziehung mit ihr entwirft, trägt mehr oder minder deutliche Spuren künstlerischer Überarbeitung und Literarisierung ins Romaneske und verdiente gesonderte Betrachtung. Im Folgenden möchte ich mich auf Maria Savorgnans Briefe an Pietro Bembo konzentrieren, während Bembos Briefe an Maria Savorgnan lediglich der Erhellung ihrer Briefe dienen sollen. Bei ihren von eigener Hand geschriebenen Briefen stellt sich die Frage der Literarisierung anders: sie verschriftlicht ihre Gefühle, bedient sich persuasiver Strategien, um den männlichen Briefpartner als Geliebten, aber auch als Diskussionspartner über eigene und fremde Literatur zu gewinnen. Savorgnans Briefe sind unter enormer emotionaler Belastung und Zeitdruck verfasst, verzichten fast immer auf etablierte Briefstrukturen und setzen oft unmittelbar mit der Ich-Aussage ein.[11] Sie skizzieren sofort eingangs den aktuellen Zustand affektiver Befindlichkeit[12] oder geben in Imperativform Handlungsanweisungen an den Briefadressaten.[13] Stets ist es sie, die Bembo exakte Befehle erteilt, wann er sich wo einfinden solle:

> Ogi non mi par che debiate venire per più respeti, ma, se vi piace, dimane a dodese
> hore andate a Rialto et trovate Bernardino e ditegli che volete venir visitarmi, […]
> dite, mò che avete ocio, verete a legere el vostro libro (Brief 7 (S, 75)).[14]

Abrupte Einstiege, Vermengung unterschiedlicher Themen und nicht minder knappe Briefschlüsse lassen den Eindruck von Fragmentarität entstehen.[15] Im Gegensatz zu den

---

[9]   Cf. Dionisotti 1950, XXXV-XXXVI. Bembos erster Brief ist von ihm auf "A' 10 di Febrajo 1500, di Vinegia" datiert. Der erste Brief von Maria Savorgnan – ein Gedicht – trägt von Bembos Hand den Vermerk „Venetiis. Quarto Kal. Iun. MD. Primus (c.I': 29 maii MD)".

[10] Cf. dazu Quaglio 1986, 78. Dionisotti 1950, XXXVIII präsentiert eine Aufstellung ab 14.-31. Juli. 1500 bis Januar-September 1501, in der er die seiner Meinung nach aufeinander folgenden Briefe Savorgnans und Bembos auflistet. Die Tabelle beginnt mit Bembos Brief 36 vor Savorgnans Brief 3, Savorgnans Gedichte 1 und 2 lässt Dionisotti weg. Unsicherheiten bleiben, Bembo numerierte nicht alle Briefe, es ergeben sich interne Widersprüche und etliche Briefe fehlen auf beiden Seiten (cf. dazu Quaglio 1986).

[11] „S'io potese schaldar la freda mente" (Brief 1 (S, 73)), „S'io vivo com piacer" (Brief 2, ibid.), „Io sto male" (Brief 10 und 11 (S, 77)), „Io sto bene" (Brief 24 (S, 81)), „Non voglio dir" (Brief 7 (S, 75)), „So che conoscete" (Brief 18 (S, 79)), „Mi dò ad intendere" (Brief 77 (S, 104)).

[12] „Vostra son viva e vostra serò morta" (Brief 64 (S, 98)).

[13] Brief 41 (S, 89); 33 (S, 85), 67 (S, 99). Savorgnan scheint sich ihrer straffen Regie bewusst gewesen zu sein, denn Brief 27 (S, 83) beginnt mit den Worten „Non c'è ordine per ogi", ganz ähnlich Brief 58 (S, 96): „Per questa setimana non c'è ordine".

[14] Mit dem genannten *libro* sind wahrscheinlich die *Asolani* gemeint, so Dionisotti 1950, 142.

[15] „Io non poso scrivere, perché B. non si parte mai" (Brief 5 (S, 74)) oder „Non ò più carta" (Brief 6 (S, 75)) entschuldigt sie sich am Ende zweier Briefe.

Briefen des männlichen Briefpartners[16] enden Marias Briefe unvermittelt oder greifen zu Kurzformeln, die die Übereignung an den Anderen semantisieren.[17]

Carol Kidwell[18] oder Roberto Zapperi[19] haben bereits die turbulente Geschichte dieser Liebe mit ihren verschiedenen Phasen nacherzählt. Zu Beginn von Maria Savorgnans insgesamt siebenundsiebzig Briefen legt das Ich im Eingangssonett ein Bekenntnis der noch einseitigen heftigen Verliebtheit ab. Mein Interesse gilt eher Aspekten von Maria Savorgnans Briefstil und der Formgebung ihrer Selbstwahrnehmung: Ich möchte das Augenmerk auf die Art und Weise lenken, wie sie minutiös, fast zwanghaft die geheimen Rendezvous plant, und auf das unvermittelte Springen von Alltagsäußerungen zu Bruchstücken literarischen Sprechens verweisen. Relativ ungefiltert überführt sie den Liebesaffekt in eine zugleich impulsive und literarisch reflektierte Sprache, die die selbst erlebte Liebespassion unter dem Rückgriff auf Petrarcas Sprache der Liebe inszeniert.

Die Liebeskorrespondenz Maria Savorgans deute ich als experimentellen Text, der aus dem Fragmentcharakter seinen besonderen Reiz bezieht. Deutlich manifestiert sich im epistolaren Diskurs die Ambition, der Intellekt und das poetische Talent einer Frau, die sich dank ihrer schriftstellerischen Qualitäten und ihrer literarischen Bildung dem im Literaturbetrieb Venedigs bereits bekannten Dichter und Humanisten Pietro Bembo gleichwertig zeigen will und zu einer von ihm geschätzten Literaturkritikerin, insbesondere einer kritischen Lektorin seiner *Asolani* wird. Beide Briefpartner scheinen zumindest zeitweise aus ihrer die gesellschaftlichen Regeln sprengenden Liebeserfahrung kreativen Elan geschöpft zu haben.

El nostro singular de pari : imaginäre Gleichwertigkeit

Maria Savorgnans Sitz im Leben

Auch wenn Frauen in Italien seit dem ausgehenden *Trecento* – vorausgesetzt sie gehörten überhaupt zu der relativ kleinen Gruppe der alphabetisierten Frauen – zunehmend gern Briefe in der Volkssprache schrieben, waren die Ausgangspositionen für sie keineswegs gegenüber ihren männlichen Briefpartnern gleich. Gesellschaftliche Zwänge verbannten sie

---

[16] Er endet zumeist mit „Amatemi", als die Beziehung problematisch wird, meist mit kurzem „state sana".
[17] Überaus häufig findet sich die Formel „Vostra son" (Brief 21 (S, 80)); Brief 27 (S, 83); Brief 31 (S, 84); Brief 32 (S, 85) und Variationen, wie, „Vostra son e piacemi asai" (Brief 22 (S, 81)), „Vostra son più che mai" (Brief 29 (S, 84)) bzw. „Vostra son, vogliade o non" (Brief 15 (S, 79)) bis hin zur emphatischen und klimaxartigen Wiederholung „Vostra, vostra e vostra e vostrissima son e serò sempre" in Brief 37 (S, 87); ähnlich Brief 38 (S, 88): „Vostra in eterno e poi se eser pò" oder „Pur so tanto che vostra son e altrimenti mai non serà" (Brief 56 (S, 96)). Ab Brief 66 „Me vi ricomando asai" (S, 99) und 67 „Più vostra son che mia. Me ricomando" (S, 99), Brief 67 „A Moise me aricomando" (S, 100) oder „Me ricomando perumilissime e più vostra son" (S, 100), „Me ricomando" (Brief 72, (S, 102)), „Vostra son. Me ricomando più de le m[ille]" (Brief 73 (S, 103)), „Me vi ricomando quanto poso e più asai" (Brief 74 (S, 103)). Singulär im vorletzten, sehr förmlichen Brief: „Son a'vostri piaceri" (Brief 76 (S, 104)) mit ihrer folgenden Unterschrift.
[18] Cf. Kidwell 2004.
[19] Cf. Walter / Zapperi 2007, vor allem 75-153.

von vornherein in eine gegenüber ihren Briefpartnern inferiore Position. Mittlerweile hat
die Forschung etwas genauere Kenntnis von Maria Savorgnan und ihren Lebensumstän-
den.[20] Bereits 1498 hatte sie ihren Ehemann, den Condottiere Giacomo dei Savorgnan del
Monte verloren und musste für ihre vier Kinder Pagano, Giovanni Battista, Lucina und
Giulia sorgen.[21] Eine erneute Heirat war nach den Konventionen der Zeit nicht schicklich.
Häufig mussten die Frauen im Falle einer Wiederheirat ihre Kinder der Vormundschaft der
väterlichen Familie überlassen. Über Testamentsklauseln versuchte die Witwe die einge-
brachte Mitgift für ihre Kinder zu sichern. Marias Gatte hatte testamentarisch verfügt, dass
seine Ehefrau nach seinem Tod keine neue Bindung mit einem Mann eingehen dürfe, ja er
bestellte seinen Bruder Tristano zum Familienoberhaupt. Dieser wiederum ließ seine
Schwägerin durch eine weitere Person namens Bernardino[22] auf Schritt und Tritt überwa-
chen. Maria Savorgnan scheinen zudem finanzielle Sorgen umgetrieben zu haben. Ihr An-
trag auf Unterstützung durch die Republik Venedig wurde abgelehnt.[23] In einem Brief aus
Ferrara beklagt sie ihre Probleme: „perché sapete come siamo intrigati, e più asai che non
sapete voi […] Io stavo con tanto tormento a Vinecia che certo se io stavo poco più non
aresti auto più figliola né figliolo, e basti" (Brief 70 (S, 100)). Pietro Bembo wisse um ihre
prekäre Situation: „Io non me guardo da lui de mostrar ogni miseriuza; perhò non vi fidate
de niuno, zoè in dir le miserie di la chasa" (ibid. (S, 101)).[24]

Falls man Pietro Bembos Worten Glauben schenken darf und seine aus der Eifersucht
geborene Imaginationen auch nur teilweise der Realität entsprachen, hatte Maria Savorgnan
in Venedig eine Art literarischen Salon unterhalten, in dem Männer und Frauen des intellektuellen Lebens verkehrten:

> Ella forse [gemeint ist Maria Savorgnan] ora tra suoni e canti dimorando, de' quali
> nessuna vive di lei maggior maestra, si toglie dagli altri pensieri, o ad alcuno diporto
> con altre donne invitata nelle nostre spassevoli barchette pigliando aria, ora questa
> ora quella cosa vede, che non che a me, ma la togliono e furano a se stessa. E oltre
> acciò sì come gran donna che ella è, da molti grandi uomini visitata e di via maggiore
> stato e di più alta fortuna che io non sono, buona parte del giorno passa in dilettevoli
> ragionamenti, i quali tutti si dee credere che di piacerle s'ingegnino, […] (Brief 61 (B,
> 112)).

Bembo stellt sich vor, wie einer aus dem Kreis potentieller Liebesrivalen sie mit „graziosi
parlari" unterhält, ein anderer ihr „versi e rime", wieder ein anderer ihr „prose" vorrezitiert
oder ihr seine „prodezze" in „discreto e avedevole modo" (ibid.) erzählt. Die früh verwitwete
venezianische Aristokratin Maria Savorgnan brach mit dem Witwenideal der Zeit und
übertrat die strengen Bestimmungen aus dem Testament ihres verstorbenen Gatten, die sie

---

[20] Nach Paolo Pucci 2013, 72 war Maria Savorgnan, Tochter des Condottiere Matteo Griffoni und der
      Aristokratin Leonarda dei conti di Carpegna, zwischen 1468 und 1473 geboren.
[21] Nach Laura Casella 2008, 111 ist sie eher unter dem Namen Maria Sant'Angelo di Crema bekannt.
[22] Zancan 1989, 63 irrt. Sie hält Bernardino noch wie frühere Forscher für den Ehemann Marias und
      berücksichtigt deshalb nicht die Besonderheit von Maria Savorgnans Witwenstatus.
[23] Cf. ibid. sowie Kidwell 2004, 28.
[24] Aus Ferrara klagt sie Bembo in Brief 67 (S, 99) über „tanti garbugli", die ihm sein Bruder Carlo näher erläutern
      werde. Cf. auch bereits ihr Brief 30 (S, 84): „Io son colma di tanti afanni che in pochi più ci laserie la vita",
      wobei hier auch eher ihre Liebesqualen gemeint sein können.

zur Keuschheit und lebenslanger Treue zwangen. Zeitgenössische Quellen, wie etwa die Predigten von Bernardino da Siena oder Cesare Cabeis *Ornamenti della gentil donna vedova* (Venedig 1574) empfahlen Witwen aus adeligem Haus dringend, ihren Körper keusch zu bewahren und keine neue Ehe einzugehen.[25] Savorgnan entzog sich der von Männern bestimmten Kontrolle, sie ergriff die Initiative[26] und begann einen intimen Briefwechsel mit dem jungen Pietro Bembo, der noch am Anfang seiner Karriere stand, aber schon als Herausgeber von Petrarcas Gedichten bekannt war. Pietro Bembo durfte in ihrem Hause als angesehener Gelehrter und Dichter mit den Verwandten ihres Mannes und mit ihr Konversation betreiben. Doch die Witwe begann eine geheime sexuelle Beziehung[27] mit ihm, wie aus dem *carteggio d'amore* zwischen Bembo und ihr klar hervorgeht. Sie schrieb ihm Gedichte, wurde seine Geliebte, aber auch Muse, anerkannte Gesprächspartnerin und Kritikerin seiner Gedichte. Sie demonstriert nicht nur ihre literarische Bildung und ihr kritisches Urteil, sondern organisiert in ihren Billets fast komödienreif die Rendezvous mit ihrem Geliebten. Schließlich beendete sie nach eineinhalb Jahren die Beziehung – ob aus Furcht ihre Ehrbarkeit als *gentildonna* aufs Spiel zu setzen oder ob aufgrund nachlassender Leidenschaft, bleibt unklar. Die *Honestas* der vornehmen Frau stellte in der Gesellschaft des *Cinquecento* einen hohen Wert dar. Selbst Bembos literarisches Alter Ego Gismondo beklagt in den *Asolani* den Niedergang der Sitten und fordert Perottino dazu auf, „ama di lei [*i.e. della sua donna*] […] l'onestà dico, sommo e spezialissimo tesoro di ciascuna savia".[28]

Organisatorin und Regisseurin der Leidenschaft

Wäre die Authentizität der Briefe nicht gesichert, könnte man den *carteggio d'amore* für ein mit der Täuschung des Lesers spielendes, fiktionales Werk halten. Immer wieder fühlt sich der moderne Leser an Enea Silvio Piccolominis *Istoria de duobus amantibus* oder gar an erotische Renaissancekomödien erinnert. Besondere Bedeutung für die Entwicklung der Ehebruchsliebe zwischen Euryalus und Lucrezia hat in Piccolominis Erzählung der Briefwechsel zwischen den beiden Protagonisten. Gut möglich ist es, dass Maria Savorgnan die

---

[25] Bernardino da Siena sah Witwen, so seine Predigt des Jahres 1427 über die „vere vedove", besonders gefährdet. Die Witwe sei nach dem Tod ihres Ehemannes frei, solle sich aber nun ganz Gott hingeben: „O vedova, sappiti mantenere, ché elli è stato molto perfetto" (zit. nach Sanson 2016, 41). Cf. ferner Cabei 1574, 28: „[…] che il mondo la conosca del corpo castamente fino alla morte". Eine vorbildliche Witwe solle der Welt beweisen „d'haver sepolto nel monumento del marito ogni piacere, ogni diletto, ogni pensiero contrari alla honestà et al suo stato" (ibid., 30).

[26] Ein Freund habe, so Bembo in Brief 52, Mitleid mit seinem Schmerz über seine nicht verwundene enttäuschte Liebe – gemeint ist die ‚erste Liebe' Bembos zu einer Frau, von der nur die Initialen M. G. bekannt sind – gehabt, und ihm angedeutet, dass Maria Savorgnan in ihn verliebt sei: „[…] mi fe' intendere che a voi non sarebbe discaro che io v'amassi, e di vostro ordine me ne fe' dolce e liberale invito" (B, 94-95).

[27] In Brief 54 ersehnt sich Bembo recht deutlich die körperliche Vereinigung mit ihr, auch wenn er sich vordergründig auf Platons Mythos vom Kugelmenschen bezieht: „[…] sì come il mio animo avea il vostro in sè preso […] così il mio corpo volendo il vostro in sè prendere similmente per farne di due uno, avea dalla più animata parte di lui incominciando fatto porta al suo disiderio dolcissimamente e affettuosissimamente e per tenace maniera incorporandosi" (B, 101).

[28] *Asolani*, II. *libro*, *cap.* XV, ed. Dionisotti 1960, 411.

lateinische Novelle oder eher Alessandro Braccesis *volgarizzamento* kannte.[29] In Piccolominis berühmter Renaissancenovelle (und seiner amplifizierten volkssprachlichen Übertra-
gung) finden sich ähnliche Ingredienzen einer leidenschaftlichen, unerlaubten Liebe, wie
Treffen mit Hilfe komplizierter Hilfsmittel an ungewöhnlichen Orten oder der Austausch
von Geschenken als Liebespfand.[30] Bembo wie auch seine Briefpartnerin spielen mit dem
Wissen um die Semiotik literarisch tradierter Liebeszeichen. Er schickt ihr Rosen, sie antwortet, so Brief 7, mit liebesspezifischen Aromapflanzen, Basilikum und Amaracus (Majo-
ran), die sie in ein Tüchlein wickelt, und mag sich einen Seitenhieb auf Bembos frühere
Geliebte nicht versagen:[31]

> Le rose mi sono gratissime, a l'incontro di le qual non ho che mandarvi, salvo un
> poco de basilicho e una certa erba che porta il nome di quel che questi giorni mi ha
> fato mandarvi tinte molte carte, e come quel da me non si parte mai. Così anchora,
> in voltare el façuolo, ho voluto in modo che, se voi non gli traete quel ligame d'intorno,
> l'erba ivi starasi: come se a me non traete dil core il nome di questa, pochi serano gli
> mei giorni alegri (Brief 7 (S, 75)).[32]

Ein andermal schenkt Bembo ihr ein Hündchen namens Bembino (Brief 15 (B, 58)) zusammen mit seinen Versen, von denen er bittet, sie möge sie korrigieren.[33] Sie lässt zweimal ein
Porträt von sich anfertigen, das Bembo in der Nachfolge Petrarcas wahrscheinlich zum Sonett „O imagine mia celeste e pura" veranlasste.[34]

Insbesondere die vielen exakten Ortsangaben zu den zahlreichen Treffen der Liebenden
bzw. der Briefübergaben erinnern an die erotische Komödie *La Venexiana*, die wenige Jahr-
zehnte nach Marias Liebesbriefen entstanden sein dürfte und nicht als Vorlage dienen
konnte. Hier wie dort erwächst der besondere Reiz des Textes aus der mimetischen Nen-
nung von Toponymen, die die Stadt Venedig charakterisieren, wie etwa die Bootsfahrt auf
den Kanälen der Stadt.[35] Die in Venedig situierte anonyme Komödie gestaltet das Dreiecks-
verhältnis zwischen einem jungen Fremden namens Iulius, der verheirateten Valeria und
der verwitweten Angela.[36] Mehrmals wird in dieser offen die sozialen Konventionen trans-

---

[29] Cf. auch Berra 1996, 39 zur Braccesiübertragung. Braccesi fügte noch zusätzliche Briefe ein.

[30] Cf. das *façuolo* in Brief 27 (S, 83), die versteckte Leiter in Brief 34, die B. bei der Durchsuchung ihres
Schlafzimmers entdeckt (ibid., 85).

[31] So vermutet Dionisotti 1950 m. E. zu Recht. Cf. nämlich *Aeneis* I,693.

[32] In den *Asolani* I, XXXVI. wird dann das Tüchlein zum Zeichen für die unglückliche Liebe Perottinos. Zu
Perottinos Taschentuch cf. Regn 2006, 35-49.

[33] „Vorrei che pigliaste alle volte fatica ancor voi nelle cose che vostre sono, e acconciastele dove elle non istanno
bene, sì come sono le rime di questa mattina, che io vi mandai, le quali in alcun luogo non mi sodisfanno"
(Brief 15 (B, 58); 15. April 1500).

[34] Möglicherweise ein heute verlorenes Porträt Marias von Giovanni Bellini. In Brief 60 (B, 108) vom 28.
September 1500 bedauert Bembo ihr Bildnis nicht erhalten zu haben. (Cf. ferner Dionisotti 1950, Anm. zu
Brief 9, 142).

[35] Zum Beispiel „Campo di San Trovaso" (Brief 35 (S, 86)); „Cha' Dandolo" (Brief 41 (S, 89)); „trageto di San
Polo" (Brief 42 (S, 89)) u.a.m.

[36] Im Prolog, ed. Lovarini p. 46 heißt es: „Oggi lo cognoscerete chiaro, o spectatori, quando lo amor smisurato
de una nobile conterranea vostra odirete posto in un forestiero giovenetto; […] parimenti lo amor de una altra,
pur in quel medemo già posto, per sospecto de questa exacerbato". Die Zuschauer sollten erkennen, welche
Macht Amor über die Frauen hat und wie er sie bezwingt.

gredierenden Komödie das Briefschreiben funktionalisiert und erotisch aufgeladen.[37] Auf die Nachricht von Angelas Dienerin, Iulius solle mit der Bitte, einen Brief für ihre Herrin zu schreiben, ins Haus zum Beischlaf mit Angela gelockt werden, antwortet Bernardus anzüglich, da schreibe man mit einer anderen Feder als der mit Tinte – „Al se scrif i* cun una altra pena, che col penarol da l'ingiostri"(II,2).[38] Obszöne Zweideutigkeiten fehlen im Briefwechsel zwischen Bembo und Maria Savorgnan völlig. Doch bisweilen fragt man sich, ob Maria ihr Liebesleben nicht in Anlehnung an eine Reihe literarischer Werke konstruiert habe, etwa mit Hilfe von zeitgenössischen Komödien oder Boccaccios *Decameron*.[39] Detailliert zeichnen Marias Schreiben nach, wie sie bis ins kleinste Detail beider Zusammenkünfte organisierte. Sie ist es, die jeweils Zeit und Treffpunkt festlegt, sich raffinierte Täuschungsmanöver ihrer Überwacher und missgünstiger Nachbarn ausdenkt und ihren Liebhaber dirigiert. Allerdings misslingt die von ihr ersonnene Intrige, Bembo solle für den Liebhaber ihrer Vertrauten Donata gehalten werden. Aufgrund seines ungeschickten Verhaltens bleibt Bembo entgegen ihrer Mahnung (Brief 20 (S, 80)) nicht unerkannt. Voll beißender Ironie wirft sie ihm dies hinterher vor (Brief 23 (S, 81)). Ihre kunstvoll ersonnenen Camouflierungsstrategien drohen zu scheitern. Mit plastischer Darstellungsgabe berichtet Maria Bembo – und ihren heutigen Lesern –, dass Bernardino sie eines Liebhabers verdächtigt. Ihr Bewacher Benardino habe „come un lione ischatenato"(Brief 34 (S, 85)) ihr Schlafzimmer durchsucht und die Leiter gefunden, die das nächtliche Zusammensein in ihrem Schlafzimmer ermöglicht hatte: „lui intrò ne la mia e per el poco cervelo de Donata alzò el bancho di leto dove sta la chariola e trovò la schala" (ibid.).[40] Maria Savorgnan ersinnt ausgefallene Erkennungszeichen,[41] widmet der Auswahl der Überbringer der Liebespost und der Art und Weise, wo und wie die Briefe überbracht werden sollen, so große Aufmerksamkeit, dass man als Leser fast glauben könne, sie empfinde Vergnügen an der Konstruktion ihrer transgressiven Liebe. Geschickt gelingt es Maria immer wieder die Hüter ihrer Keuschheit hinters Licht zu führen und ihren Liebhaber geheim zu halten. Selbst als Bernardino sie mit einem Fremden leise reden hört, fällt der Verdacht nicht auf den Freund der Familie, den Dichter Pietro Bembo.[42] Allerdings scheint man ihr auf der Spur gewesen zu sein, denn ihr Schwager Tristano ließ sie, wie man dem Briefwechsel entnehmen kann,[43] nach Ferrara bringen, da er in Venedig einen Liebhaber vermutete.

---

[37] Cf. ferner V,1 (ed. Lovarini 1947, 135) und V,2 (ibid., 143) zur Funktionalisierung des Briefs in der Liebesintrige.

[38] Ibid., 68.

[39] In Brief 21 (S, 80) soll Bernardino Bembo um „el Cento, zoè novele", bitten, gemeint ist Boccaccios *Decameron* (cf. Dionisotti 1950, 145).

[40] Bei der erwähnten *cariola* handelt es sich, so Farnetti, Anm. 115, um ein Bett auf Rollen, das man unter dem eigentlichen Bett hervorzog.

[41] Beispielsweise ein schwarzer Seidenfaden: „se F. vi dà un filo di seda negra siate a l'hora che di sopra dico" (Brief 13 (S, 78)).

[42] Cf. Brief 14 (S, 78).

[43] Cf. Brief 38 (S, 87); 58 (S, 96).

Liebesglut und prekäre Schreibsituation

Mehr als ein plötzlicher *coup de foudre* dürfte eine komplexe Gemengelage den einzigartigen Briefwechsel ausgelöst haben. Maria Savorgnan begehrte, so lässt sich aus den Texten erschließen, Pietro Bembo zugleich als liebende und als literarisch interessierte Frau. Sie wollte von ihm als Geliebte und als Dichterin akzeptiert werden. Hyperbolisch spricht sie im Modus der Petrarkistin im Eingangssonett von seinem „divo aspecto candido e sereno" (Brief 1, v. 7 (S, 73)) und inszeniert sich wohlkalkuliert mit der Isotopie des Liebesfeuers als heillos Verliebte.[44] In ihren Briefen fand sie eine Möglichkeit emotionaler Ich-Aussage und ein Medium, die ihr von der Gesellschaft und der Familie ihres Gatten auferlegte Distanz zu einem Mann zu sprengen. Ohne Bembo, beteuert sie im zweiten Sonett in einer Kette von Negationen, würde sie kein erotisches Verlangen kennen, würde sie keine Furcht umtreiben und sich nicht verwegen zu transgressiven Handlungen hinreißen lassen. Ohne ihn könne sie nicht künstlerisch kreativ sein, wäre sie eine in der Erde vertrocknete Pflanze: „senza te infin son pianta arida in terra" (Brief 2, v. 14 (S, 73)). Ja sie fügt in Prosa zur Beglaubigung ihrer Aufrichtigkeit die Formel des „E questo è certissimo, se dio me ay" (S, 73) hinzu. Die resolute Witwe nutzt den Brief nicht zur bloßen Kontaktaufnahme, sondern als Medium intimer Kommunikation auf Augenhöhe.

Anscheinend fehlt Maria, wie man Bembos Klage, sie schreibe ihm so selten,[45] oder seinem Versprechen, ihr Papier mitzubringen (Brief 42 (B, 81)), entnehmen kann, immer wieder sogar das Schreibmaterial. Deshalb presst sie auf knappem Raum unterschiedlichste Inhalte zusammen, wie z. B. in Brief 55 (vom 27. September 1500). In das Schreiben des jüdischen Medailleurs Moise[46] zwängt sie zwischen die Zeilen (Brief 71) ihr Verlangen, ihren Liebhaber unbedingt, notfalls auch zusammen mit ihrem Schwager Tristano oder Bernardino zu sehen: „Se mai fui vostra questo è ʼl tempo" (S, 101).

Den traditionellen Aufbau eines Briefes nach den Regeln der *Artes dictaminis* beachtet Maria Savorgnan aus Zeit- und Platzgründen meist nicht. Thematisch wie gestalterisch bieten Marias Briefe ein höchst uneinheitliches Bild. Häufig informiert sie nur in kurzen Billets über ihre schwierige Situation,[47] warnt ihren Geliebten und mahnt zur Vorsicht. Ja Bembo hatte ihr am 20. Februar 1500 beteuert, dass ihm bereits wenige Worte von ihrer Hand genügen würden, er vermöge auf dem weißen Papier auch das Ungeschriebene zu lesen:

> Né dico io già che voi lunghe lettere mi tessiate, perciò che due parole, che in loro di vostra mano mi si dimostrino, a me basteranno elleno assai. Perciò che tutte quelle cose, delle quali voi empiere poteste molti fogli, io leggerò nondimeno nel bianco

---

[44] Siehe die Opposition im Sonett ihres ersten Briefs (S, 73), zwischen „freda mente" (v. 1) bezogen auf ihren Adressaten Bembo, und die Bezugsetzung auf ihr weibliches Ich in den folgenden Versen: „fiame ardente" (v. 5); „dolce foco" (v. 6); „ardor cocente" (v. 8); „cocente ardore" (v. 14).

[45] „Pensate in che modo ci possa venir fatto il poter ragionar pienamente di quello, che le vostre lettere toccano così scarse" (Brief 8 (B, 53)). Im selben Brief beteuert er, wie glücklich er wäre, könnte er sagen „di pari Amore tutto può" (ibid.).

[46] In Brief 66 (S, 99) bittet sie Bembo aus Ferrara, er solle Moise beauftragen, für sie einen „spechio da foco che sia grande e buono" herzustellen.

[47] Cf. Brief 4 (S, 74), in dem sie ihre „avara sorte" beklagt.

della carta senza altra vostra fatica dello scriverlemi, come se elle ad una ad una
partitamente scritte vi fossero (Brief 2 (B, 47-48)).

Gerade weil Marias Briefe oft nur wenige Zeilen umfassen, unter Hast und psychischem
Druck[48] verfasst sind, wirken sie so unmittelbar, erzielen sie einen Effekt singulärer Mimesis
und verfehlen auch bei ihrem Adressaten ihre Wirkung nicht. Er, der liebende Leser, so
schreibt Bembo, ergänzt ihre knappen Worte zum imaginären langen Buch. Während er
ihre Briefe liest, ersetzt die Hand Amors die abwesenden Schriftzeichen:

> Ma una cosa mi conforta, che chiunque ama, sa leggere agevolmente quello che non
> si scrive. La qual cosa pruovo io nelle vostre lettere bene spesso. Perciò che
> quantunque elle sieno brievi per lo più, sì sono esse a me in luogo d'un lungo libro
> ciascuna. Che dove manca la scrittura, veggo amore che di sua mano, quanto io basto
> a leggere, tanto scrive (Brief 43 (B, 81-82)).

Erst als die Beziehung schon Risse bekommt, werden auch Alltagsgeschäfte thematisiert:
Brief 66 aus Ferrara besteht lediglich aus diversen Aufträgen an Bembo. Er soll ihrer Mutter
Geld überbringen für den Einkauf verschiedener Gegenstände für die weiblichen Mitglieder
ihrer Familie.[49] Aussagen über ihre Ich-Befindlichkeit, ihre Ängste, ihre Eifersucht und ihren Ärger über seine Freiheit, sich nach Belieben zu vergnügen,[50] wechseln mit literaturkritischen Bemerkungen und subtilen Modellierungen ihres *amour fou* ab. „Perdonatime, ché
son fora di me, né so quel che mi dicha. Pur so tanto che vostra son e altrimenti mai non
serà" (Brief 56 (S, 96)). Weil sie ihren emotionalen Ausnahmezustand nicht adäquat im
Raum der Schrift schildern mag, vertröstet sie ihren Geliebten gern auf ein späteres persönliches Gespräch.[51] Bisweilen gibt sie vor, nicht zu verstehen, was Bembo ihr sagen will, oder
was sie selbst sagt.[52] Die Iteration von Bekundungen des Selbstverlusts, die sie meist in Ne-
gierungen des Wissens und des Sich-Selbst-Gewiss-Seins kleidet, verleiht Marias Selbstbe-
schreibungen einen performativen Charakter.[53]

Auf dem Höhepunkt ihrer Liebesleidenschaft malt das Hin und Her des Verbs *ardere*
Marias Liebesdelirium nach, wagt sie es Bembo zu widersprechen:

> Voi dite che ardete, ma siate per arder più; io dico che ardo e non so che arder più si
> posi: ma al vostro conozer che si pò arder più mi avedo che no siate anchor dove io
> sono, e questa non mi è bona nova (Brief 10 (S, 77)).

In emphatischen Worten und Zeichen fordert sie Bembos Liebe ein und bekundet ihren
festen Willen zur absoluten Liebe: „Sapiate che voglio che mi amiate sopra tute le cose, e se

---

[48] Zu ihren psychosomatischen Beschwerden, cf. Brief 10 (S, 77); 16 (S, 79); 31 (S, 84); 37 (S, 87).

[49] In einem anderen Brief bittet sie Bembo ihr „due onze d'oro come quello che già mi mandasti" (Brief 72 (S,
      102)) zu schicken.

[50] „Io sto male e voi state in canti e'n suoni" (Brief 11 (S, 77)). Im nächsten Brief 12 reagiert sie ironisch auf
      seinen lockeren Lebenswandel. Jeden Abend „canti di gioveni e belle done soto le finestre" (S, 78), da sei es
      verständlich, dass er keinen Gedanken an sie habe und lange ausschlafen müsse. So wolle sie an diesem Abend
      nicht zu ihm kommen.

[51] „Grandissimo desiderio ho di parlarvi de più cose" (Brief 35 (S, 86)).

[52] „Certo ch'io non so quel che mi dicha in questa carta. S'io fose a scriver questa, certo non la scriria, per tengo
      che vi burlate di me" (Brief 26 (S, 83)).

[53] Cf. ferner Farnetti in Savorgnan 2012, 18-19.

non podesti (h)o volesti, a posta vostra: perché questo voglio per forza e per vostro dispecto. O, o, o, e basa" (ibid.).

Dichterin und Kritikerin

Maria Savorgnan bekannte Bembo zunächst nicht in Form eines Prosabriefs ihre Liebe – so suggeriert zumindest die Anordnung der *carte*[54] –, sondern wählte die traditionelle Form des Liebessonetts. Mit den in ihr Briefkorpus eingelegten Gedichten – drei Sonette, zwei *strambotti* und eine *barzelletta* – evoziert das Briefkorpus nur auf den ersten Blick die danteske Tradition des Prosimetrums. Lyrik kommt in den Prosabriefen zwischen Maria und Pietro eine herausgehobene Bedeutung zu. Sechs Gedichten in den Briefen Maria Savorgnans (1, 2, 60, 75, 77) an zum Teil exponierter Position stehen bei Bembo fünf Briefe mit Gedichten (39, 62, 64, 70, 74) gegenüber.[55] Während Maria Savorgnan manche Briefe jedoch als eigenständige Briefbotschaften isoliert verschickt hat, finden sich Bembos Verse eher innerhalb oder am Ende seiner Prosabriefe. Ihren berühmteren petrarkistischen Dichterkolleginnen nicht ganz unähnlich, versteckt Maria Savorgnan ihre dichterische Ambition hinter weiblich kodierten Bescheidenheitstopoi, während sie Bembo mit Lob über seinen kunstvollen Briefstil umschmeichelt: „So che conoscete quanto le hornatissime letere vostre dêno esere de hognuno exestimate" (Brief 18 (S, 79)). Zweimal wertet Maria ihre Verse bescheiden mit den venezianischen Begriffen „zanze", ‚Geschwätz' (Brief 8 (S, 76); Brief 75 (S, 103)), und „sarze", ‚minderwertige Stoffe' (Brief 8 (S, 76)), ab. Sie behauptet, ihre Verse seien es nicht wert, von Bembo in Augenschein genommen zu werden. Aber auch auf die Gefahr hin, dass sie seinen Unmut erregten, schicke sie ihm ihre „zanze"[56] dennoch, „e per eser a proposito de le sarze"[57] (Brief 8 (S, 76)). Auch wenn ihr Gedicht ein „erore vero" sei, bittet sie um seine Nachsicht. Im Austausch für ihre *Barzelletta* „Questa fiama ch'è sì lenta" wünscht sie sich von ihm zwei *barzelete*, bevor er abreist (Brief 75 (S, 103)).[58] Bembo, so könnte man aus Gismondos Bemerkung im 25. Kapitel des zweiten Buchs der *Asolani* schließen, erkennt zwar – möglicherweise auch dank Maria Savorgnan – Frauen als Dichterinnen an, meint aber doch, dass *lettere* und *poesia* eher den Männern gegeben seien.[59]

Ein andermal charakterisiert Maria ihre Briefe als von der Hitze des Begehrens geprägte Reden.[60] Angesichts von Bembos Vorschlag, sie solle seine Verse bessern, reflektiert sie über die Bedeutung, die sie für ihn hat:

---

[54] Ich möchte nicht ganz ausschließen, dass nicht Maria Savorgnan, sondern Bembo diese Ordnung vornahm.

[55] Außer den in den Briefen zitierten Versen sind keine Gedichte Maria Savorgnans erhalten.

[56] Savorgnan verwendet das Substantiv andernorts, um das Geschwätz der Nachbarn zu charakterisieren.

[57] Das Substantiv bezeichnet eigentlich einen Stoff minderer Qualität. Cf. http://www.treccani.it/enciclopedia/colonie-d-oltremare_%28Storia-di-Venezia%29/: „nel 1520 alle fiere di Recanati risultano venduti consistenti quantitativi di „rasse", „sarze" e „grisi" – tessuti di qualità inferiore prodotti in Dalmazia e in Istria". Cf. ferner http://www.gdli.it/Ricerca/Libera?q=sarze.

[58] Allerdings sind von Bembo keine *Barzellette* erhalten.

[59] Cf. ed. Dionisotti 1960, 432.

[60] „discorse con quella chaldeza de disio ch'a un tanto amor come il mio, o voglian dir nostro, si convene" (Brief 40 (S, 88)).

> Come ho io bastante lima da emendare e pulire vostri versi? Certo debo credere asai
> a tante altre vostre parole. Dhe, simulatore! E come? chi son io con voi? (Brief 40 (S,
> 88), von Bembo auf den 24.8.1500 datiert).

Maria Savorgnan schwankt zwischen der Hoffnung auf eine innige Partnerschaft, die auf
aufrichtiger Liebe basiert, und übersteigerten Ängsten, die sich in düsteren Träumen mani-
festieren.

Bisweilen wird aus dem Briefwechsel zwischen Bembo und Savorgnan nicht klar ersicht-
lich, wer von beiden die in den Briefen genannten Gedichte verfasst hat bzw. wie groß der
Anteil Marias am fertigen Gedicht ist.[61] Wenn sie in Brief 43, den Bembo auf den 29. August
1500 datierte, ihre allzu große Kühnheit bereut (oder zu bereuen vorgibt) und sich scheut
ihm ‚seine' *chancion* und ihre Briefe zu schicken, darf man dahinter einen massiven Eingriff
von Seiten Savorgnans in einen Entwurf Bembos vermuten. Bembos Jugendsonett *Solingo
augello, se piangendo vai* (XLVIII.), das noch in der ersten Fassung der *Asolani* zu finden
gewesen war, war zu einer Kanzone erweitert worden,[62] die dann aber nochmals sehr viel
tiefgreifender zur Kanzone *O rossigniuol, che 'n queste verdi fronde* (LVI.) umgestaltet
wurde.[63]

> Perso ho con voi l'ardir. Non espetate da me vostra chancion: tropo son stata audace;
> chiedovi perdono; questo è perché tropo amai. Mie letere non voglio mandarvi: asai
> vi àno fastidito le letere mie. […] La poliza mia che avete mandata non è quella che
> volea, ma non inporta.
>   Piacemi de li soneti, piacemi asai: se vaglieno o non, voi el sapete, ed io fosi. A quel
> che avete dato principio per mia richiesta, non mi torna a mente qual cosa sia; (Brief
> 43 (S, 90)).

Klar belegt die Korrespondenz die überaus enge und fruchtbare Kooperation der beiden
Liebenden und gibt Einblick in die gemeinsame Poesiewerkstatt. Eifrig tauschen sie miteinander Gedichte aus. Von der zuvor erwähnten *chancion* ist auch in einem weiteren Brief
die Rede:

> Questa la chancion: imperhò fate quelo par a voi.[…] Grato mi serebe che voi in una
> letera mia facesti di man vostra, come di la chancion ho fato io; ma più voria da voi
> che mi dicesti quel che avese a dire.
>   Fata che arete la chancione, fatela scriver a C., e questa mi rimandate per la letera
> (Brief 46 (S, 91)).

Savorgnan fordert Bembo auf, er solle ihren Brief in ähnlicher Weise kritisch überarbeiten,
wie sie es mit der Kanzone Bembos getan hatte. Bisweilen recht streng lektoriert Maria die
Werke des in der *Serenissima* nicht mehr unbekannten Gelehrten und Dichters Bembo und
scheut sich nicht, ihr Missfallen auszusprechen, wenn ihr etwas unstimmig erscheint. An

---

[61]   Zu der komplizierten Entstehungsgeschichte von Bembos *Rime* mit unterschiedlichen Redaktionsstufen cf.
      Farnetti in Savorgnan 2012, 118, die sich weitgehend auf Dionisottis Edition beruft.
[62]   *Rime rifiutate* XIV. (ed. Dionisottì 1960, 686). Für Farnetti 2016, 57-58 ist Savorgnan für die Umgestaltung
      des Sonetts, *Rime XLVIII.* (ed. Dionisottì 1960, 545-546) in eine Kanzone verantwortlich.
[63]   *Rime, LVI.,* ed. Dionisottì 1960, 554-555. Bembo schickte Savorgnan, wie er ihr in Brief 33 (B, 69) schreibt, ein
      Paar Handschuhe aus Spanien zusammen mit „il vostro *solingo augello*, la qual canzone mi s'è incominciata a
      piacere, poi che io la veggo piacere a voi".

seiner hübschen, aber im Vergleich zum Sprechgegenstand allzu preziösen *chancione* muss er, so fordert sie, noch Besserungen vornehmen:

> La chancione è bella, ma tornatela a riveder più fiate ché la farete migliore. Quando a me verete, dirovi quelo che non mi piace di lei. E se di ciò prendete dispiacere incolpate voi, che tanto ardir dato mi avete, ben che prender nol dovea: ché se ben guardar coll'ochio drito intorno mi voglio, vedrò che per un sì baso suggeto tropo è limato e terso el stile; e testimoni di ciò mi sono vostri già per il passato fati versi, che sechondo la materia bella alta e sublime sono e versi excelentissimi. Ma se di questo non mi ha dotato il cielo, debo perhò patir (Brief 48 (S, 92)).

Vom amourösen Diskurs wechselt Maria immer wieder abrupt zu literaturkritischen Bemerkungen.

> De la Dandola non so quelo serà: tutavia non son fora di speranza, e come Misèr verà gli daren tal bataglia che spero non serà invano. Voi non volete mutar quel verso, e dite che se pur dissimiglia, il Petrarcha dice "Con questo pensier", e voi dite "Col primo". Ho gran dissnoglia a voi che siate misèr Piero Bembo, nondimeno sia fato quello a voi piace, ché a me questo non agrada (Brief 55 (S, 95)).

Ihre Äußerung über die *bataglia*, von der sie hofft, dass sie nicht vergebens sein wird, mag sich entweder auf die erotische Begegnung oder auf die literarische Diskussion zwischen zwei gleichwertigen Partnern beziehen. Maria Savorgnan diskutiert nämlich sofort nach diesem Begriff einen Madrigalvers von Bembo. Im Gegensatz zu seiner Formulierung „e col primo penser un altro giostra" habe Petrarca gedichtet „Ma con questo pensier un altro giostra" (*Rvf* 68, v. 5). Ihrer Meinung nach will Bembo seinen Vers nicht ändern unter dem Vorwand, er unterscheide sich doch von Petrarca durch den Austausch von „questo" in „primo". Maria Savorgnan möchte es sich mit dem bereits renommierten Dichter nicht verderben, scheut sich aber nicht, ihr deutliches Missfallen an Bembos Wortwahl, die sich kaum von seiner Quelle unterscheidet, zum Ausdruck zu bringen.

Ein andermal schickt Bembo ihr sein Gedicht „Ma io che debbo far?" (Brief 64 (B, 118)),[64] worin er klagt, seine Madonna habe ihn mitsamt seinem Herzen verlassen. In der dritten Strophe fehlten drei Verse und im ganzen Gedicht gebe es unausgereifte Passagen, die sie gemeinsam ausbessern könnten: „Tra voi e io le andrem poi racconciando. E non dite che io simuli" (ibid., (B, 119)). Im Brief 65 kommt er auf sein Anliegen zurück: „Sarà venuto il tempo di fornire la nostra canzona. Non voglio dire di farne altre" (B, 119).

Offenbar verstimmt Maria, dass Pietro die Liebe zu ihr immer wieder aufs Neue mit seiner vergangenen Liebschaft vergleicht. Eifersucht auf die bis heute unbekannte „Madonna G." verpackt Maria Savorgnan in Brief 65 (S, 98-99) aus Ferrara raffiniert in einen Verbesserungsvorschlag eines Bembosonetts. In seinem Brief (70 (B, 124)) hatte er ihr ein Quartett und zwei Terzette vorgelegt, in denen sie angeblich sein bisheriges Leben resümiert finde. Bembo montierte hierin einfach das zweite Quartett und das erste Terzett aus Petrarcas Avignonsonett *Rvf* 114, vv. 5-11, mit neuen drei Abschlussversen, die das erste Quartett von *Rvf* 97 „Ahi bella libertà, come tu m'ài, / partendoti da me, mostrato quale / era 'l mio stato, quando il primo strale / fece la piagha ond'io non guerrò mai!" seiner Aus-

---

[64]   Datiert auf den 1. November 1500. Cf. Anmerkung von Dionisotti 1950, 119.

sageabsicht nach abwandeln. Offensichtlich spielt Bembo im letzten Terzett auf seine miss-
glückte erste Liebe und seine neue Liebe zu Maria Savorgnan an. Von den zwei Wunden in
seinem Herzen, so heißt es in den Versen, sieht das Ich nun den „bel dardo gentile" in Asche
gelegt, von der anderen Wunde könne er, so gut er kann, genesen (ibid.). Der Petrarca-
kennerin dürfte Bembos recht plumpes Plagiat nicht entgangen sein, freilich störte sie sich
nur an einem einzigen Vers.

> […] e tanto ho fato quanto comandato mi avete: tuto di voi mi piace salvo "già ebi al
> cor due piage": "Io ebi al cor tal piaga, che non si salda per arte maga o sugo d'erbe
> nove" (Brief 65 (S, 98-99)).

Ironisch bekundet Maria Savorgnan ihre angebliche Freude darüber, dass Bembo „seine
Wunden kuriert", schlägt aber eine Emendation vor, die die einstige Geliebte *M. G.* ‚elimi-
niert'. In ihrem Vorschlag leidet der Geliebte nur noch an einer einzigen Wunde im Herzen.
Zudem ersetzt sie Bembos Petrarcareferenz auf *Rvf* 114, vv. 5-11 durch die subtile Doppel-
referenz auf *Rvf* 75, vv. 2-3 und *Rvf* 214, v. 17.[65]

Falls sie nur mehr Muße für die Fiktionalisierung ihrer Gefühle gefunden hätte, wäre
Maria Savorgnan durchaus in der Lage gewesen, selbst umfangreichere literarische Texte
hervorzubringen. Denn trotz dialektaler Wendungen und für den modernen Leser schwer
verständlicher nicht normierter Graphie und Syntax, wird ihr Sprachvermögen erkennbar.
Die aus Friaul stammende Venezianerin versteht es mit Sprache zu spielen,[66] Sprachbilder
zu entwerfen und Unausgesprochenes anspielungsreich zur Sprache zu bringen. Ein besonderes Kunststückchen voller erotischer Andeutungen über Bembos ‚Umgarnen' und ihr
‚Sich-Sputen' liefert sie in ihrem Brief 45 (S, 91), der den *fil di l'amore* aus dem Brief zuvor
wiederaufnimmt (S, 90) und das metaphorische Potential von *filo* und *filare* ausschöpft. Ihrer Meinung nach missversteht Bembo ihre Briefe und verdreht sie nach seinem Belieben:

> El **filo** che dico che mi fate anchor ch'io non sia donna da ciò né voi abiate tal natura,
> questo è di sorta che magior donna di me e di magior animo, sí come io in amor con
> voi si trovase, faresti, come io **filo, filar** lei. **Filo** mi fate asai, voi quando conosendo
> che la luce de gli ochi mei da voi solo dipende, dite che facilmente potria io piangere
> acompagnata, qual cosa eser non potria senza dano o afanno o disconzo vostro. (H)o
> guardate se **filar** debo! Intendete hora, (h)o pur mi leverete **garbuglio** (Brief 45 (S,
> 91)).[67]

Ihre Eifersucht auf die einst von Bembo geliebte *donna* und ihren Ärger über Bembos Ver-
dächtigungen kleidet Savorgnan später in die textile Metapher von der Beschmutzung der

---

[65]   Cf. hierzu auch Farnetti 2016, 56-57.
[66]   Cf. etwa in Brief 8 das Sprachspiel mit „stramboto" – die Gedichtart – und „stramato", d.h. *bizarr, verrückt*
       (cf. S, 76 und Anm. 109).
[67]   Hervorhebungen M.K. Es wäre lohnend, Marias Sprachspiel mit der auffälligen Textilmetaphorik in Bembos
       Asolani zu vergleichen. Cf. Asolani, II, X. Donna Berenice zweifelt, ob Gismondo so leicht das Problem lösen
       könne, „come fu all'antica Penelope agevole lo stessere la poco innanzi tessuta tela" (Dionisotti 1960, 399) und
       wenig später behauptet Gismondo den erwähnten Knoten gelöst zu haben: „Cotale è il nodo, madonna
       Berenice, che voi poco innanzi, come io sciogliere potessi, dubitavate; cotale è la tela di Perottino, a quel forte
       subbio, che voi diceste, accommandata; la qual nel vero a me pare che più tosto una di quelle d'Aragne, che a
       quella di Penelope stata conforme dire si possa che sia" (ibid., 405).

„candida e densa da noi tesuta tela" (Brief 62 (S, 97)). Bei klarem Verstand – „con l'ochio sano" (ibid.) – würde er erkennen, dass sie zu solchen *inganni* (ibid.) nicht fähig sei.

Fast obsessiv kehrt im *carteggio d'amore* (Brief 3, 10, 29, 40) das Syntagma *di pari* wieder, pochen die Liebenden auf beider Ebenbürtigkeit in Sachen Liebe und Dichtung: „[…] andrem di pari all'amorosa face […]" (Brief 3 (S, 74)). Möglicherweise ist auch für diese Wortfügung Petrarcas *Canzoniere* der Ausgangspunkt, denn in *Rvf* 353 meint das sprechende Ich „I' non so se le parti sarian pari" (*Rvf* 353, v. 9).[68] In Brief 10 (S, 77) thematisiert Maria ihre Liebespassion mit dem traditionellen Bild der Flamme, die ihr Herz verzehrt. Das schlechte Schriftbild bzw. ihr wenig elaboriertes Schreiben sollen ihm die Aufrichtigkeit und die Außergewöhnlichkeit ihrer Gefühle beweisen. Ob es Bembo tatsächlich ernst mit dem behaupteten Gleichklang zwischen ihnen beiden ist, zweifelt sie an, jedenfalls versichert sie immer wieder die Wahrheit ihrer Liebesglut für ihn:

> E ch'el sia el vero el mio contato, il male vergar carta v'il dimostra. Non so se par a
> voi che andian di pari (Brief 10 (S, 77)).

Die außergewöhnliche Ebenbürtigkeit der Liebespartner, *el nostro singular de pari*, genießt Maria (Brief 65 (S, 98)), sie weiß aber auch um deren Fragilität. Ihr inneres Brennen muss sie gezwungenermaßen verbergen, jede andere Frau, so schreibt Maria, würde sich in diesem „verzweifelten Labyrinth" (Brief 26 (S, 83)) verlieren. Die Intensität ihres Liebens kondensiert sie in die lapidare Aussage: „Pur dirò questo: che vi amo ed amerò anchor che non vogliate, e me voglio che amate" (Brief 26 (S, 83)), manifestiert aber auch ihren starken Willen und ihren Machtanspruch auf den Geliebten. Meist deutet Maria das, was sie für Bembo empfindet, in ihren Briefen nur an, arbeitet mit Formeln der Negierung – „non vi dico per hora" (Brief 26 (S, 82)) – und der Verschiebung auf das Gespräch unter vier Augen (ibid.) oder mit Versatzstücken aus Petrarcas *Canzoniere*.[69] Selten stellt sie wie der wortgewaltige Bembo ihre Liebe in breiter Ausgestaltung zur Schau und vermeidet es, von wenigen Ausnahmen abgesehen, ihren erotischen Träumereien Platz einzuräumen. Amor solle sie beide zu paradiesischen Gefilde geleiten, dann fürchte sie keine Wechselfälle des Schicksals: „ché poi non temo di fortuna né sue rote" (Brief 29 (S, 84)).

> Se adomque l'eser di mia vita da voi, anima rara, dipende, siate contento, vi prego,
> ardendo andar di pari, sino che in Campi Elisii dal tempo sian conduti, dove ancor
> spero pasar felice, con dolce memoria e ragionamenti di voi e con voi, solo mio bene,
> vergando carte e cogliendo vagi fiori e palide viole (ibid.).

In ihrer Phantasie malt sich Maria Savorgnan eine harmonische Beziehung mit beiden Partnern auf Augenhöhe aus, wobei sie sich als zugleich schreibende Dichterin und Blumen pflückende Laurafigur inszeniert.[70] Ihr Streben gilt weniger der persönlichen Erfüllung, als vielmehr der Schöpfung eines literarischen Werks: „se ' nostri amori van di pari, nove cose e grande di noi si arà a vedere in breve tempo" (Brief 40 (S, 88)). Bembo scheint dieser Brief derart beeindruckt zu haben, dass er ihn wörtlich in einem späteren Brief an sie zitiert, als

---

[68] Cf. auch *Rvf* 84, v. 9: „Non son, come a voi par, le ragion' pari".
[69] Zu den zahlreichen intertextuellen Anspielungen auf Petrarcas *Canzoniere*, die sie als exzellente Kennerin ausweisen cf. die Anmerkungen von Dionisotti 1950, 23 sowie Farnetti 2012, 24-32.
[70] Cf. *Rvf.* 352, v. 6.

er fürchtet, sich in ihr getäuscht zu haben (Brief 52 (B, 97)). Zu Beginn des Liebesdialogs hatte er noch gejubelt: „Ma, o quanta felicità sarebbe la mia, se io potessi dire veramente: *di pari* Amore tutto può" (Brief 8 (B, 53)). Der Dichter scheint in der Tat Maria Savorgnan als adäquate Partnerin betrachtet zu haben, denn er informierte sie am 2. September 1500 über seine literarischen Vorhaben, wie beispielsweise sein Projekt über eine angemessene italienische Literatursprache, d.h. seine *Prose della volgar lingua* (1525). [71]

> Ho dato principio ad alcune notazioni della lingua, come io vi dissi di voler fare, quando mi diceste che io nelle vostre lettere il facessi. Perchè non aspettate che io vostre lettere offenda con segno alcuno, salvo se io non le offendessi baciandole (Brief 54 vom 2. September 1500 (B, 101)).

Durch seine Korrekturzeichen möchte er ihre Briefe nicht verunstalten, sondern höchstens mit seinen Küssen markieren. Sowohl Maria Savorgnan als auch Pietro Bembo gaben sich zu diesem Zeitpunkt der Illusion hin, sie könnten sich gegenseitig inspirieren und bei ihrer Arbeit unterstützen. Freilich scheint vor allem Bembo davon profitiert zu haben.

Von der Muse zur *donna maladetta*: Maria Savorgnan und Pietro Bembos *Asolani*

Der Briefwechsel zwischen der verwitweten Aristokratin und dem Gelehrten hilft die Verarbeitung realer Erlebnisse im Werk Pietro Bembos und Maria Savorgnans Rolle dabei besser zu beurteilen. Immer wieder wird in der Korrespondenz zwischen beiden das *Asolani*-Projekt thematisiert. Carlo Dionisotti geht so weit, Bembos Dialogen in Asolo eine ‚Galeotto'-Funktion zuzubilligen. Die Struktur der *Asolani*, in denen die drei Redner Perottino, Gismondo und Lavinello jeweils eine unterschiedliche Liebeskonzeption vertreten, setzt der Philologe in Bezug zur Savorgnan-Liebe. [72] In der Tat wurde Bembo von dieser seiner ‚zweiten' großen Liebe möglicherweise zum zweiten Buch der *Asolani*, in dem bekanntlich Gismondo sein Plädoyer für die Freuden der Liebe vorträgt, angeregt. Bembos Hinweis auf die Kanzonen Lavinellos in Brief 70 mag schließlich darauf hindeuten, dass er noch während seines Briefwechsels mit Maria Savorgnan am dritten Buch arbeitete. [73] Mehrmals erwähnt Savorgnan Bembos *Asolani* explizit oder unter der Chiffre ‚el libro'. Bembo solle, so Brief 7 (S, 75), Bernardino mitteilen, er wolle einen Besuch abstatten, um aus seinem ‚Buch', i.e. den *Asolani*, vorzulesen: „con quel modo che sapete, dite, mò che avete ocio, erete a legere el vostro libro, e dite come che voi credesti di fargli grande apiacere" (Brief 7 (S, 75)). [74] Maria weiß, dass Bembo gerade intensiv an diesem Werk feilt und Besseres zu tun hat als Briefe an sie zu schreiben: „Penso che siate drieto gli Asolani, perché non mi avete

---

[71] Bembo antwortete damit auf eine Nachfrage Marias: „Vorei saper a che dato principio avete per me, che mi serà grato, perché dil tuto mi son scordata salvo che di voi" (Brief 46 (S, 91)). Bereits in Brief 43 (S, 90) bezieht sich Maria Savorgnan auf Bembos *Prose*-Projekt.

[72] Cf. Dionisotti 1950, XXIV.

[73] Cf. ibid. Für Gerhard Regn 2006 zielt Bembo weniger auf die Verkündigung einer klaren Botschaft, die der Aufbau des Werks indiziert, als vielmehr auf eine Suspendierung der Wahrheitsfrage. Die Ästhetik des Textes, die „Schönheit des Textgewebes" (ibid., 43) seien Bembo wichtiger.

[74] Cf. Dionisotti 1950, 142.

ateso non so che (anzi so ben che, come dite voi) che in una letera vostra, el giorno che fosti da me, mi fu promesso. Ma lasciamo andare. Sequite l'opera, che li cieli vi conduchino al disiato porto" (Brief 17 (S, 79)). Auch wenn Savorgnan Verständnis für seine Arbeit äußert, kann sie es sich doch nicht verkneifen, ihn auf das Versprechen, das er ihr eigentlich gegeben hatte, hinzuweisen. Ihr Ton wirkt hierbei leicht maliziös. In Brief 27, datiert auf den letzten Maitag des Jahres 1500, stellt Bembo selbst eine Verbindung zwischen seiner Liebe zu Maria Savorgnan und dem zweiten Buch der *Asolani* her:

> E se questo mio dire, che il nostro amore non è ancor giunto là dove egli dee, vi nojerà, sì come colei che ogni perfezione gli disiderate, vedete quello che due perfetti amanti chiamati a ragionar de' loro diletti nel secondo degli Asolani ne parlano al proposito della nostra materia presente. E se conoscerete che ancora non siamo noi giunti a quel segno, a che pare che sieno essi, crediate che si può per noi andare più innanzi (Brief 27 (B, 65)).

In Brief 45 (S, 71) bittet sie ihn erneut, er solle „el libro vostro", gemeint sind wohl wieder die *Asolani*,[75] zum nächsten Gespräch ins Haus mitbringen. In einem solchen ‚offiziellen' Besuch werde Bernardino keine Verletzung des *Decorum* sehen. Mit den in Bembos Brief 70 (B, 124) in Anlehnung an Petrarcas drei Augenkanzonen *Rvf* 71-73 genannten „tre sorelle", die er ihr zur Lektüre und Verbesserung zusendet, sind die drei Kanzonen Lavinellos im dritten Buch der *Asolani* gemeint. Die Formulierung ‚drei Schwestern' kann aus dem Geleit der dritten Kanzone herausgelesen werden, Michael Rumpf übersetzt sogar „Mein Lied, wohin fliegst du hinaus? / Deine Schwestern sind hier, kleiner Betrüger, / und du bist weder schöner noch klüger".[76] Die Geliebte, so Bembo in seinem Brief, solle diese Kanzonen vertraulich behandeln, da sie noch nicht gebessert seien (B, 124).

Gegen Ende der Beziehung mit Maria Savorgnan zeichnet sich Pietro Bembo in seinen Briefen immer mehr als Opfer einer Täuschung[77] und identifiziert sich explizit mit seinem unglücklich liebenden Protagonisten Perottino seiner *Asolani*: Er bietet alle mögliche Topik des unglücklich Liebenden auf bis hin zur Verfluchung der grausamen *donna*, die ihn angeblich schon vergessen hat:

> Ella vive e non m'ama, e io l'amo e non vivo, anzi muojo ogni dì tante volte, e tante un pungentissimo coltello mi passa e mi traffigge il cuore, quante mi torna nell'animo, che per sì poca lontananza in tanto le sia di mente uscito il suo pur ora così caro Perottino, che egli non possa impetrar dallei grazia d'una brieve e picciola contezza. Ahi mia folle e misera credenza! maladetta sii tu, e maladetto il giorno che tu in cuore m'entrasti, se così falsa v'avesti ad entrare (Brief 76 (B, 133)).

Aber bereits Ende August scheint es zu einer Krise gekommen zu sein: Bembo fühlt sich – so Brief 52 vom 30. August 1500 – ein zweites Mal in seinem Leben getäuscht, er beklagt sich, all seine Freiheit an Maria verschenkt zu haben, ohne etwas dafür zurückzuerhalten.

---

[75] Cf. ibid., 148.

[76] So ibid., XXIV. Cf. die von Lavinello vorgetragenen Kanzonen über die „drei reinen Freuden der unschuldigen Liebe" in Dionisotti 1960, 471-478. Cf. ferner Regn 2006, 45.

[77] Im Brief 76 vom 28. Juni 1501 malt er ihr seine tiefe Verzweiflung aus. Er klagt: „Oimè, e tu, dolcissimo nostro *di pari*, dove sei così tosto ito? Voi solevate beffarvi di tale, che senza cagione dal suo amante si discostò" (B, 132).

Mehrfach insistiert er, von ihr verführt worden zu sein. Er habe sich von ihr erweichen lassen, habe geglaubt, in ihr alles Positive, was seiner ‚ersten *donna*' fehlte, zu finden. Um Maria Savorgnans Täuschung zu belegen, zitiert er gar wörtlich aus einem ihrer Briefe an ihn und schleudert ihr seine Verbitterung entgegen: „Se eran finte, per qual cagione non fingete voi ancor tuttavia? Sono queste quelle grandi cose, che di noi s'avevano a vedere in brieve tempo?" (B, 97). Sein letzter Brief 77 vom 4. September 1501 kreist schließlich völlig um das *fingere*.[78]

Es ist nicht restlos zu klären, ob Pietro Bembo oder Maria Savorgnan das letzte Wort behielten und weshalb es zum endgültigen Bruch zwischen beiden kam, denn Marias Schlusssonett wurde von Bembo nicht wie die anderen Briefe datiert. Im Juni hatte Maria aus Ferrara noch beteuert: „Et se ben non sète visitato con letere mie, sète sempre con la mente visitato" (Brief 74 (S, 103))[79] und im folgenden Brief 75 (S, 103)[80] behauptet, unter ihren Gedichtversuchen die Verse „Questa fiama ch'è sì lenta" gefunden zu haben. Obgleich sie mit „Io sto male de voi e dil male mio" (S, 103) ihr doppeltes Leid unterstreicht, verspricht sie noch am selben Tag zu ihm zu kommen.

Maria Savorgnans Briefe wirken unmittelbarer, weniger gedrechselt als die Bembos, aber gegen Ende auch kalkulierter, von der Ratio bestimmt. Maria Savorgnan ist es nicht zuletzt dank ihres Intellekts und ihrer literarischen Fähigkeiten gelungen, Bembos „freda mente" (Brief 1, v. 1 (S, 73)) zu erhitzen. Ihre feurige Liebesleidenschaft (Brief 1, v. 5 (ibid.)) ist jedoch nun erloschen, wenn man ihren letzten Gedichten (Brief 75 *Questa fiama ch'è sì lenta* und Brief 77 *Hor ch'è estinta la fiama e sciolto il nodo*) glauben darf. Schließlich ist sie es auch, die erneut mit einem Gedicht den Schlussstrich zieht, in dem sie ihre „müden Seufzer", ihre Augen, Zunge und Ohren apostrophiert (Brief 77 (S, 104)):

> Hor ch'è estinta la fiama e sciolto il nodo
> E la prigion aperta d'i martiri,
> [...]
> poi che convien che in libertà vi giri,
> forza vi è di mutar usanza e modo.
> [...] (ibid.)

Auffällig betont ihre Bildersprache trotz des resignativen Tons der Schlussverse den Aspekt der Befreiung und unterstreicht, wie wichtig ihr ihre persönliche Freiheit ist. Ihre Augen, so fordert das sprechende Ich auf, sollten nun blasse Veilchen („palide viole") pflücken, denn nun ist es ihnen von der Erde aus nicht mehr erlaubt zum Himmel zu blicken (v. 13).[81] Mit dem Blumenbild erlaubt sie sich einen intratextuellen Verweis auf ihren früheren Brief

---

[78] „Ma muovemi che io vi veggo meno alta d'animo di quello che io stimava, poiché sì apertamente incontra sì puro animo e sì poco necessariamente fingete. Molti anni sono, che io cerco quello che due volte ho creduto d'aver trovato, un certo e fedel cuore. Ma io non ne cercherò più, e crederò che tutte le donne fatte sieno ad un modo. [...] Io non conobbi mai, che dove si vivesse con finto cuore, amistà vi potesse essere o fede. Però sempre con tutto 1 mio troppo confidente animo v' ho di questo sopra tutte le altre cose pregata, anzi altro da voi non ho voluto che questo, [...]" (B, 135).

[79] Bembo datierte ihn auf den 24. Juni (S, 103).

[80] Bembo datierte ihn auf den 24. August 1501 (ibid.).

[81] Im Gegensatz zu Petrarcas Aussage in Kanzone *Rvf* 360, vv. 28-29 „Che s'i' non m'inganno, era / disposto a sollevarmi alto da terra".

an Bembo (Brief 29 (S, 84)) und zugleich einen intertextuellen Verweis auf das große Dichtungsmodell Francesco Petrarca. Die nach dem Sonett gesetzten änigmatischen Schlussworte „Una parolina di vostra mano" (Brief 77 (S, 104)) blieben bislang in der Forschung m.E. unkommentiert. Heischt Maria ein letztes Mal nach einer Erwiderung Bembos? Oder charakterisiert sie etwa im Bescheidenheitsgestus des Diminutivs ihr Gedicht und sich selbst wie mittelalterliche Kopisten als ‚Hand' Bembos, d.h. als seine kritische Leserin? Bembo jedenfalls scheint sich bei der Lektüre des Abschiedsbriefs an ein (vielleicht letztes) intimes Treffen mit ihr am Campo di San Trovaso erinnert zu haben, denn er kommentierte auf der Rückseite „Trovasiani versi".[82]

Fazit

Dank des Erhalts von Maria Savorgnans handschriftlichen Liebesbriefen an Pietro Bembo lässt sich recht gut erkennen, was Martin Stingelin mit seiner Differenzierung zwischen „Schreib-Szene" und „Schreibszene" intendiert haben mag.[83] Maria Savorgnan thematisiert nämlich immer wieder ihr epistolares Schreiben, sie registriert körperliche Phänomene, inszeniert ihre Liebespassion, erprobt ihre sprachliche Ausdrucksfähigkeit und reflektiert über die Schwierigkeit unter den ihr auferlegten Zwängen ihre Gefühle ihrem persönlichen Anspruch gemäß zu Papier zu bringen. Das Medium des Briefs nutzte Maria Savorgnan, so konnte gezeigt werden, als Instrument der Verführung <u>und</u> der Selbstautorisierung. Dank sprachlicher Verdichtung und dank des Ineinanders von lyrischem Sprechen und leicht dialektal geprägter Prosarede vermittelt ihre Liebeskorrespondenz den Eindruck von affektiver Nähe. Ihre unprätentiösen ‚Rerum Vulgarium Fragmenta' stellen im Vergleich zu Petrarcas kunstvoll zizeliertem Canzoniere oder zu seinem monumentalen lateinischen Briefkorpus tatsächlich nur Splitter ihres Denkens und Fühlens dar, der Gedichtrahmen um ihre Prosabriefe deutet nur leise den Anspruch auf ein bedeutenderes literarisches Werk an. Der epistolare Modus erlaubte es Maria Savorgnan, ihre emotionalen Bedürfnisse frei zu artikulieren und ihre literaturkritischen Fähigkeiten im Dialog mit dem Briefpartner zu entfalten. Die Analyse des Briefwechsels konnte die Bedeutung Maria Savorgnans für Pietro Bembos Asolani nachweisen. Die Kenntnis des lebensweltlichen Hintergrunds vermag die aktuelle Diskussion um eine Neubewertung der Asolani um eine weitere Facette zu ergänzen. Gegenüber ihrer Umwelt konnte sich Maria Savorgnan als Ich behaupten und sich einen gewissen Freiraum sichern. Als rational agierende und zugleich emotionale Frau gelang es ihr, diese Subjektposition zumindest zeitweise aufrechtzuerhalten. In ihren wenigen Gedichten und in ihrer subtilen Kritik an Bembos literarischen Versuchen erweist sie sich als exquisite Kennerin Francesco Petrarcas. Im Gegensatz zu Petrarkistinnen ihrer Zeit griff sie nicht auf das Muster des elegischen Liebesbriefes in der Tradition der Heroides zurück. Bis ans Ende ihrer Korrespondenz blieb sie eine selbstbestimmte und selbst bestimmende Frau, die ihre onestà zu wahren wusste, auch wenn sie das kulturelle Zentrum Venedigs verlassen musste. Ihr hoher sozialer Status verbot es Maria Savorgnan, wollte sie nicht zur cortigiana

---

[82]   Cf. dazu die Anmerkung von Dionisotti 1950, 155, die Farnetti 2012, 130 wörtlich übernimmt.

[83]   Cf. Stingelin 2004, 15. Eine besondere Herausforderung für die Forschung stellen im Falle von Savorgnans Briefkorpus Bembos Eingriffe und mögliche Manipulationen der Briefe (Datierungen, Umstellungen u.ä.) dar.

werden,[84] eine eheähnliche Beziehung mit Bembo einzugehen. Mit der Schwester einer römischen Kurtisane, der sehr viel jüngeren Faustina Morosina della Torre wird er über zwanzig Jahre mehr oder minder offen zusammenleben. Morosinas frühen Tod (gest. 1535) wird er in zahlreichen Briefen und Gedichten beweinen.[85] Maria Savorgnan, so scheint es, entschied sich für Diskretion und für die zeitliche Begrenzung ihrer Liebesbeziehung, wie es ihr Stand erforderte. Wie sie ihr weiteres Leben gestaltete, liegt im Dunkeln.[86] Aus heutiger Perspektive blieb Maria Savorgnan eine öffentliche dichterische Betätigung und literarischer Ruhm versagt. Pietro Bembo dagegen schuf aus seinen persönlichen, privaten Liebesbriefen ein Stück Literatur für die Nachwelt. Der Versuch, Gleichwertigkeit der Geschlechter zu erproben, scheiterte nicht nur im Leben, sondern auch im Bereich der Literatur. Das aus dem Briefwechsel ersichtliche Ende ihrer beidseitigen heftigen Liebe deutet darauf hin, dass die immer größere Distanz nicht mehr überbrückbar war. Es ist fraglich, ob Pietro Bembo und Maria Savorgnan noch das erfuhren, was er als junger Mann im Widmungsbrief zu seinem Erstlingswerk *Sogno* für seinen Freund und Marias Schwager Girolamo Savorgnan erträumt hatte: ein trotz der Ferne des Anderen aus der Erinnerung geborenes *punctum*-Erlebnis.[87]

Literaturverzeichnis

Primärliteratur

Bembo, Pietro. *Opere del cardinale Pietro Bembo.* Tomo Terzo contenente le lettere volgari. Venezia: Francesco Hertzhauser 1729 (repr. 1965).

Bembo, Pietro. *Prose e Rime.* Ed. Carlo Dionisotti. Torino: UTET 1960.

Bembo, Pietro. *Opere in volgare.* Ed. Mario Marti. Firenze: Sansoni 1961.

Bembo, Pietro. *Lettere.* Ed. Enzo Travi, 4 vols. Bologna: Commissione per i Testi di Lingua 1987-1993.

---

[84] Zur sozialen Problematik des Kurtisanenwesens in Rom cf. Antes 2006. In dem in den vierziger Jahren des *Cinquecento* verfassten Dialog *Della infinità d'amore* zwischen Tullia und Varchi betont die Sprecherin die prinzipielle Gleichheit von Mann und Frau und kritisiert offen die Position Bembos im dritten Buch der *Asolani.* „e voi medesimo mi confesserete che almeno andranno di pari e tanto varrà l'anima col corpo insieme, quanto da sé essendo la medesima anima" (Antes 2006, 102).

[85] Cf. Pertile 2006 und Kidwell 2004, 174-175.

[86] Im Brief vom 24.12.1502 erkundigt sich Pietro bei seinem Bruder Carlo, der mit Maria gut bekannt war, ob sie nach Friaul gegangen sei (Bembo 1729, III, 99) und trägt ihm im Brief vom 3.6.1503 auf: „A Madonna Maria assai mi raccomanda e dille che alle volte si ricordi d'amarmi così un poco" (ibid.).

[87] „Non ha meco tanto potere la tua lunga absentia che ella mi ti possi fare in modo lontano, ch'io non ti odi, non ti veggi sempre [...] la mia memoria di te non me ne riscuoti in un puncto [...]" (Marcozzi 2016, 36 zitiert die Passage aus dem einzig erhaltenen Exemplar der Brera nach L. Baldacchini. „Il letterato in tipografia: il ‚Sogno' di Pietro Bembo in un incunabolo veneziano sconosciuto", in: *Schifanoi*a IV (1987), 115-130).

Bembo, Pietro. *Asolaner Gespräche. Dialog über die Liebe.* Übers. Michael Rumpf. Heidelberg: Manutius 1992.

La Venexiana. Commedia. Ed. Emilio Lovarini. Firenze: Le Monnier 1947.

Piccolomini, Enea Silvio. *Storia di due amanti.* Palermo: Sellerio 1985.

Savorgnan, Maria – Bembo, Pietro. *Carteggio d'Amore* (1500-1501). Ed. Carlo Dionisotti. Firenze: Le Monnier 1950.

Savorgnan, Maria. *"Se mai fui vostra". Lettere d'amore a Pietro Bembo.* Ed. Monica Farnetti. Ferrara: Edisai 2012.

Scarpa, Emanuela (ed.). *Zehn italienische Lyrikerinnen der Renaissance.* Übers. Gio Batta Bucciol / Georg Dörr. Tübingen: Narr 1997.

Sekundärliteratur

Antes, Monika. *Die Kurtisane Tullia d'Aragona. Mit dem italienischen Originaltext Della infinità d'amore.* Würzburg: Königshausen & Neumann 2006.

Barthes, Roland. „L'effet de réel", in: *Communications* 11 (1968), 84-89.

Berra, Claudia. *La scrittura degli "Asolani" di Pietro Bembo.* Firenze: La nuova Italia 1996.

Cabei, Giulio Cesare. *Ornamenti della gentil donna vedova.* Venezia, Appresso Christoforo Zanetti 1574. <https://archive.org/details/ornamentidellage00cabe/page/n5/mode/2up>. [22.3.2021].

Casella, Laura. „Donne aristocratiche nel Friuli del Cinquecento tra strategie familiari e conflitti di fazione", in: Arcangeli, Letizia / Peyronel, Susanna (eds.). *Donne di potere nel Rinascimento.* Roma: Viella 2008.

Dilemmi, Giorgio. „"Andrem di pari": Maria Savorgnan e *Gli Asolani* del Bembo", in: *Quaderni del dipartimento di Lingue e Letterature Neolatine* 4 (1989), 49-72.

Farnetti, Monica. „Maria Savorgnan epistolografa", in: Fortini, Laura / Izzi, Giuseppe / Ranieri, Concetta (eds.). *Scrivere lettere nel Cinquecento. Corrispondenze in prosa e in versi.* Rom: Edizioni di storia e letteratura 2016, 53-71.

Favaro, Maiko. „La trasparenza e l'artificio. Riflessioni sulle lettere amorose del Cinquecento", in: *Italianistica* XLV, 1 (2016), 11-22.

Fortini, Laura / Izzi, Giuseppe / Ranieri, Concetta (eds.). *Scrivere lettere nel Cinquecento. Corrispondenze in prosa e in versi.* Rom: Edizioni di storia e letteratura 2016.

Kaborycha, Lisa (ed.). *Corresponding Renaissance. Letters Written by Italian Women.* 1375-1650. Oxford: University Press 2016.

Kidwell, Carol. *Pietro Bembo. Lover, Linguist, Cardinal.* Montreal & Kingston / London / Ithaca: McGill-Queen's University Press 2004.

Marcozzi, Luca. „La finzione epistolare nelle opera del Bembo", in: Fortini, Laura / Izzi, Giuseppe / Ranieri, Concetta (eds.). *Scrivere lettere nel Cinquecento. Corrispondenze in prosa e in versi.* Rom: Edizion di storia e letteratura 2016, 35-51.

Pertile, Lino. „Un lutto di Pietro Bembo", in: *Letteratura Italiana Antica* 7 (2006), 441-452.

Pozzi, Mario. „"Andrem di pari all'amorosa face" appunti sulle lettere di Maria Savorgnan", in: Ulysse, Georges (ed.). *Les femmes écrivains en Italie au Moyen âge et à la Renaissance.* Aix-en-Provence: Publications de l'université de la Provence 1994, 87-101.

Pucci, Paolo. „"Come vi mando a dire una cosa fatela": individualità e iniziativa femminili nelle lettere della vedova Maria Savorgnan", in: *NeMLA Italian Studies* XXXV (2013), 72-99.

Quaglio, Enzo. „Intorno a Maria Savorgnan. Per una riedizione delle Lettere", in: *Quaderni utinensi* 5 (1985), 103-118.

Quaglio, Enzo. „Intorno a Maria Savorgnan. Il un "sidio" d'amore", in: *Quaderni utinensi* 7 (1986), 77-101.

Regn, Gerhard. „Perottinos Taschentuch – Erotik und Ästhetik in Pietro Bembos *Asolani*", in: Moog-Grünewald, Maria (ed.). *Eros. Zur Ästhetisierung eines (neu)platonischen Philosophems in Neuzeit und Moderne.* Heidelberg: Winter 2006, 35-49.

Sanson, Helena. „"Conduct for the real widow". Giulio Cesare Cabei's *Ornamenti della gentildonna vedova (1574)*", in: Sanson, Helena / Lucioli, Francesco (eds.). *Conduct Literature for and about Women in Italy. 1470-1900. Prescribing and Describing Life.* Paris: Garnier 2016, 41-61.

Stingelin, Martin. „›Schreiben‹. Einleitung", in: Id. (ed.). ›*Mir ekelt vor diesem tintenklecksenden Säkulum‹. Schreibszenen im Zeitalter der Manuskripte.* München: Fink 2004, 7–21.

Walter, Ingeborg / Zapperi, Roberto. *Das Bildnis der Geliebten.* München: Beck 2007.

Zancan, Marina „L'intellettualità femminile nel primo Cinquecento: Maria Savorgnan e Gaspara Stampa", in: *Women's Voices in Italian Literature, Annali d'Italianistica* 7 (1989), 42-65.

Zemon Davis, Natalie. *Der Kopf in der Schlinge: Gnadengesuche und ihre Erzähler.* Berlin: Wagenbach 1988.

Per una tipologia della scrittura epistolare femminile nel Rinascimento

Veronica Andreani

Abstract

Gegenstand des Beitrags sind verschiedene Formen italienischsprachiger Epistolographie von Frauen aus dem 16. Jahrhundert. Dargestellt wird die allmähliche Entwicklung von der Drucklegung einzelner Briefe und Briefsammlungen bis hin zum eigenständigen Genus, um nachzuzeichnen, wie sich das Briefgenre schrittweise behauptet und zunehmende Beliebtheit erlangt. Anhand ausgewählter Briefe dreier für das Jahrhundert repräsentativer Lyrikerinnen – Vittoria Gambara, Gaspara Stampa und Chiara Matraini – werden die vielfältigen Funktionen aufgezeigt, die epistolares Schreiben für Frauen des *Cinquecento* erfüllen kann: Selbstautorisierung, Selbstkommentierung und Selbstreferentialität. Im privaten Briefwechsel deutet sich dies bereits an; mit dem Druck wird der Brief schließlich noch stärker zum Mittel der Inwertsetzung des eigenen Talents und der öffentlichen Selbstdarstellung.

Introduzione

Il Cinquecento, secolo del libro a stampa, è anche il periodo in cui in tutta Europa si osserva un notevole incremento della pratica della scrittura a mano, nonché della corrispondenza scritta, sia pubblica sia privata: tali testi vengono redatti con sempre maggiore frequenza in lingua volgare.[1] Allo stesso tempo, nella penisola italiana, si aprono per le donne inattese possibilità di partecipazione alla vita intellettuale: emerge una „rigogliosa letteratura femminile", propiziata dalla „larghissima apertura linguistica" che alla metà del secolo trasforma una società letteraria fino ad allora „ristretta e gerarchicamente ben differenziata"[2] in un ambiente dinamico e vivace, che promuove una più ampia diffusione del sapere. Questa congiuntura spinge ad interrogarsi su quale sia stato il rapporto tra genere epistolare e letteratura femminile: l'„emergere di questa esuberante produzione comune e quotidiana"[3] si riverbera infatti ben presto in ambito letterario, con l'approdo a stampa di lettere di donne, scrittrici e non.

Il Cinquecento in tipografia si era del resto aperto con una raccolta di lettere femminili, le *Epistole devotissime* di Santa Caterina da Siena, che rappresentano simbolicamente sia il passaggio dall'età del manoscritto a quella della stampa, sia la scelta di campo in favore del volgare compiuta dalla rivoluzionaria impresa di Aldo Manuzio, che avrebbe di lì a poco

---

[1]   Cf. Petrucci 2008, 87.
[2]   Dionisotti 1967, 192.
[3]   Plebani 2019, 77-78.

confermato questo orientamento con la pubblicazione delle *Cose volgari* di Petrarca e delle *Terze rime* di Dante.[4] Nel caso delle *Epistole devotissime*, però, l'autrice non era una donna vivente e l'edizione era motivata, più che da intenzioni letterarie, dalla volontà di far circolare a stampa testi religiosi in volgare,[5] con finalità edificanti. Bisogna attendere il 1538, con la pubblicazione del *Libro primo delle lettere* di Pietro Aretino, perché venga inaugurato un nuovo genere letterario destinato ad un'enorme fortuna: il libro di lettere in volgare.[6] A partire da questo momento la lettera acquisisce un nuovo *status*, e da scrittura eminentemente privata, rivolta ad „un destinatario unico e ben identificato", si trasforma in strumento di comunicazione con „un destinatario collettivo, il «lettore del libro di lettere»".[7] Nel caso di Aretino, il libro nel suo insieme diventa anche un vero e proprio autoritratto d'autore.

In queste pagine, dopo aver ripercorso per sommi capi le tappe fondamentali della pubblicazione a stampa di lettere di donne, vorrei esaminare diverse forme di scrittura epistolare praticate da autrici scelte del Cinquecento. Che tipo di lettere hanno scritto, e in che modo si sono confrontate con la diffusione di un genere in ascesa? Per rispondere a queste domande, mi soffermerò sui casi di Veronica Gambara (1485-1550), Gaspara Stampa (1523-1555) e Chiara Matraini (1515-1604), il cui esercizio letterario abbraccia l'intero Cinquecento.

Lettere di donne in tipografia

Prime lettere femminili nelle antologie. La silloge spirituale di Vittoria Colonna

A breve distanza dalle lettere aretiniane, un altro nuovo genere epistolare si afferma con decisione sul mercato: quello della raccolta antologica, inaugurato dal *best seller* delle *Lettere volgari* di Paolo Manuzio (1542), che tra l'anno della loro pubblicazione e il 1567 arrivano a contare ben 28 edizioni.[8] L'antologia manuziana si propone come modello di buona scrittura nella nuova lingua volgare, intendendo fornire „essempi" dai quali „ritrar la vera forma

---

[4]   Per la straordinaria avventura intellettuale di Aldo Manuzio cf. Beltramini / Gasparotto 2016.

[5]   Cf. Dionisotti 1968, 4.

[6]   Al primo libro aretiniano ne sarebbero seguiti altri cinque nel corso di vent'anni (1542, 1546, 1550 [due libri], 1557), un successo conclamato da numerose ristampe e riedizioni. L'autore era ben consapevole della novità e se ne faceva un vanto: „Non meritano gli inventori de le cose qualche poco di laude? [...] Io entro in questo discorso, perché le prime lettere che in lingua nostra siano state impresse, nascon da me". Aretino 1997-2002, III, 38.

[7]   Chemello 1999, 31. Cf. anche Braida 2009, 10-11: „[Le lettere] da private e segrete diventavano pubbliche e offerte alla lettura di chiunque: [...] per quanto la maggior parte di esse fosse stata veramente spedita al loro destinatario, il fatto che quelle parole si trasformassero in caratteri tipografici cambiava profondamente il loro significato originario, facendole diventare qualcosa di completamente diverso, non solo perché da una circolazione privata passavano a una circolazione pubblica, ma anche perché in tipografia venivano selezionate, corrette, riscritte, associate ad altri testi".

[8]   Il dato in Braida 2009, 7.

del ben scrivere".[9] Anche per questo motivo, il testo si impone subito come l'archetipo del genere, ed è dunque significativo che, proprio qui, facciano la loro prima comparsa lettere a stampa di scrittrici: sono infatti presenti quattro lettere di Vittoria Colonna, due di Veronica Gambara e una di Margherita di Navarra e di Camilla Valenti. Otto missive di donne è un numero molto esiguo rispetto al totale (164), ma, tenendo a mente la „dichiarata finalità modellizzante dell'impresa manuziana", ciò „si giustifica nell'orizzonte dell'ancora scarsa presenza di letterate sulla scena letteraria nei primi decenni del Cinquecento".[10] Oltre a Margherita d'Angoulême (1492-1549), regina di Navarra, e alla nobildonna mantovana Camilla Valenti, nel libro compaiono le due maggiori scrittrici del tempo, Vittoria Colonna e Veronica Gambara, canonizzate come poetesse già dalla terza edizione dell'*Orlando Furioso* (1532) e, qualche anno dopo, anche dall'*Appendice* alla seconda edizione delle *Rime* di Pietro Bembo (1535), in cui il maestro indiscusso della nuova lingua e letteratura volgare aveva inserito i testi di cinque selezionati interlocutori – tra cui le due poetesse – offrendo loro pubblica consacrazione letteraria.[11]

Nell'agosto del 1542 veniva anche riedito il primo libro delle *Lettere* di Aretino, con la „giunta de lettere xxxxiiii scrittegli da i primi Spirti del mondo", la quale, messa in evidenza fin dal frontespizio del volume, costituiva il primo nucleo di quelle che sarebbero poi diventate le *Lettere scritte a Pietro Aretino* (Venezia, Marcolini, 1551). Infatti la *giunta* rappresentava *in nuce* un'ulteriore nuova tipologia epistolare, quella del libro delle lettere rivolte ad un medesimo destinatario, con finalità (auto-)celebrative per quest'ultimo, a riscontro di un ampio ventaglio di prestigiosi contatti.[12] Nella lista dei mittenti delle 44 lettere della *giunta* si trovano di nuovo Veronica Gambara e Vittoria Colonna: la prima presente con cinque missive (un numero alto rispetto al totale) e la seconda con due, accompagnate da personaggi quali Pietro Bembo, Luigi Alamanni, Benedetto Varchi, Michelangelo Buonarroti. Tornano quindi le due „stelle di prima grandezza del panorama letterario cinquecentesco, coloro che grazie alle favorevoli condizioni legate ai privilegi del loro *status* avevano potuto dedicarsi con profitto allo studio delle *humanae litterae*".[13]

Proprio ad una di queste „stelle" si deve la prima raccolta epistolare del Rinascimento italiano a recare sul frontespizio il nome di una donna vivente: le *Litere* di Vittoria Colonna, pubblicate a Venezia nel 1544.[14] Il brevissimo opuscolo (appena otto carte) è costituito da tre micro-trattati spirituali indirizzati a Costanza d'Avalos Piccolomini, duchessa di Amalfi (1503 ca. - 1575), cugina del defunto marito dell'autrice Francesco Ferrante d'Avalos, con

---

9   Manuzio 1542, Aii*v*.

10   Chemello 1999, 34. La presenza femminile diminuisce nei volumi successivi: nel secondo libro dell'antologia manuziana (1545) vi è un'unica lettera di Veronica Gambara e nel terzo (1567) una sola lettera di Chiara Matraini.

11   Per l'importanza di questa operazione cf. Vecce 1993, 4-5 e Cox 2005b, 592-593. Gli altri tre autori inclusi nell'*Appendice* sono l'oscuro (ad oggi) Benedetto Morosini e i ben più noti Gian Giorgio Trissino e Francesco Maria Molza. Sulla canonizzazione ariostesca delle due poetesse si vedano inoltre Dionisotti 1989, 14-16 e, riguardo alla Colonna, Cox 2005a.

12   Si ricordi che una delle principali finalità del libro di lettere del Cinquecento è mostrare „l'esemplarità [...] di un circuito di relazioni e di rapporti personali, e quindi l'esemplarità di un'esperienza intellettuale e culturale" (Quondam 1981, 57).

13   Chemello 1999, 34.

14   Cf. Colonna 1544.

la quale la Colonna aveva condiviso gli anni giovanili a Ischia e coltivato nel tempo un rapporto d'immutato affetto. Non sono note le circostanze in cui venne allestita la pubblicazione, ed è verosimile che, analogamente a quanto accaduto per le sue *Rime* edite qualche anno prima a Parma,[15] la Colonna non fosse stata coinvolta in prima persona, poco interessata com'era alla divulgazione a stampa dei propri testi, che preferiva far circolare in forma manoscritta tra amici e selezionati interlocutori.[16] Di per sé, l'esistenza di questa edizione (oggi molto rara) comprova l'interesse che il mercato editoriale nutriva per prodotti di questo tipo, in quel torno di anni innovativi e ricercati.

Altre raccolte di lettere a (dubbia) firma femminile

Una nuova fase si apre con la pubblicazione nel 1548 delle *Lettere di molte valorose donne*, edite a Venezia per i tipi di Giolito a cura di Ortensio Lando.[17] Il modello di Paolo Manuzio fa scuola e si specializza in senso femminile: si tratta infatti della prima antologia epistolare interamente muliebre, in cui 181 donne sono autrici delle 263 lettere raccolte, tutte esclusivamente indirizzate ad altre donne. Il dato non è di poco conto, se si considera che il corrispettivo poetico di questa antologia, ovvero la raccolta delle *Rime diverse d'alcune nobilissime et virtuosissime donne* curata da Lodovico Domenichi, vedrà la luce solo 11 anni dopo, nel 1559, e nella sede più periferica di Lucca. Il primato cronologico della raccolta giolitina potrebbe spiegarsi con la maggiore diffusione della scrittura epistolare: come si è già ricordato, un numero sempre maggiore di donne alfabetizzate corrispondeva quotidianamente, mentre di certo molte meno donne praticavano l'arte della poesia. Il titolo completo della silloge – *Lettere di molte valorose donne, nelle quali chiaramente appare non essere né di eloquentia né di dottrina alli huomini inferiori* – rivela inoltre la matrice filogina della pubblicazione, che si inserisce nel dibattito della *querelle des femmes* con una netta presa di posizione a favore delle donne, rivendicando per loro traguardi intellettuali pari a quelli maschili.

Si è molto discusso sull'effettiva paternità di queste lettere: fin dal Settecento, infatti, la maggior parte dei critici ha individuato nel curatore Ortensio Lando il vero autore della raccolta, e anche oggi, sebbene sia ragionevole credere che almeno alcune delle lettere siano autentiche, il ruolo di Lando nell'allestimento della silloge pare essere stato determinante. Novella Bellucci, sulla scorta di altri studi, ha mostrato come la varietà dei temi, il gusto del paradosso, la citazione erudita di lunghi cataloghi di *exempla* tratti dalla mitologia e dalla

---

[15]   Cf. ead. 1538.

[16]   Il fatto che Camaioni 2016 (in partic. 133-138) abbia dimostrato che il titolo completo della raccolta (*Litere de la divina Vetoria Colona marchesana di Pescara a la duchessa de Amalfi sopra la vita contemplativa di Santa Caterina et sopra de la activa di Santa Madalena*) è fuorviante rispetto al suo reale contenuto (l'opuscolo, infatti, è incentrato sull'illuminazione interiore e la contemplazione mistica, e solo il terzo dei micro-trattati parla delle due sante citate nel titolo) potrebbe essere spia di una voluta manipolazione editoriale a scopo ‚pubblicitario', dal momento che la questione della superiorità tra vita attiva e contemplativa era stata al centro di un acceso dibattito filosofico-teologico nel primo Cinquecento. Sulla corrispondenza Colonna-D'Avalos cf. anche Ranieri 2015 e Liguori 2020.

[17]   L'officina di Giolito è un „*club* letterario, che identifica nelle donne un nuovo genere di scrittrici e lettrici" (Nuovo-Coppens 2005, 119). Ortensio Lando era un importante collaboratore di questa impresa editoriale.

storia antica – caratteri tipici della scrittura landiana – si rintraccino anche in molte lettere della raccolta, che sembrano a volte dei meri pretesti per un *divertissement* erudito e per uno sfoggio di cultura enciclopedica. Inoltre, anche la compresenza di visioni differenti o contraddittorie su medesimi argomenti è in linea con la visione del mondo di Lando, autore dei celebri *Paradossi*.[18]

Le stesse riserve sull'autorialità sono state espresse anche per la seconda raccolta a firma femminile dopo quella di Vittoria Colonna, ovvero le *Lettere* di Lucrezia Gonzaga (Venezia, Scotto, 1552), colta gentildonna appartenente ad un ramo cadetto dell'illustre dinastia mantovana. Molto studiate dagli storici della Riforma poiché recano tracce del pensiero erasmiano (Lucrezia subì un processo per eresia nel 1567, conclusosi con l'abiura l'anno successivo), le *Lettere* sono state pubblicate di recente in edizione critica.[19] I moderni curatori non hanno sciolto le riserve sull'autenticità delle missive, per lungo tempo anch'esse ascritte alla penna di Ortensio Lando.[20] Dopo aver sottolineato come nel Cinquecento il concetto di „autorialità" fosse più ambiguo e sfumato rispetto al presente, i curatori scrivono che „è difficile determinare quale sia il ruolo di Lando nel testo", pur convenendo sul fatto che una qualche „mano sovrintenda all'operazione".[21] Ad ogni modo, è bene ricordare che, benché nulla si sappia della formazione di Lucrezia, la donna era nota fra i suoi contemporanei come scrittrice e donna di lettere, e quindi Lando avrebbe difficilmente potuto far uso del suo nome senza il consenso e la collaborazione fattiva dell'interessata. La pubblicazione delle *Lettere* di Lucrezia fu comunque un'operazione ambiziosa, perché uscirono dal medesimo stampatore Scotto che nel 1552 pubblicava anche i quattro volumi delle *Lettere* del Bembo. Qualunque sia l'effettivo livello di autenticità di queste prove, esse testimoniano nuovamente l'interesse che il mercato editoriale nutriva per opere di questo tipo, e anche il decisivo ruolo dei cosiddetti ‚poligrafi', come Lando, nella promozione della scrittura femminile.[22]

Epistolari ‚d'autrice' (o quasi)

Negli anni Sessanta del Cinquecento escono altre due raccolte a firma femminile che pongono nuovamente problemi attributivi. Le prime sono le *Lettere amorose* di Celia Romana, che vedono la luce in due edizioni, rispettivamente a Roma e a Milano, nel 1562.[23] In questo

---

18   Cf. sull'argomento Bellucci 1981, Daenens 1999 e Ray 2009 (sul ruolo di Lando come autore, in particolare pp. 47-48, nonché tutto il capitolo „Female Impersonations"). Una lucida analisi anche in Piéjus 2012.

19   Cf. Gonzaga 2009.

20   Come nel caso delle *Lettere di molte valorose donne*, fin dal Settecento sono state rintracciate numerose sovrapposizioni tra lettere della Gonzaga e testi di Lando, ma attribuire l'intera scrittura del testo a quest'ultimo non pare più plausibile. È stato osservato infatti che le lettere riportano molti eventi storici vicini alla vita della Gonzaga e che i manoscritti sopravvissuti testimoniano l'effettiva consistenza degli scambi epistolari della donna, nonché la varietà dei temi trattati (Ray 2009, 83-84). Ulteriori osservazioni in Daenens 2011 e Prosperi 2013, che conclude la sua recensione all'edizione critica delle *Lettere* con la frase „È dunque il caso di rendere a Lucrezia quel che è di Lucrezia" (191).

21   Gonzaga 2009, xix.

22   Cf. in proposito Bellucci 1981, 257 e Cox 2008, 83.

23   Cf. Romana 1562a, Romana 1562b.

caso l'inquadramento dell'opera è reso problematico dal mistero che circonda la figura dell'autrice, la cui identità resta ancora sconosciuta.[24] Non è quindi possibile valutare se il testo – che conta 68 lettere scritte in uno stile poco convenzionale e definito a-petrarchista,[25] in cui il tema amoroso si intreccia anche con la facezia – sia o meno un epistolario ,d'autrice'. Esso fu certamente molto fortunato, più volte ristampato tra Cinque e Seicento.[26]

Caso ancor più intricato è quello delle *Lettere spirituali* di Paola Antonia Negri, al secolo Virginia (1508-1555), che ebbero una complessa vicenda editoriale. Virginia Negri fu una controversa figura di religiosa, che – molto vicina al domenicano Battista da Crema, ispiratore degli ordini dei Barnabiti e delle Angeliche, le cui opere vennero ripetutamente messe all'Indice – divenne una guida carismatica e raccolse intorno a sé un gran numero di proseliti tra Lombardia e Veneto, prima di essere accusata dall'Inquisizione di comportamenti inadeguati ed abusi ed essere così esautorata di ogni potere, tenuta pressoché reclusa in convento fino alla morte. Per riabilitare la sua figura, i seguaci della religiosa promossero una prima pubblicazione delle sue lettere che venne però sospesa dal Sant'Uffizio nel 1564.[27] Ne seguì un nuovo processo in cui venne messa in discussione la paternità delle missive: infatti, risultò che esse fossero state redatte, per la gran parte, da un discepolo della Negri, il notaio milanese Gian Pietro Besozzi, il quale, come altri membri dell'ordine, aveva funto da scrivano per la monaca illetterata. Lo stesso Besozzi, ristabilita la verità, si proclamò comunque favorevole a che le lettere venissero pubblicate a nome della Negri, la quale, pur non avendo scritto materialmente i testi, ne aveva interamente controllato l'ideazione e i contenuti. Così venne definitivamente licenziata a Roma, dalla Stamperia del Popolo Romano voluta da Papa Paolo IV, una raccolta di 70 lettere uniformate all'ortodossia:[28] testi in forma di sermone in cui i temi religiosi sono esposti con una ricca strumentazione retorica (metafore, similitudini, allegorie, esortazioni) volta al coinvolgimento emotivo del lettore, con una chiara intenzione „penitenziale e proselitistica".[29]

I casi di Celia Romana e di Paola Antonia Negri pongono dei seri interrogativi: di biografia, di intenzionalità e di coinvolgimento autoriale nella pubblicazione dei testi. Per arrivare ad un vero e proprio epistolario d'autore si deve attendere il 1580, quando a Venezia escono le *Lettere familiari a diversi* di Veronica Franco. Nata a Venezia nel 1546 da una famiglia di buona posizione sociale, ma non nobile né dotata di particolari ricchezze, Veronica Franco è la più famosa cortigiana del secondo Cinquecento veneziano. Esordisce sulla scena letteraria nel 1576 con le *Terze rime*, un'opera originale in cui si distanzia dall'uso del metro petrarchesco più consueto – il sonetto – e opta per la terzina lirica. In questo modo riesce ad esprimere in forma narrativa contenuti inediti e profondamente connotati dal punto di vista del genere, come l'esplicita affermazione del desiderio femminile e l'orgoglio per la propria professione. Con le *Lettere familiari*, la Franco porta avanti una più misurata operazione di *self-fashioning*, autorappresentandosi come autorevole voce di

---

[24] Non si esclude possa trattarsi di un personaggio fittizio, anche se un sonetto a suo nome compare nel *Tempio della divina signora donna Geronima Colonna d'Aragona* (Padova, Pasquati, 1568, c. 31*v*).

[25] Cf. Quondam 1981, 111-112.

[26] Cf. da ultimo Favaro 2016 e Matt 2017.

[27] Cf. Negri 1564.

[28] Cf. ead. 1576.

[29] Riga 2018, 164.

cultura e sapienza letteraria. Nelle 50 missive che compongono la silloge, ciò che interessa all'autrice non è tanto dar conto del proprio vissuto (colpisce infatti la mancanza di riferimenti contingenti, come i nomi dei destinatari – presenti in soli due casi –, i nomi dei luoghi, le date, le occasioni specifiche che hanno dato origine agli scritti) quanto piuttosto offrire un proprio ritratto, in cui rispecchiarsi come donna virtuosa ed intellettualmente accorta. Più che come esempi di comunicazione privata, i testi della Franco si propongono come modelli di scrittura, in cui l'autrice delinea la sua „immagine di donna che scrive".[30] Nell'epistolario si trovano infatti diversi tipi di lettere („di accompagnamento, di ringraziamento, di consolazione, di ragguaglio, di richieste, supplica, di raccomandazione, di biasimo, di rallegramenti, d'invito, lettere 'institutive', lettere 'amorose' e lettere 'discorsive'"[31]) che offrono un ricco campionario di „genere", attraverso cui la Franco si presenta come un' *auctoritas* nel campo della scrittura epistolare.

Tre casi di studio: Veronica Gambara, Gaspara Stampa, Chiara Matraini

La corrispondenza privata di Veronica Gambara

Delineato il quadro generale, mi soffermerò ora su tre casi specifici attraverso i quali vorrei seguire l'evoluzione dell'uso della scrittura epistolare da parte delle autrici. Inizierò con Veronica Gambara (1485-1550), già più volte ricordata fin qui. La gentildonna bresciana sposa nel 1508 il conte Giberto X di Correggio, di cui rimane vedova nel 1518. Dopo la morte del marito, regge ed amministra la piccola contea padana d'adozione, distinguendosi come abile donna di governo, e continua a coltivare gli studi letterari e la poesia, cui si era dedicata fin da giovane. In coppia con Vittoria Colonna, è la decana del petrarchismo femminile del Cinquecento, celebrata, come detto, da Ariosto e Bembo fin dall'inizio degli anni Trenta.[32] A differenza della marchesa di Pescara, però, la Gambara non vide mai il suo nome stampato sul frontespizio di un libro d'autore, e i suoi scritti lirici ed epistolari comparvero sparsamente nelle antologie. Solo nel Settecento l'erudito bresciano Felice Rizzardi riunì i suoi testi nelle *Rime e lettere* (1759), e se oggi è possibile leggere le liriche della Gambara in una moderna edizione critica,[33] per le lettere è ancora necessario rifarsi al volume Rizzardi (nonché a successive edizioni ottocentesche, articoli ed opuscoli più o meno rari, che hanno recuperato altro materiale disperso).

Il *corpus* epistolare della Gambara ammonta a circa 170 pezzi, senz'altro una minima parte della corrispondenza che l'autrice intrattenne in vita con familiari, amici, intellettuali e uomini politici del suo tempo. Si tratta di una corrispondenza di natura eminentemente privata e legata alle circostanze del presente, in cui i riferimenti a delicate questioni politiche

---

[30] Doglio 1993, 47.
[31] Ibid., 37.
[32] Cf. *supra* [p. 63].
[33] Cf. Bullock 1995.

e religiose si intrecciano alla narrazione di più minuti eventi della vita quotidiana.[34] Si tratta per lo più di testi pratici e volti ad obiettivi precisi – mantenere contatti innanzitutto, e poi organizzare viaggi, scambiare testi letterari, inviare rallegramenti e condoglianze –, il cui grado di letterarietà varia a seconda dell'importanza dell'interlocutore e che la Gambara non pensò mai di dare alle stampe.[35] La sua produzione, quindi, si situa idealmente tutta al di qua della soglia fatale del 1538, in cui Pietro Aretino inaugura il nuovo genere dell'epistolografia in volgare.

Delle lettere della Gambara si sono conservati anche una trentina di autografi, testi preziosi perché con essi è come se ci trovassimo direttamente allo scrittoio dell'autrice.[36] Fra questi, vorrei portare l'attenzione su una lettera riscoperta di recente: si tratta di una missiva del 15 giugno 1532, indirizzata a Pietro Bembo, che è la risposta ad una precedente lettera inviata il 27 maggio alla Gambara dal patrizio veneziano, il quale chiedeva alla poetessa di spedirgli alcuni suoi componimenti che egli avrebbe voluto includere nella seconda edizione delle proprie *Rime* che sarebbe uscita nel 1535. La Gambara è costretta a rispondere negativamente al Bembo, poiché – spiega – ella non ha conservato copia dei sonetti richiesti; aggiunge, inoltre, che preferirebbe che i propri testi, allora già in circolazione, fossero dimenticati, soprattutto quelli da lei composti in giovane età, in quanto più rivelatori della sua scarsa competenza letteraria. Nella missiva la Gambara si riferisce alla propria produzione lirica con il termine „sciochezze" (con *c* scempia, tratto tipico dell'Italia settentrionale), la stessa parola che compariva anche nella lettera ad Aretino precedentemente citata: si tratta di una *diminutio personae* che è stata già individuata come tratto distintivo del modo di interloquire della Gambara con figure letterarie di primo piano, rispetto alle quali ella si poneva come un'allieva di fronte a dei maestri.[37]

Alla fine della lettera, però, l'autrice assume un tono parzialmente diverso:

> La ringratio bene cum tutta l'anima de la promessa e offerta mi fa di ricompensare, in questa nova stampa, l'oltraggio mi fece ne l'altra, e sia certa che più mi serà caro questo dono e più cara a me stessa, e appo li altri preggiata, che se 'l dominio di meggio il mondo mi fosse stato da la fortuna concesso.[38]

La poetessa ringrazia Bembo „cum tutta l'anima" per la „promessa" – rivoltale nella lettera del 27 maggio – di pubblicare nelle *Rime* del 1535 alcuni suoi testi, e coglie l'occasione per rimproverarlo dell'„oltraggio" da lei subìto nella prima edizione („l'altra") delle *Rime* (1530). In quella silloge, infatti, Bembo aveva incluso il sonetto *Certo ben mi poss'io dir pago*

---

[34] „Le questioni della vita materiale, continuamente commiste a quelle di politica contemporanea e alla predilezione per lo studio e la letteratura, sono presenti come vero e proprio tessuto connettivo del suo epistolario" (Fortini 2016, 76).

[35] È appena possibile cogliere qualche timido segnale di interessamento dell'autrice alla pubblicazione dei suoi testi poetici, circostanza cui allude una lettera indirizzata a Pietro Aretino nel 1536: „A quanto poi mi scrivete, essortandomi a contentarmi che se imprima le passate mie composizioni, e che le mandi, dico che troppo mi doleria che così apertamente si vedessero le mie sciochezze, e vi prego che facciate ogni opera per vietarlo; […] Pur non si possendo (che pur lo vorrei), vi supplico che amorevolmente vogliate consigliarmi e aiutarmi […] Aspetterò l'ultimo vostro aviso, e poi, sotto l'ombra di voi, vi mandarò la scielta de le men triste" (Aretino 2003-2004, I, 191-192).

[36] Per un regesto degli autografi superstiti cf. Andreani 2021 (in corso di stampa).

[37] Cf. in proposito Dilemmi 1989.

[38] La lettera è edita in Andreani 2018 (il passo a p. 242).

omai, che era responsivo ad un sonetto che la Gambara gli aveva inviato nel 1504, senza però indicare che questo testo fosse la *risposta* ad una precedente *proposta* della giovane Veronica.[39] Bembo si mostra quindi desideroso di rimediare, nelle *Rime* del 1535, alla dimenticanza della precedente pubblicazione, e questo gesto viene considerato dalla Gambara un „dono" tale da farla inorgoglire come se le venisse concesso „'l dominio di meggio il mondo" (di mezzo mondo), espressione proverbiale che denota il tono confidenziale della lettera e anche la soddisfazione per l'importante omaggio.

Emerge bene da questa corrispondenza come la lettera possa diventare per gli scrittori veicolo primario di circolazione e scambio di testi, di dialogo e di confronto con i pari. La Gambara si serve della consuetudine epistolare con il Bembo non solo per rivolgerglisi con le topiche professioni di modestia, ma anche per rimproverarlo – bonariamente e con ironia[40] – per non averle dato il giusto spazio e riconoscimento nella prima edizione del suo libro. Nel caso della Gambara siamo ancora lontani tanto dal protagonismo di Aretino, che fa delle sue raccolte dei veri libri *ad posteritatem*, tanto dall'archivismo di Bembo, con la sua „ossessiva cura nel conservare e ordinare in più raccolte manoscritte le lettere private e pubbliche, volgari e latine, da lui redatte e a lui dirette":[41] la poetessa bresciana, infatti, appena si affaccia a considerare pubblicabili i propri testi poetici, e sarà ancora necessario del tempo prima che la lettera giunga ad essere considerata un vero e proprio oggetto d'arte, in un processo che culminerà con le raccolte epistolari pubblicate da Veronica Franco e Chiara Matraini. Fin da subito, però, essa viene utilizzata dalle scrittrici per diffondere e far conoscere la propria poesia,[42] nonché per negoziare la propria autorevolezza intellettuale.

Le lettere in prosa e in versi di Gaspara Stampa

Rispetto alla Gambara, la Stampa (1523 ca. - 1554) appartiene alla seconda generazione di scrittrici del Cinquecento che non provengono più solo dall'élite sociale e intellettuale, com'era stato fino ad allora il caso della gentildonna bresciana, della Colonna o della Gonzaga. Nata a Padova in una famiglia di commercianti e trasferitasi fin da giovanissima a Venezia, la Stampa qui si distingue come eccellente esecutrice di musica e cantante, per poi comporre poesia. La sua raccolta di *Rime* esce postuma, pochi mesi dopo l'improvvisa e precoce morte, a soli 31 anni, per volere della sorella Cassandra. Essa contiene 310 componimenti in stile petrarchista, di tema per lo più amoroso ma anche occasionale e spirituale. Dopo la dedicatoria dell'opera indirizzata da Cassandra Stampa a Giovanni Della Casa – che a metà Cinquecento era considerato l'erede lirico del Bembo – e dopo una serie di sonetti in lode e in morte della poetessa defunta, la raccolta è introdotta da una lettera, intitolata *Allo illustre mio signore*, che è l'unica che si conosca dell'autrice. In essa la Stampa si rivolge in prima persona al conte trevigiano Collaltino di Collalto, che, al pari della Laura

---

[39] Per una ricostruzione dell'intera vicenda cf. ibid.

[40] Si noti che la parola „oltraggio", dall'accezione fortemente negativa, è una citazione allusiva al sonetto responsivo del Bembo: „Certo ben mi poss'io dir pago omai / d'ogni tuo oltraggio, Amor, [...]" (Bembo 1966, n° LXIII, vv. 1-2).

[41] Petrucci 2008, 93.

[42] Cf. l'analoga e importante corrispondenza Gambara-Aretino, per cui si veda Bianchi 2018.

petrarchesca, è protagonista indiscusso delle *Rime* e principale oggetto d'amore della poetessa, che viene da lui scarsamente o mal ricambiata nel proprio sentimento. Oltre al fatto di essere un *unicum* nella produzione dell'autrice, la missiva riveste particolare interesse perché all'inizio di essa sono spiegate le ragioni che hanno indotto la Stampa a riunire i suoi componimenti in un libro:

> Poi che le mie pene amorose, che per amor di V. S. porto scritte in diverse lettere e rime, non han possuto, una per una, non pur far pietosa V. S. verso di me, ma farla né anco cortese di scrivermi una parola, io mi son rissoluta di ragunarle tutte in questo libro, per vedere se tutte insieme lo potranno fare.[43]

Pur non potendo essere considerata una lettera prefatoria e dedicatoria in senso stretto, poiché le *Rime* vennero stampate postume e dunque non è dato sapere se la Stampa avesse scelto proprio questo testo come introduzione alla sua opera, è però indubbio che questo *incipit*, in cui l'autrice motiva l'intenzione di riunire i suoi componimenti in un „libro" con il tentativo di rendere l'amato pietoso nei suoi confronti, rivesta un forte valore programmatico. È possibile ipotizzare che gli stessi curatori postumi dell'edizione abbiano scelto di collocare questa missiva in posizione strategica, all'inizio del libro, proprio perché essa poteva ben introdurre alcuni dei nuclei principali della poesia stampiana. L'alta frequenza, nel prosieguo del testo, di sintagmi che rimandano a temi dolorosi e lacrimevoli (si parla di „pene amorose", „pelago delle passioni, delle lagrime, e de' tormenti", „cure amorose e gravi", „povera e mesta casa", „i lamenti, i singulti, i sospiri e le lacrime"), conferisce altresì alla lettera – come notato da Maria Chiara Tarsi – una marcata „indicazione di 'genere', che inscrive la lirica della poetessa nel filone della produzione elegiaca".[44] Se è pressoché certo che il „libro" a cui l'autrice fa riferimento in questo brano non corrisponda alle *Rime* così come furono pubblicate dopo la sua morte, di sicuro però nella lettera la poetessa allude ad una raccolta e selezione di testi che potrebbe rappresentare, in germe, il nucleo di un futuro canzoniere. Si tratta quindi di una missiva retoricamente elaborata e concettualmente densa, con la quale l'autrice sembra rivolgersi, oltre che allo stesso Collaltino, al più vasto pubblico dei lettori della sua poesia.

È infine importante notare come nella missiva siano nominate „diverse lettere e rime" in cui la poetessa avrebbe espresso le proprie „pene amorose". Se le rime dell'autrice sono in effetti ben note e numerose (più di 200 quelle dedicate alla tormentata storia d'amore con il conte di Collalto), non si conoscono invece altre sue lettere, oltre ad *Allo illustre mio Signore*. Questa situazione è imputabile alla dispersione dei testi stampiani, di cui – è utile ricordarlo – non si conosce nemmeno un manoscritto. Non si può però escludere che le „lettere" a cui la poetessa fa riferimento in *Allo illustre mio signore* siano almeno in parte sovrapponibili ai sei componimenti in terzine presenti nelle *Rime* (testi n° 286-291[45]), che

---

43   Stampa 1554, *viiv-viiir*. Si trascrive, qui e più avanti, dall'*editio princeps*, secondo criteri conservativi e con minime modifiche (distinzione di *u* da *v*, adeguamento agli usi attuali di accenti, apostrofi e maiuscole, ritocco dell'interpunzione). Edizioni moderne delle *Rime* sono Stampa 1913 e Stampa 2010.

44   Tarsi 2018, 69.

45   Si riprende la numerazione dei testi da Stampa 2010, edizione fedele all'ordinamento della *princeps*. In Stampa 1913 – edizione di riferimento italiana – i testi sono numerati diversamente, e li indico qui di seguito in cifre romane (tra parentesi, in cifre arabe, la numerazione di Stampa 2010): CCXLI (286), CCXLII (287), CCXLIII (288), CCXLIV (289), CCLXV (290), CCXCVI (291).

costituiscono una sezione autonoma (intitolata *Capitoli*), separata dal resto del *corpus* su base metrica, avente una marcata natura 'epistolare'.

Il primo di questi testi (286) è una lunga sequenza anaforica sulla natura di Amore, modellata sul capitolo bembiano *Amor è, donne care, un vano et fello* (unico componimento in terzine presente nelle *Rime* del Bembo), in cui il poeta si rivolge alle donne dando una definizione d'amore basata sull'antitesi per mettere in evidenza la contraddittorietà dell'esperienza amorosa. I quattro capitoli successivi sono invece indirizzati a Collaltino, e descrivono tutti delle situazioni di lontananza dall'amato:

> Da più lati fra noi, Conte, risuona
> che voi set'ito, ove desio d'onore
> sotto Bologna vi sospinge e sprona,
> per mostrar ivi il vostr'alto valore:
> valor degno di tanto cavaliero,
> ma non degno però di tant'amore.
> (287, 1-6)

> Dettata dal dolor cieco ed insano,
> vattene al mio Signor, lettera amica,
> baciando a lui la generosa mano.
> […]
> Il bel paese, che superbo giace
> fra 'l Rodano e la Mosa or mi contende
> la suprema cagion d'ogni mia pace.
> (288, 1-3; 13-15)

> De le ricche, beate e chiare rive
> d'Adria, di cortesia nido e d'Amore,
> ove sì dolce si soggiorna e vive,
> donna, avendo lontano il suo Signore,
> […]
> per isfogar gli ardenti disir suoi,
> con queste voci lo sospira e chiama;
> (289, 1-4; 7-8)

> Tu, che fai ora a Lendenara giorno,
> almo mio sole, ed a me notte oscura,
> sole, a cui sempre col pensier ritorno,
> de l'alta fede mia sincera e pura
> tien'almen la memoria che si deve,
> che durerà finché mia vita dura.
> (290, 43-48)

Come emerge chiaramente dall'invocazione del secondo estratto, il testo è considerato dalla poetessa alla stregua di una „lettera", „amica" in quanto riuscirà a raggiungere l'amato lontano e a comunicargli la triste condizione di chi si strugge in sua assenza. La Stampa si mostra quindi consapevole dell'uso del capitolo ternario come di una „missiv[a] epistol[a]", secondo una definizione affermatasi nella riflessione teorica sul volgare tra Quattro- e

Cinquecento.[46] La forma metrica del capitolo in terzine veniva del resto considerata un sottogenere dell'elegia, poiché ben si adattava alla ripresa del modello ovidiano delle *Heroides*, lettere di eroine del mito ai loro amanti lontani:[47] dato il carattere prevalentemente elegiaco della poesia stampiana, è probabile che l'autrice abbia guardato con particolare interesse a questa tradizione,[48] che autorizzava ed incoraggiava l'associazione tra forma elegiaca, voce femminile e scrittura volgare in terzine. Che la Stampa fosse sensibile a questo paradigma è dimostrato anche dal fatto che l'ultimo capitolo delle *Rime* (291), indirizzato all'amica Mirtilla cui la poetessa esprime la gioia di aver ricevuto la sua lettera, comincia con un verso, *Non aspettò già mai cum tal desio*, che è un calco esatto dell'*incipit* di un capitolo elegiaco molto fortunato di Antonio Tebaldeo (*Non expectò già mai cum tal desio*), in cui il poeta finge che sia una donna a parlare.[49] La connessione tra elegia, voce femminile e capitolo in terzine, già strettissima, prende nuova linfa quando le scrittrici si affacciano sulla scena letteraria e possono quindi parlare in prima persona, senza che via sia mediazione maschile. La lettera può quindi presentarsi, nel Cinquecento, anche nella meno ordinaria forma del capitolo in terzine, ed essere anche in questo modo per le autrici un potente mezzo di auto-rappresentazione.

Le lettere auto-apologetiche ed auto-esegetiche di Chiara Matraini

Un anno dopo le *Rime* di Gaspara Stampa, Chiara Matraini (1515-1604) pubblica a Lucca, sua città natale, le *Rime et prose* (Busdraghi, 1555). Analogamente alla Stampa, la Matraini appartiene a quella seconda generazione di scrittrici del Cinquecento il cui ambiente di provenienza non è più soltanto quello dell'alta nobiltà. L'autrice nasce in una famiglia di ricchi imprenditori della seta che aveva avuto incarichi politici di rilievo, prima di essere allontanata dalla gestione del potere a causa del sostegno accordato ad una fallita congiura, che nel 1531 aveva tentato di rovesciare l'oligarchia di governo sostenendo le istanze delle classi popolari. Dopo questo evento, ormai screditata agli occhi del patriziato cittadino, la famiglia Matraini vede declinare la propria fortuna, ma non perde le proprie sostanze e i propri commerci. La poetessa può quindi continuare a vivere come una borghese benestante, condizione rafforzata anche dal matrimonio. Nel 1542 rimane vedova, e di lì a poco intreccia una relazione adulterina con un concittadino sposato, Bartolomeo Graziani, che sarebbe stato ucciso qualche anno dopo in circostanze misteriose. Proprio questa relazione – debitamente

---

46   Si veda ad esempio la lettera di Vincenzo Calmeta ad Isabella d'Este in Calmeta 1959, 51-55 (da cui è tratta la citazione, a p. 54).

47   Cf. in proposito Longhi 1989.

48   Cf. Tarsi 2018, 69-71 e 109-110. Va ricordata anche la possibile mediazione del capitolo di Vittoria Colonna intitolato *Pistola de la Illustrissima Signora Marchesa di Pescara ne la rotta di Ravenna*, scritto quando ella ebbe il padre e il marito imprigionati a seguito del terribile massacro della Battaglia di Ravenna (1512) e pubblicato in Luna 1536, cc. Gg1r-Gg2r. Il testo si legge ora in Colonna 1982, A2: 1.

49   Cf. Tebaldeo 1989-1992, II/1, n° 274. Il capitolo è ricordato in modo elogiativo anche nella già citata lettera del Calmeta: „Alcune elegie tengano una certa simplicità piena di ardore e affetti, come fu quella de Tebaldeo: *Non aspettò già mai cum tal desio*" (Calmeta 1959, 55). Edita più volte singolarmente tra Quattro e Cinquecento con il titolo di «Epistola del Tibaldeo de Ferrara che finge che l'habia facta una donna e mandata a lui», fu un vero e proprio *best seller*, largamente diffuso anche attraverso stampe popolari.

trasfigurata – trova spazio nelle *Rime et prose* del 1555, che, ispirate al modello petrarchista-bembiano e ricche di simbologia neoplatonica, restituiscono pochi e vaghi cenni alla reale esperienza amorosa dell'autrice, ricostruita per lo più dagli studiosi tramite altre fonti storico-documentarie.[50]

Nella raccolta del 1555 la parte poetica (99 liriche) è preponderante rispetto alle prose (solo 2), ma una di queste ultime – la sola che abbia forma di lettera – si rivela un testo molto importante. Essa compare in coda al canzoniere ed è indirizzata ad un non meglio identificato M. L., che aveva criticato l'autrice sia per la sua professione di studiosa e letterata, sia per la sua scelta di occuparsi di temi legati all'amore. La Matraini rivendica dunque con forza nel testo il proprio diritto di scrivere, legittimandolo attraverso la propria nobiltà d'animo – considerata ben più significativa di qualunque nobiltà di sangue – e difende anche la scelta di occuparsi di argomenti attinenti all'amore, presentando questo sentimento – secondo la dottrina neoplatonica – come strumento di elevazione e nobilitazione dell'animo:

> Ma perché vi siete primieramente sforzato di mostrarmi quanto disdicevole sia a donna non de' più alti sangui nata, né dentro i più superbi palagi fra copiose e abbondantissime ricchezze nodrita, andar continovamente il tempo consumando ne gli studi e nello scrivere, fuori in tutto dell'uso della nostra città, e che qualora pur questo da conceder s'avesse, almeno di più lodati affetti che quelli d'amore non sono (come che per malvagi gli tegnate), dover ragionare. Laonde primieramente a quello rispondendo, che detto mi avete, vi dico che, quantunque io d'alto e real sangue nata non sia, né dentro grandi e sontuosi palagi, ne' le pompose o ne' dorati letti nodrita, non però di ignobile famiglia né di poveri e bassi progenitori (come saper possiate), ma di chiaro sangue e di onesti beni di fortuna dotata, in città libera, e di grande animo generata sono. Benché se con dritto occhio riguardar vorremo (se alle dotte carte de' più famosi e pregiati scrittori fede alcuna prestar si deve), vederemo certamente che non l'antiquità de' sangui né 'l soggiogar de' popoli, non l'oro né la porpora, ma l'animo di virtù splendido far l'uomo veramente nobile. Ma chi ci tira a questa virtù? E chi ci fa esser in lei più perfetti? Certo niuno, che s'abbi a creder mai, se non Amore.[51]

Definita giustamente un „vero manifesto",[52] questa lettera è „un'autodifesa delle più vibranti"[53] che si conoscano nel Cinquecento, un esempio eloquente di come le scrittrici rivendichino la propria autorevolezza intellettuale mediante l'uso della scrittura epistolare. Questo testo è precursore di un più organico *corpus* di lettere che vede la luce nella ri-edizione delle *Rime et prose* pubblicata dall'autrice a ben quarant'anni di distanza dalla prima, dopo un percorso di radicale revisione. Nel 1595 escono infatti le *Lettere e rime*, una versione rivista del canzoniere giovanile accompagnata da una più nutrita sezione epistolare, la cui nuova rilevanza è evidenziata fin dal titolo in cui i termini si invertono rispetto al 1555 e le „lettere" (stavolta tutte effettivamente tali, e non genericamente „prose") precedono le „rime"; due anni dopo, nel 1597, esce un'ultima versione nuovamente rivista e definitiva dell'opera.

---

[50] Cf. Rabitti 1981.
[51] Matraini 1989, 93-94.
[52] Rabitti 2007, 18; sulla lettera cf. anche Rabitti 1981, in partic. 158-159.
[53] Ibid.

Giovanna Rabitti ha dimostrato che le *Lettere e rime* si inscrivono in un progetto di ri-configurazione programmatica del proprio profilo di scrittrice da parte della Matraini. Quest'opera senile rispecchia infatti i nuovi interessi filosofici e religiosi maturati dall' autrice nella seconda parte della sua carriera, che portano ad esempio ad una radicale revisione in senso spirituale del canzoniere lirico, in cui non è più centrale la narrazione della storia d'amore terrena, ma il cammino di perfezionamento e avvicinamento dell'anima dell'amante a Dio. Per quel che concerne le diciotto missive presenti nell'edizione definitiva del 1597, esse sono contraddistinte da una notevole varietà tematica: spesso accompagnate da sonetti, sono lettere autoesegetiche, consolatorie, in forma di trattato, spirituali, di esor-tazione e altro ancora. Pur nell'ecletticità degli argomenti trattati, la chiave di lettura dell'epistolario è stata opportunamente individuata da Rabitti nella volontà di autopromo-zione dell'autrice, sul piano letterario e sociale: la dimostrazione di perizia nella varia tipo-logia del genere epistolare è infatti finalizzata ad una „sapiente distribuzione di tutti gli ele-menti atti a tracciare il profilo della perfetta letterata",[54] così come la rosa dei destinatari permette di esibire le relazioni e le amicizie culturalmente più significative. Degna di nota è anche la ripetizione – nei brevi titoli che introducono ogni lettera – di verbi come „esorta", „dimostra" e „consola", la cui presenza induce ad affermare che il nucleo centrale dell'ispi-razione matrainiana sia primariamente didattico-educativo, trovando espressione in una retorica dell'esortazione, della dimostrazione, del consiglio e dell'ammonimento.[55]

Il tono didattico-esortativo della scrittura epistolare della Matraini si appunta anche su questioni di carattere squisitamente letterario, e non solo filosofico-morale o teologico-de-vozionale. Da questo punto di vista, è di nuovo cruciale la lettera posta in apertura dell' opera, un'auto-esegesi in cui la poetessa spiega – strofa per strofa – il significato allegorico di un proprio sonetto, accluso alla missiva. Il componimento è presentato come scritto da un alter-ego in cui si rispecchia la figura dell'autrice, ovvero Latona, la mitica madre dei gemelli Apollo e Diana: in Latona, infatti, la Matraini proietta la duplicità insita nella propria anima, che ora si volge verso le cose celesti (rappresentate dal Sole-Apollo) e ora verso le cose terrene (rappresentate da Luna-Diana). Il sonetto si apre dunque con l'invito, rivolto a Diana, ad abbandonare l'interesse per Endimione, mitico pastore amato dalla dea, il quale la spingeva a restare attaccata alle cose mortali („Ritorna, alma del Ciel, candida Luna / al primo giro tuo lucente e bella […]. / Lasc'ir per terra all'ombra atra, importuna, / l'amato Endimïon […]", vv. 1-2 e 5-6).[56] Si può a ben diritto affermare che l'esegesi esposta nella lettera sintetizzi tutto il complesso percorso di revisione quarantennale del proprio canzoniere portato avanti dalla Matraini: il sonetto, infatti, racchiude e anticipa la poetica dell'intera raccolta, e la lettera si incarica di spiegare questa poetica in via più intelligibile e prosastica. Il messaggio che ne deriva è che la poetessa non si volge più ad Endimione – cioè all'oggetto d'amore terreno protagonista del canzoniere del 1555 –, ma indirizzerà la sua anima a Dio, come espresso anche nel titolo del sonetto, in cui si dice che Latona (ovvero la

---

[54] Ead. 1999, 222.
[55] Vale anche per la Matraini quanto è stato notato da Maria Luisa Doglio a proposito di Veronica Franco: „Veronica Franco assumes, with full ideological and rhetorical awareness, a traditionally male role, employed for millennia by men in their genealogical, historical and cultural prerogative of educator and teacher" (Doglio 2000, 21-22, che riprende le conclusioni di Doglio 1993, 40-41).
[56] Matraini 2018, 109.

Matraini) „persuade se stessa a lasciare il vano amore delle cose terrene e mortali, e volgersi alle celesti e divine contemplazioni".[57] Con le parole di Elaine Maclachlan, queste sono le differenze tra il primo e i successivi canzonieri:

> [I]n 1555/1556 the meaning is that life is a love story, earthy and earthly, a love story that begins with enamorment and ends with the death of the loved person. In 1597 the meaning is that death is a love story, heavenly and Christian, beginning with the relinquishing of erotic love and finalized in salvation.[58]

Se il sonetto *Ritorna, alma del Ciel, candida Luna*, è dunque emblematico dell'intera riscrittura delle *Rime* del 1555, la lettera di commento al testo svolge l'altrettanto importante funzione di chiarire al lettore il significato profondo del libro che si appresta ad iniziare, assumendo quindi un ruolo-chiave nell'economia dell'opera.

Conclusione

Il percorso delineato fin qui ha inteso mostrare l'evoluzione del binomio „lettera e donna" nel contesto della letteratura italiana del Cinquecento. La sempre maggiore presenza della scrittura epistolare femminile sul mercato editoriale denota il progressivo inserimento della forma-lettera nel sistema dei generi letterari praticati dalle autrici, sulla scorta dell'esempio fornito dal modello aretiniano. Se per Veronica Gambara la corrispondenza è ancora primariamente uno strumento di comunicazione privata, già Gaspara Stampa evidenzia l'intenzione di fare della lettera un vero e proprio oggetto d'arte, dalla costruzione retoricamente elaborata, capace di fornire una chiave d'accesso al suo canzoniere. In modo non troppo dissimile, ma ancora più organico e coerente, Chiara Matraini propone, in apertura all'edizione rivista di quella che può essere considerata l'opera della sua vita, una lettera di auto-commento ad un proprio sonetto, con cui il lettore viene guidato nella corretta interpretazione della sua poesia, di cui viene messa in risalto la nuova e predominante dimensione spirituale. In tutti questi casi, la lettera diventa per le autrici un potente strumento di rivendicazione della propria autorevolezza intellettuale, uno spazio privilegiato di autorappresentazione e di celebrazione del proprio talento sia di fronte ad un singolo destinatario, sia di fronte al più vasto pubblico dei lettori.

---

[57]   Ibid., 108.
[58]   Ead. 2007, 134.

Bibliografia

Testi letterari

Aretino, Pietro. *Lettere. Libri I-VI*. Ed. Paolo Procaccioli. Roma: Salerno 1997-2002.

Bembo, Pietro. *Prose e Rime*. Ed. Carlo Dionisotti. Torino: UTET 1966.

Calmeta, Vincenzo. *Prose e lettere edite ed inedite (con due appendici di altri inediti)*. Ed. Cecil Grayson. Bologna: Bologna, Commissione per i Testi di Lingua 1959.

Colonna, Vittoria. *Rime de la divina Vittoria Colonna marchesa di Pescara*. Parma: Viotti 1538.

Colonna, Vittoria. *Litere de la divina Vetoria Colona marchesana di Pescara a la duchessa de Amalfi sopra la vita contemplativa di santa Caterina et sopra de la activa di santa Madalena non più viste in luce*. Venezia: Alessandro de Viano 1544.

Colonna, Vittoria. *Rime*. Ed. Alan Bullock. Bari: Laterza 1982.

Franco, Veronica. *Lettere familiari a diversi*. Venezia: s. i. t. 1580.

Franco, Veronica. *Lettere*. Ed. Stefano Bianchi. Roma: Salerno 1999.

Gambara, Veronica. *Rime e lettere*. Ed. Felice Rizzardi. Brescia: Rizzardi 1759.

Gambara, Veronica. *Le rime*. Ed. Alan Bullock. Firenze-Perth: Olschki-University of Western Australia 1995.

Gonzaga, Lucrezia. *Lettere della molto illustre Sig. la S.ra Donna Lucretia Gonzaga da Gazuolo*. Venezia: Scotto 1552.

Gonzaga, Lucrezia. *Lettere. Vita quotidiana e sensibilità religiosa nel Polesine di metà Cinquecento*. Eds. Renzo Bragantini / Primo Griguolo. Rovigo: Minelliana 2009.

Lettere volgari di diversi nobilissimi huomini et eccellentissimi ingegni scritte in diverse materie. Libro primo. Ed. Paolo Manuzio. Venezia: eredi di Aldo Manuzio, 1542.

Lettere scritte a Pietro Aretino. Libri I-II. Ed. Paolo Procaccioli. Roma: Salerno 2003-2004.

Luna, Fabrizio. *Vocabulario di cinq[ue]mila vocabuli toschi non men oscuri che utili e necessarij del Furioso, Bocaccio, Petrarcha e Dante*. Napoli: Sultzbach 1536.

Matraini, Chiara. *Rime e lettere*. Ed. Giovanna Rabitti. Bologna: Commissione per i Testi di Lingua 1989.

Matraini, Chiara. *Selected Poetry and Prose. A Bilingual Edition*. Ed. and trans. Elaine Maclachlan. Chicago & London: The University of Chicago Press 2007.

Matraini, Chiara. *Le opere in prosa e altre poesie.* Ed. Anna Mario. Passignano sul Trasimeno: Aguaplano 2017.

Matraini, Chiara. *Lettere e rime.* Ed. Cristina Acucella. Firenze: Firenze University Press 2018.

Negri, Paola Antonia. *Lettere spirituali.* Milano: s. i. t. 1564.

Negri, Paola Antonia. *Lettere spirituali.* Roma: In Aedibus Populi Romani 1576.

Negri, Paola Antonia. *Lettere spirituali (1538-1551).* Eds. Andrea Erba / Antonio Gentili. Roma: EDIVI 2008.

Romana, Celia. *Lettere amorose.* Venezia: Francesco Rampazzetto 1562a.

Romana, Celia. *Lettere amorose.* Milano: Fratelli da Meda 1562b.

Stampa, Gaspara. *Rime.* Venezia: Pietrasanta 1554.

Stampa, Gaspara. *The Complete Poems. The 1554 Edition of the „Rime", a Bilingual Edition.* Eds. Troy Tower / Jane Tylus. Chicago-London: The University of Chicago Press 2010.

Stampa, Gaspara / Franco, Veronica. *Rime.* Ed. Abd-el-Kader Salza. Bari: Laterza 1913.

Tebaldeo, Antonio. *Rime.* Eds. Tania Basile / Jean-Jacques Marchand. Modena: Panini 1989-1992.

Tolomei, Claudio. *De le lettere di M. Claudio Tolomei libri sette.* Venezia: Giolito 1547.

Studi

Beltramini, Guido / Gasparotto, Davide (eds.). *Aldo Manuzio. Il rinascimento di Venezia.* Venezia: Marsilio 2016.

Andreani, Veronica. „«'l comandamento [...] che già mi fece in Bollogna: una lettera inedita di Veronica Gambara a Pietro Bembo»", in: *Filologia e critica* 43 (2018), 226-246.

Andreani, Veronica. „Veronica Gambara", in: Motolese, Matteo / Procaccioli, Paolo / Russo, Emilio (eds.). *Autografi dei letterati italiani*, vol. III, *Il Cinquecento*, tomo III. Roma: Salerno Editrice 2021 (in corso di stampa).

Bellucci, Novella. „Lettere di molte valorose donne... e di alcune petegolette, ovvero: di un libro di lettere di Ortensio Lando", in: Quondam, Amedeo (ed.). *Le «carte messaggiere». Retorica e modelli di comunicazione epistolare: per un indice dei libri di lettere del Cinquecento.* Roma: Bulzoni 1981, 255-276.

Bianchi, Stefano. „Veronica Gambara e un sonetto per Angela Serena inviato a Pietro Aretino“, in: *Esperienze letterarie* 43 (2018), 27-37.

Braida, Lodovica. *Libri di lettere. Le raccolte epistolari del Cinquecento tra inquietudini religiose e „buon volgare“*. Roma-Bari: Laterza 2009.

Camaioni, Michele. „Per «sfiammeggiar di un vivo e ardente amore». Vittoria Colonna, Bernardino Ochino e la Maddalena“, in: Lupi, Maria / Rolle, Claudio (eds.). *El orbe católico: transformaciones, continuidades, tensiones y formas de convivencia entre Europa y América (siglos IV-XIX)*. Santiago de Chile: RiL Editores 2016, 105-160.

Catalano, Claudia. „I manuali calligrafici di Lodovico degli Arrighi: *status quaestionis* e nuove scoperte su *La operina*“, in: *Nuovi Annali della Scuola Speciale per Archivisti e Bibliotecari* 30 (2016), 81-99.

Chemello, Adriana. „Il codice epistolare femminile. Lettere, «Libri di lettere» e letterate nel Cinquecento“, in: Zarri, Gabriella (ed.). *Per lettera. La scrittura femminile tra archivio e tipografia secoli XV-XVII*. Roma: Viella 1999, 3-42.

Chemello, Adriana. „Vittoria Colonna's Epistolary Works“, in: Brundin, Abigail / Crivelli, Tatiana / Sapegno, Maria Serena (eds.). *A Companion to Vittoria Colonna*. Leiden-Boston: Brill 2016, 11-36.

Cox, Virginia. „Women Writers and the Canon in Sixteenth-Century Italy: The Case of Vittoria Colonna“, in: Benson, Pamela J. / Kirkham, Victoria (eds.). *Strong Voices, Weak History: Women Writers and Canons in Early Modern Europe*. Ann Arbor: University of Michigan Press, 2005a, 14-31.

Cox, Virginia. „Sixteenth-Century Women Petrarchists and the Legacy of Laura“, in: *Journal of Medieval and Early Modern Studies* 35 (2005b), 583-606.

Cox, Virginia. *Women's Writing in Italy 1400-1650*. Baltimore: Johns Hopkins University Press 2008.

Daenens, Francine. „Donne valorose, eretiche, finte sante. Note sull'antologia giolitina del 1548“, in: Zarri, Gabriella (ed.). *Per lettera. La scrittura femminile tra archivio e tipografia secoli XV-XVII*. Roma: Viella 1999, 181-199.

Daenens, Francine. „L'autore in contumacia. Ortensio Lando e Lucrezia Gonzaga“, in: Ciappelli, Giovanni / Luzzi, Serena / Rospocher, Massimo (eds.). *Famiglia e religione in Europa nell'età moderna. Studi in onore di Silvana Seidel Menchi*. Roma: Edizioni di Storia e Letteratura 2011, 25-43.

Dilemmi, Giorgio. „«Ne videatur strepere anser inter olores»: le relazioni della Gàmbara con il Bembo“, in: Bozzetti, Cesare / Gibellini, Paolo / Sandal, Ennio (eds.). *Veronica Gambara e la poesia del suo tempo nell'Italia settentrionale*. Firenze: Olschki 1989, 23-35.

Dionisotti, Carlo. „La letteratura italiana nell'età del Concilio di Trento", in: Dionisotti, Carlo. *Geografia e storia della letteratura italiana.* Torino: Einaudi 1967, 183-204.

Dionisotti, Carlo. *Gli umanisti e il volgare fra Quattro e Cinquecento.* Firenze: Le Monnier 1968.

Dionisotti, Carlo. „Elia Capriolo e Veronica Gambara", in: Bozzetti, Cesare / Gibellini, Paolo / Sandal, Ennio (eds.). *Veronica Gambara e la poesia del suo tempo nell'Italia settentrionale.* Firenze: Olschki 1989, 13-21.

Doglio, Maria Luisa. *Lettera e donna. Scrittura epistolare femminile tra Quattro e Cinquecento.* Roma: Bulzoni 1993.

Doglio, Maria Luisa. „Letter Writing, 1350-1560", in: Panizza, Letizia / Wood, Sharon (eds.). *A History of Women's Writing in Italy.* Cambridge: Cambridge University Press 2000, 13-24.

Favaro, Maiko. „La trasparenza e l'artificio. Riflessioni sulle lettere amorose del '500", in: *Italianistica* 45 (2016), 11-21.

Fortini, Laura. „Veronica Gambara o del corrispondersi in prosa e in versi", in: Fortini, Laura / Izzi, Giuseppe / Ranieri, Concetta (eds.). *Scrivere lettere nel Cinquecento. Corrispondenze in prosa e in versi.* Roma: Edizioni di Storia e Letteratura 2016, 73-93.

Liguori, Marianna. „Lettere spirituali in tipografia. I casi di Vittoria Colonna e Paola Antonia Negri", in: *Prassi ecdotiche della modernità letteraria* 5 (2020), 40-54.

Longhi, Silvia. „Lettere a Ippolito e a Teseo. La voce femminile nell'elegia", in: Bozzetti, Cesare / Gibellini, Paolo / Sandal, Ennio (eds.). *Veronica Gambara e la poesia del suo tempo nell'Italia settentrionale.* Firenze: Olschki 1989, 385-398.

Matt, Luigi. „Lettere «mal corrette» ma «scritte di cuore»: lingua e stile dell'epistolario amoroso di Celia Romana", in: Manca, Dino / Piroddi, Gianbernardo (eds.). *La comunicazione letteraria degli Italiani. I percorsi e le evoluzioni del testo. Letture critiche.* Sassari: Tipografi Associati 2017, 129-148.

Nuovo, Angela / Coppens, Christian (eds.) *I Giolito e la stampa nell'Italia del XVI secolo.* Genève: Droz, 2005.

Quondam, Amedeo. „Dal «formulario» al «formulario»: cento anni di «libri di lettere»", in: Quondam, Amedeo (ed.). *Le «carte messaggiere». Retorica e modelli di comunicazione epistolare: per un indice dei libri di lettere del Cinquecento.* Roma: Bulzoni 1981, 13-156.

Petrucci, Armando. *Scrivere lettere. Una storia plurimillenaria.* Roma-Bari: Laterza 2008.

Piéjus, Marie-Françoise. „De l'écriture privée à l'écriture publique: les recueils de lettres de femmes en Italie au XVIe siècle", in: La Charité, Claude / Roy, Roxanne (eds.). *Femmes, rhétorique et éloquence sous l'Ancien Régime.* Saint-Étienne: Publications de l'Université de Saint-Étienne 2012.

Plebani, Tiziana. *La scrittura delle donne in Europa. Pratiche quotidiane e ambizioni letterarie (secoli XIII-XX).* Roma: Carocci 2019.

Prosperi, Adriano. „Intorno alle „Lettere" di Lucrezia Gonzaga", in: *Bruniana & Campanelliana* 19 (2013), 187-191.

Rabitti, Giovanna. „Linee per il ritratto di Chiara Matraini", in: *Studi e problemi di critica testuale* 22 (1981), 141-163.

Rabitti, Giovanna. „Le lettere di Chiara Matraini tra pubblico e privato", in: Zarri, Gabriella (ed.). *Per lettera. La scrittura femminile tra archivio e tipografia secoli XV-XVII.* Roma: Viella 1999, 209-234.

Rabitti, Giovanna. „Volume Introduction", in: Matraini, Chiara. *Selected Poetry and Prose. A Bilingual Edition.* Chicago & London: The University of Chicago Press 2007, 1-32.

Ranieri, Concetta. „Vittoria Colonna e Costanza d'Avalos Piccolomini. Una corrispondenza spirituale", in: Benedetti, Stefano / Lucioli, Francesco / Petteruti Pellegrino, Pietro (eds.). *«Cum fide amicitia». Per Rosanna Alhaique Pettinelli.* Roma: Bulzoni 2015, 477-490.

Ray, Meredith K.. *Writing Gender. Women's Letter Collections of the Italian Renaissance.* Toronto-Buffalo-London: University of Toronto Press 2009.

Riga, Pietro Giulio. „La lettera spirituale. Per una storia dell'epistolografia religiosa nel Cinquecento italiano", in: *Archivio italiano per la storia della pietà* 31 (2018), 141-170.

Selmi, Elisabetta. „Per l'epistolario di Veronica Gambara", in: Bozzetti, Cesare / Gibellini, Pietro / Sandal, Ennio (eds.). *Veronica Gambara e la poesia del suo tempo nell'Italia settentrionale.* Firenze: Olschki 1989, 143-181.

Tarsi, Maria Chiara. *Studi sulla poesia femminile del Cinquecento.* Bologna: I libri di Emil 2018.

Vecce, Carlo. „Vittoria Colonna: il codice epistolare della poesia femminile", in: *Critica letteraria* 78 (1993), 3-34.

La lettera tra sincerità e simulazione: l'esempio di *Le nozze di Figaro* di Mozart e Da Ponte

Tanja Schwan

Abstract

Das Verhältnis von Brief und Literatur ist so paradoxal wie prekär. Tauchen Briefe in einer literarischen Umgebung auf, fungieren sie als Medien im ganz wörtlichen Sinne von ‚Mittlern': zwischen dem brieflich verbürgerten Anspruch auf Authentizität und den Fallstricken der Fiktion – eben noch der *sincerità* verpflichtet, alsbald schon der *simulazione* verschrieben. Zwischen Gefühlserkundung und -bekundung im Medium des Briefs klafft eine Lücke: Setzt das Briefeschreiben zunächst Affekte frei, werden diese doch zeitversetzt übertragen; kaum in Umlauf gebracht, sind sie längst ‚Geschichte'. Als Mahnmale jenes Intervalls stehen Briefe – literarisch inszenierte zumal – für kulturelle Praktiken der Tradierung wie auch des Vergessens. Epistoläre Texte oszillieren zwischen explikativer Funktion und performativer Inszenierung, zwischen narrativer und dramatischer Verfasstheit. Mimetischer und diegetischer Modus geraten in Konkurrenz. In ihrem Kursieren als Tauschobjekte sind Briefe zugleich Instanzen der Vernetzung und Agenten der Dissoziation – materielle Geheimnisträger, die, von Hand zu Hand gereicht, ihre Besitzer wechseln, deren Wege sich überkreuzen, die zwischen den Zeilen zu lesen geben. Es kommt vor, dass sie zurückgehalten oder gar nicht erst abgeschickt werden, unbeantwortet bleiben, mitunter auch verloren gehen.

Dem Briefverkehr als Moment des Zusammentreffens von Epistolarität und Erotik soll am Beispiel der Zirkulation von Briefen und Objekten in Mozarts / Da Pontes *Le nozze di Figaro* (1786) nachgespürt werden. Dabei gilt es anhand des Briefduetts Susannas und der Gräfin Almaviva auszuloten, in welche Beziehung(en) sich die beiden Pole ‚Brief' und ‚Literatur' setzen lassen, wie der fragile Status des Briefs und sein ‚verbriefter' Wahrheitsgehalt – das Lesen *à la lettre* und die Lektüre ‚gegen den Strich' – aufeinander verwiesen sind.

Un'introduzione

Nel suo porsi tra documento autentico e stilizzazione letteraria, attestazione di verità e infrangimento di illusioni, in breve: nel suo collocarsi fra fatto e finzione, la lettera occupa da sempre una posizione ibrida.[1] Le riflessioni sulla sua ambivalenza e ambiguità che vorrei

---

[1] Cf. le diverse ricerche recentemente pubblicate nella sezione „Zwischenräume: Briefpartnerschaften, Medien und Materialien" di Clare / Knaller / Rieger / Stauf / Tholen 2018, compresa l'introduzione programmatica di Renate Stauf, ibid., 111–114 (Stauf 2018). – L'autrice ringrazia Margherita Siegmund per il suo aiuto con la traduzione di questo articolo all'italiano.

condividere qui prendono le mosse da una scena di lettura e scrittura proveniente dalla storia della letteratura, della cultura e dei media italiani. Si tratta di una scena in cui un messaggio da trasmettere per lettera viene dettato, indirizzato, composto si può dire, per essere recepito in un modo ben preciso. In questo si evidenzia che e in che modo la ricezione del messaggio, volutamente pilotata, non vada a buon fine e prenda invece una direzione diversa. Addirittura, chi compone il testo della lettera si ritrova in una modalità di ricezione del tutto particolare. La mia attenzione verrà quindi posta in particolare sulla messa in scena della ‚scrittura‘, che vorrei fosse intesa metonimicamente sia come atto della scrittura che come il suo prodotto (lo scritto, la lettera).

In questo doppio significato la scrittura include oltre ad un aspetto materiale anche un aspetto di azione. Va oltre la letterale tradizione dello scrivere (lettere) e rinvia ad una vasta gamma di possibilità di articolarsi, un repertorio ancora non esaurito di potenzialità mediali, in cui le lettere possono, per esempio, comprendere anche forme di espressione orale, quindi pratiche culturali che si servono del mezzo della voce.

Tali atti dello scrivere risvegliano in noi un'idea di creatività e corporalità che si discosta dalla linearità della parola scritta sulla carta e attira la nostra attenzione verso il processo di produzione materiale delle ‚lettere‘ così congegnate. Questi prodotti di atti creativi o corporei richiedono a chi legge un particolare, maggiore sforzo di decodificazione rispetto alla decifrazione di caratteri scritti convenzionali, in quanto la parola nella comunicazione ‚faccia a faccia‘ richiede una maggiore concentrazione rispetto alla lettura dilazionata nel tempo di una lettera. Le forme e i contenuti non si rivelano necessariamente a prima vista, poiché essi, come *Frammenti di un discorso amoroso*,[2] trasportano segreti messaggi, designati solo per il destinatario. L'esubero dell'espressività procede così di pari passo con un'intensificazione dell'intimità. Il nostro compito è colmare quelle lacune nel testo che per volontà dell'autore sono rimaste vuote. Tuttavia, anche gradazioni di tono e sottili sfumature possono, come si può vedere nelle lettere convenzionali, talvolta andare perse dal momento che vengono utilizzati insoliti canali di trasmissione mediali.

Un esempio

Un pezzo che allo stesso tempo esemplifica e sfida le convenzioni e i luoghi comuni relativi alla composizione delle lettere d'amore si ritrova alla fine del terzo atto di *Le nozze di Figaro* (1786), la prima opera nata dalla collaborazione tra Wolfgang Amadeus Mozart e il suo librettista Lorenzo Da Ponte, più precisamente nel Duettino (no. 21) tra Susanna e la Contessa di Almaviva.[3] Questa scena ci offre l'opportunità di osservare più da vicino lo ‚scrivere‘ nel suo specifico contesto. Essa fornisce un'immagine che può definirsi archetipica: due donne, una più giovane, l'altra un po' più anziana, attirano il marito di una delle due (l'anziana), che allo stesso tempo è uno spasimante dell'altra (la giovane), in un appuntamento notturno in un giardino. Lì aspetteranno l'uomo, indossando l'una i vestiti dell'altra, per attirarlo nella trappola e smascherarlo. L'ignaro spasimante viene adescato con la promessa

---

[2]   Barthes 1977, 1979.
[3]   Mozart 1990, 136–139. In seguito: NF.

di una notte d'amore con la sua adorata. A questo fine le due donne utilizzano il medium della lettera.

Tra le due donne sussiste una relazione gerarchica. La più anziana dirige la giovane durante la scrittura; praticamente le detta le condizioni del *tête-à-tête* da definire per lettera e fa ripetere diligentemente alla scrivente ogni dettaglio dello scenario amoroso. Mentre una scrive quello che l'altra detta, entrambe si affidano al fatto che il luogo e l'ora dell'appuntamento verranno comunicati al destinatario solo attraverso allusioni: si parla di „soave zeffiretto […] / Sotto i pini del boschetto" (NF 136). Il resto lo capirà, concludono le due cospiratrici in silenzioso accordo, ripetendo come un ritornello la relativa formula: „LA CONTESSA. Ei già il resto capirà. / SUSANNA. Certo, certo il capirà" (NF 138).

In uno sforzo comune, le due donne compongono per così dire un nuovo testo su un vecchio ritornello che viene trasposto nell'orecchiabile forma della „Canzonetta sull'aria" (NF 136). Una fornisce le parole chiave e lascia che l'altra le riprenda, finché in duetto le due donne cantano contenuti interscambiabili su una melodia accattivante. L'alfabeto privo di vita fatto di frammenti interscambiabili produce un'attività di scrittura quasi meccanica in cui le due protagoniste mettono in musica degli slogan.

Prima che il foglio venga ripiegato e sigillato, le due donne uniscono di nuovo gli sforzi per leggere ancora una volta quanto è stato scritto. La padrona tira fuori uno spillone dalle sue vesti e lo consegna alla domestica che chiude così la lettera e la fa scomparire nella scollatura. Per confermare di aver ricevuto la lettera lo spasimante dovrà rinviare l'improvvisato sigillo del *billet d'amour*.

La moglie e l'amante si uniscono nell'attuazione del loro piano di vendetta nei confronti dell'infedele marito e insistente spasimante. Nella loro comune ricerca di uno stratagemma tra le due si stabilisce un'armonia anche a livello di espressione. La facile e leggera circolazione di codici che l'una lancia e l'altra ripete produce un effetto di armonia. Di più: la scena in un ambiente intimo e raccolto è soffusa di sottile erotismo – Rainer Warning l'ha definito cauta o anche subcutanea sensualità dell'epoca del sentimento.[4] I segni di armonia fluiscono nella forma materiale della carta, dello spillone, di mano in mano, da corpo a corpo, si caricano del loro calore, e lasciano che esso circoli nel ristretto spazio del *boudoir*. Unite nel complotto, le due alleate evocano a parole lo scenario da loro insieme immaginato della seduzione nel *locus amoenus* del giardino delle delizie e lo tratteggiano vividamente, ciascuna per sè, ma anche insieme, nella loro fantasia.

Questa anticipazione discorsiva nel ‚duetto amoroso' delle due donne, nel quale esse si sussurrano a vicenda i codici di seduzione al posto della vittima del loro intrigo, rendendo l'atmosfera sempre più elettrizzante, crea non solo legami segreti tra le due, ma scompiglia e oltrepassa anche le convenzionali gerarchie amorose e di genere. Anche se la reale seduzione nella costellazione tradizionale dei ruoli di genere fallirà, restando una promessa non mantenuta, dopo che lo spillone andrà perso e la catena delle sostituzioni delle parti interrotta, la fantasia erotica condivisa dalle due figure femminili nel momento dell'anticipazione lascia presagire che la sua realizzazione ha già avuto luogo, quantomeno nella loro mente. Così alla situazione della scrittura della lettera, stimolata e surriscaldata dal punto di vista discorsivo, viene a sovrapporsi un istante di inconsapevole felicità, che le due donne

---

[4] Warning 1992. Cf., con riferimento al personaggio di Cherubino, anche Schwan 2021.

assaporano in modo così intenso che l'azione a questo punto si ferma e il loro deliziarsi nell'immaginare la scena da loro architettata dispiega una propria dinamica. Attraverso il ‚Leit'medium rappresentato dalla carta e le tracce corporee che ad esso aderiscono come macchie di sudore o impronte digitali, si trasmette la tensione tra le due protagoniste e si fa strada l'erotismo così liberato.[5]

La lettera nella letteratura / La lettera come letteratura

Il passaggio qui citato offre per così dire un'istantanea sul rapporto tra lettera e letteratura. Esso evidenzia il modo in cui relazioni possono essere prodotte o anche solo simulate attraverso la lettera. Anche se il libretto di *Le nozze di Figaro* non può assolutamente rientrare nel genere della letteratura epistolare, la scena della composizione della lettera è collocata in un punto cruciale della trama e funge da collante emotivo tra le figure che si trovano ad interagire, Susanna e la Contessa.

Dall'esempio qui tratteggiato possiamo trarre delle riflessioni generali riguardo la lettera nella letteratura o la lettera come letteratura. Sia che le lettere entrino in corrispondenza con il loro ambito testuale inserendosi armoniosamente in esso, sia nel caso si pongano invece come corpi estranei, che fermano il flusso del testo e interrompono il procedere degli eventi, in ogni caso esse presentano qualità mediali. Spesso in contesti letterari esse assumono la posizione, paradossale nonché precaria, di mediatori tra la pretesa garantita per iscritto di autenticità e le insidie della finzione. Fino ad un momento tenute alla sincerità, ben presto esse volgono alla simulazione confondendo lettori e lettrici. Non sempre si riesce ad interpretare correttamente i segni e a decifrare in modo giusto il codice sotteso alla lettera. Infatti, il Conte ingenuamente lascia che Susanna gli consegni la lettera composta in accordo con la Contessa che la servetta, furtiva, tira fuori dalla scollatura. Il fidanzato di Susanna, Figaro, assiste segretamente alla scena, fa le sue ipotesi, trae però le conclusioni sbagliate quando Almaviva si punge con lo spillone che sigilla la lettera e lo lascia cadere a terra.

Tra scoperta e manifestazione dei sentimenti nel medium della lettera esiste un divario: la scrittura della lettera in un primo momento libera affetti che però vengono comunicati con una dilazione temporale. Appena messi in circolazione, essi sono già ‚storia', „weil sie", come dice l'io narrante del romanzo di Ingeborg Bachmann *Malina* (1971), „von heute sind und […] in keinem Heute mehr ankommen werden" („perché sono di oggi e non giungeranno più a destinazione in nessun oggi").[6] Come memento di quell'intervallo che esiste tra ieri e oggi le lettere messe in scena nella letteratura rappresentano pratiche culturali del tramandare e anche del dimenticare. Esse sono allo stesso tempo istanze di connessioni e agenti

---

[5] Nel recente film di Céline Sciamma, *Ritratto della giovane in fiamme* (Sciamma 2019), ambientato anche esso alla fine del XVIII secolo, si verifica più o meno lo stesso fenomeno: la giovane pittrice Marianne (Noémie Merlant) viene chiamata da una duchessa (Valeria Golino) per dipingere sua figlia Héloïse (Adèle Haenel). Nel processo di produzione del ritratto, ufficialmente destinato al promesso sposo assente di Héloïse, le due ragazze cominciano a sentirsi sempre più legate l'una all'altra e finiscono per avere una relazione sessuale tanto temporanea quanto appassionata. Nel senso di René Girard (Girard 1961), la pittura funziona qui come *médiateur* del desiderio tra loro, assumendo quindi lo stesso ruolo che la scrittura riveste per Susanna e la Contessa nella scena del duetto di *Le nozze di Figaro*.

[6] Bachmann 1971, 9.

della dissociazione: materiali oggetti di scambio, che cambiano proprietario, vengono trattenuti o restano senza risposta; portatrici di segreti che vengono passate di nascosto, offrono qualcosa da leggere tra le righe o vanno perse. Nella corrispondenza si incrociano e sovrappongono funzione epistolare ed erotica.

La lettera – messa in scena mediale

Questo aspetto si manifesta palesemente nella versione televisiva prodotta, per la televisione austriaca all'inizio degli anni novanta, della nel frattempo leggendaria messa in scena di Peter Sellars di *Le nozze di Figaro*[7] nell'ambito della trasposizione nella New York contemporanea della ‚trilogia' di Mozart/Da Ponte composta, oltre a *Figaro*, da *Don Giovanni* (1787)[8] e *Così fan tutte* (1790).[9] Nella sua versione di *Le nozze di Figaro* viene abilmente utilizzato il latente potenziale erotico del duetto tra Susanna (Jeanne Ommerlé) e la Contessa di Almaviva (Jayne West).[10]

L',atto' della scrittura della lettera si trasforma qui in lasciva fantasticheria in cui la Contessa afferra da dietro la spalla della sua domestica intenta a scrivere e sembra quasi spingerla verso la parete che sta usando come appoggio. Nel momento successivo le due donne si accasciano a terra e, ammaliate dalle loro stesse fantasie, si rotolano di qua e di là inebriate dalle sensazioni che provano. Il biglietto nato dallo scambio di convenevoli amorosi viene portato dalle due donne come un oggetto sacro che le due sembrano adorare e che lasciano scivolare dall'una all'altra. Solo le punte delle loro dita si sfiorano nel passare la lettera eppure sembra che tutto sia stato detto. Senza troppe parole, tra l'altro poco originali, la lettera, solo attraverso le dolcezze evocate e l'atto del passaggio di mano in mano, crea dialogo e relazione, emana segnali che producono reazioni: „Kein Reizwort des Texts vom *zeffiretto* bis zum *boschetto*, dessen Kitzel", dice Volker Klotz, „sie [Susanna und die Gräfin] nicht selbst verspürten" („Non c'è nessuna parola chiave del testo da ‚zeffiretto' a ‚boschetto' la cui prurigine gli sfugge [a Susanna e alla Contessa]"[11]). Questo effetto di riconoscimento viene ulteriormente rafforzato dal fatto che cosiddetta „Canzonetta sull'aria" venga più o meno tradotta: la canzone sulla canzone, anche dal punto di vista musicale ripetuta e rimodellata.[12]

Sellars fa eseguire alle due donne una sorta di danza intorno alla lettera nella cui coreografia l'oggetto del desiderio occupa sempre la posizione centrale, come intermediario – o appunto medium trasportatore – di energie erotiche, forse anche già come anticipazione del successivo girotondo amoroso, poiché la lettera, attraversata dallo spillone, passerà ancora tra molte mani suscitando reazioni di ogni tipo. Al vero destinatario, il Conte, sfuggirà invece l'elemento decisivo: cioè quella struggente estasi affiorata nel corso della genesi della lettera che ha donato a sua moglie e alla domestica un godimento sia individuale che reci-

---

[7]   Sellars 1991.
[8]   Cf. Felten 2019.
[9]   Cf. Schwan 2014.
[10] Disponibile su YouTube al seguente link: https://www.youtube.com/watch?v=kKbugEp80OU [15.02.2021].
[11] Klotz 2000, 160.
[12] Cf. ibid., 159.

proco nel duetto comunicando un inaspettato quanto travolgente „messaggio del proprio sentire al proprio sentire" („Nachricht vom eigenen Gefühl ans eigene Gefühl"[13]). Con il compimento dell'atto della scrittura della lettera il suo appagante surplus erotico si è già consumato ponendosi in contrapposizione alla funzione della lettera di costruire una riuscita comunicazione con un terzo assente. In questo senso conforme e contrario a quello della corrispondenza epistolare si cela un'insidia, che Ingeborg Bachmann ha descritto come „il problema della posta" („das Problem der Post"[14]): le „infiammate lettere" („flammenden Briefe"), scritte qui e ora, non sopravvivono alla giornata. L'esaltante sensazione, che va al di là della funzione di comunicazione, provata dalla Contessa e dalla domestica nel momento in cui si abbandonano in armonia al tono seducente del biglietto sul ritmo di un valzer non può essere catturata né trasmessa dalla lettera. Sentimento ed eccitazione non sopravvivono alla distanza che la lettera deve percorrere. Dal momento in cui viene apposto il sigillo, il mistero, la cui traccia è celata nella lettera, resta inaccessibile. Il circuito delle correnti corporali è interrotto.

Conclusioni

Esempi come questo ci consentono di identificare e differenziare diverse relazioni che intercorrono tra lettera e letteratura. È qui importante considerare caso per caso come i due poli ‚lettera' e ‚letteratura' possono essere rispettivamente messi in relazione l'uno con l'altro e in che modo il fragile status della lettera e il suo apparentemente certificato contenuto di verità – lettura alla lettera (*à la lettre*) e lettura controcorrente, tra le righe – siano dipendenti l'uno dall'altro. I testi epistolari oscillano tra funzione esplicativa e messa in scena performativa, tra natura narrativa e drammatica. Modalità di rappresentazione mimetica e diegetica si ritrovano in concorrenza tra loro. Ciò è ancora più vero dal momento che in nessun punto è possibile fissare un'istanza narrativa e il livello di mediazione narrativa tende allo zero.

In coloro che agiscono ciò suggerisce una maggiore immediatezza dei sentimenti, come altrimenti si trova solo nelle arie d'opera, quando l'azione viene fermata a favore di un minuzioso chiarimento dello stato degli affetti. Anche nella modalità istantanea della lettera si tratta di rendere durevole la costante momentaneità del sentimento. Nella lettera l'emozione viene conservata, visto che essa con ogni nuova formulazione viene mantenuta in vita.[15] Quando l'amore invece è diventato soggetto di un racconto, esso diventa ‚storia' – e viene così privato della sua attualità.

Il duetto in *Le nozze di Figaro* ci fa intuire questo dilemma, in quanto nella combinazione di musica, testo ed elemento scenico l',atto' della scrittura comune della lettera genera un effetto del tutto diverso da quello che ci si potrebbe aspettare. La vita propria che sviluppa il messaggio d'amore codificato nella lettera, fa sì che la scintilla si propaghi ad hoc nelle due autrici, invece di infiammare, dilazionata nel tempo, la passione fra Susanna e il Conte

---

[13]   Ibid., 161.
[14]   Bachmann 1971, 254.
[15]   Cf. Koppenfels 2007, 98 a proposito della logica interna del romanzo epistolare: „Solange die Liebe Liebe ist, kann sie nicht Liebesgeschichte sein – sondern höchstens eine Serie von Briefen".

di Almaviva convocato per lettera. Nella danza degli oggetti che dall'inizio alla fine circolano nell'opera (cappelli, spilloni, fili di cotone, nastri etc.),[16] la lettera segna un momento di pausa, che Sellars mette in scena in modo significativo. La lettera arresta e spezza l'azione per distogliere dal racconto degli eventi e porre al centro dell'attenzione l'evento del racconto,[17] per quanto convenzionale e rudimentario: il mero pronunciare vuote promesse porta in sé – nel momento in cui esse vengono pronunciate – il potere di travolgere affettivamente i soggetti parlanti. Proprio mentre attraverso le retoriche parole d'amore che passano da Susanna alla Contessa si fa strada l'impressione, che il Conte quale vittima designata dell'intrigo debba essere condotto su una falsa pista, improvvisamente in mezzo alle mascherate e agli inganni emerge come dal nulla un momento di verità, effimero quanto inafferrabile.

Allo stesso tempo anche questo resta caratterizzato in modo prevalente da cliché linguistici e viene presto messo in ombra dal proseguimento dell'azione: la messa in atto dell'inganno nel buio della notte. Il gioco degli inganni, la commedia degli equivoci di Mozart e Da Ponte, alla fine non conduce ad un'illuminazione, ad una maggiore trasparenza e sincerità come l'epoca, l'Illuminismo, in cui fu composta richiedeva – neanche grazie al suo entusiasmo per la lettera come apparente finestra sull'anima. Il complotto finale in *Le nozze di Figaro* anzi contribuisce ancora di più a rendere oscure le vere motivazioni di tutti i protagonisti. L'ultimo atto dell'opera, in cui mascheramento e simulazione di nuovo e con piena potenza si fanno valere a spese dei sentimenti sinceri e profondi cosicché con il lieto fine si giunge solo ad una superficiale riconciliazione dei contrastanti interessi, trova infatti la sua giusta collocazione nel buio della notte. Buia come l'abisso che il sentimento deve superare al momento della scrittura di una lettera per poter rimanere intatto nello scorrere del tempo.

Bibliografia

Testi letterari

Bachmann, Ingeborg. *Malina*. Roman. Frankfurt am Main: Suhrkamp 1971.

Mozart, Wolfgang Amadeus. *Le nozze di Figaro / Die Hochzeit des Figaro*. Opera buffa in vier Akten. Libretto von Lorenzo Da Ponte. Italienisch / Deutsch. Stuttgart: Reclam 1990.

Sciamma, Céline. *Portrait de la jeune fille en feu*. France 2019, 122 min.

Sellars, Peter. *Mozart: Le nozze di Figaro*. 2 DVD. London: Decca 1991, 183 min.

---

[16]   Cf. Schwan 2017.
[17]   Secondo Jean Ricardou, la letteratura postmoderna preferisce „l'aventure du récit" a „le récit d'une aventure" (Ricardou 1973, 122–123).

Studi

Barthes, Roland. *Fragments d'un discours amoureux*. Paris: Seuil 1977.

Barthes, Roland. *Frammenti di un discorso amoroso*. Torino: Einaudi 1979.

Clare, Jennifer / Knaller, Susanne / Rieger, Rita / Stauf, Renate / Tholen, Toni (eds.). *Schreib-prozesse im Zwischenraum. Zur Ästhetik von Textbewegungen*. Heidelberg: Winter 2018.

Felten, Uta. „Mozart als TV-Serie? Überlegungen zu Peter Sellars' *Don Giovanni*", in: Stoll-berg, Arne / Ahrens, Stephan / Königsdorf, Jörg / Willer, Stefan (eds.). *Oper und Film. Geschichten einer Beziehung*. München: Edition Text + Kritik 2019, 84–97.

Girard, René. *Mensonge romantique et vérité romanesque*. Paris: Grasset 1961.

Klotz, Volker. *Gegenstand als Gegenspieler. Widersacher auf der Bühne: Dinge, Briefe, aber auch Barbiere*. Wien: Sonderzahl 2000.

Koppenfels, Martin von. *Immune Erzähler. Flaubert und die Affektpolitik des modernen Romans*. München: Fink 2007.

Ricardou, Jean. *Le Nouveau Roman*. Paris: Seuil 1973.

Schwan, Tanja. „Pathos-Formel Körper. Schmerz-Gestalten in postmodernen Opern-inszenierungen von Monteverdi bis Mozart", in: Hiergeist, Teresa / Linzmeier, Laura / Gillhuber, Eva / Zubarik, Sabine (eds.). *Corpus*. Beiträge zum 29. Forum Junge Ro-manistik. Frankfurt am Main: Peter Lang 2014, 25–39.

Schwan, Tanja. „,Con arte le carte convien qui scoprir.' / ,Mit List muss man hier die Karten aufdecken.' Verstellter Eros und ,verunglücktes' Happy End in *Le nozze di Figaro*", in: *Programmbuch zu Christof Loys Neuinszenierung von Mozarts Oper an der Bayerischen Staatsoper München (Oktober 2017)*, 33–42.

Schwan, Tanja. „Crossdresser, liebestoller Schmetterling oder Don Giovanni im Embryo-nalstadium? Cherubinos erotisches Maskenspiel", in: Rothstein, Anne-Berenike (ed.). *Kulturelle Inszenierungen von Transgender und Crossdressing. Grenz(en)über-schreitende Lektüren vom Mythos bis zur Gegenwartsrezeption*. Bielefeld: Transcript 2021, 37–62.

Stauf, Renate. „Zwischenräume: Briefpartnerschaften, Medien und Materialien", in: Clare, Jennifer / Knaller, Susanne / Rieger, Rita / Stauf, Renate / Tholen, Toni (eds.). *Schreibprozesse im Zwischenraum. Zur Ästhetik von Textbewegungen*. Heidelberg: Winter 2018, 111–114.

Warning, Rainer. „Von der Revolutionskomödie zur Opera buffa: *Le nozze di Figaro* und die Erotik der Empfindsamkeit", in: Borchmeyer, Dieter (ed.). *Mozarts Opernfiguren. Grosse Herren, rasende Weiber – gefährliche Liebschaften*. Bern / Stuttgart / Wien: Haupt 1992, 49–70.

Sperimentazioni avanguardistiche tra desiderio, follia e delusione – le lettere d'amore di Grazia Deledda e Sibilla Aleramo

Eva-Tabea Meineke und Stephanie Neu-Wendel

Abstract

Vor dem Hintergrund der existenziellen Krise des Subjekts im Übergang zur Moderne wird im vorliegenden Beitrag der Fokus auf die zusätzlichen Hürden und Konflikte gelegt, mit denen sich insbesondere Frauen im Allgemeinen und Schriftstellerinnen im Besonderen konfrontiert sahen. Am Beispiel von Briefen Grazia Deleddas und Sibilla Aleramos wird exemplarisch aufgezeigt, wie sich – im Rahmen von Liebesdiskursen – das weibliche schreibende Subjekt in einer vermeintlich subalternen Gattung, dem (Liebes-)Brief, konstruiert, erfindet und von patriarchalen Normen abgrenzt. Aufgrund der teils extremen Subjektivierungstendenzen in den Briefen erscheint es legitim, so eine der im Beitrag diskutierten Thesen, eine (Neu-)Verortung der beiden Autorinnen als Vorreiterinnen bzw. Repräsentantinnen einer literarischen Avantgarde in Italien vorzunehmen.

Introduzione: Passaggi

Il passaggio dall'Ottocento al Novecento che nell'ambito letterario italiano vede lo sviluppo della scrittura realista verso forme di espressione più soggettive, si delinea già nella seconda metà dell'Ottocento ed è accompagnato da rapporti più complessi dell'individuo con il proprio contesto familiare e sociale. In seguito al Risorgimento la società italiana è segnata da cambiamenti drastici. Da un lato si tende a solidificare la nazione tornando a radici tradizionali rassicuranti che riguardano anche il ruolo dei generi;[1] dall'altro lato la formazione degli ‚italiani'[2] comporta sfide di apertura verso contesti più ampi, p.e. tramite l'unione linguistica o l'educazione istituzionalizzata a livello nazionale. Con l'avvento della modernità l'individuo si trova ancor più a confronto con la perdita di punti fermi di riferimento garantiti dalla tradizione, dalle società ‚chiuse' di una volta, dalla famiglia borghese. I cambiamenti si concentrano soprattutto nelle città come Milano, Firenze o Roma, accentuando le differenze tra nord e sud, tra periferie e centro/centri e segnando la crisi del soggetto vista come una profonda insicurezza esistenziale e come scoperta della discontinuità e frammen-

---

[1] Cf. Cavallero 1993, 176. Cavallero afferma che „[n]el nuovo panorama politico-sociale di fine ‘800 ed inizio ‘900 tutto incentrato sul concetto di nazione, la figura femminile assume una nuova funzione specifica e centrale. Il macrocosmo, come organismo sociale e politico ordinato e produttivo si fonda e si riflette, infatti, sul microcosmo della famiglia, di cui la donna è, appunto, la figura portante, in quanto crea, col vincolo dell'amore materno, la coesione e l'ordine del nucleo familiare".

[2] Cf. D'Azeglio, Massimo: „Fatta l'Italia bisogna fare gli Italiani", in: Gigante 2011, 5-15.

tazione del proprio ‚io‘;[3] mobilità e apertura permettono allo stesso tempo però anche uno sviluppo personale meno condizionato e più libero.[4]

Il passaggio verso la società moderna richiede all'individuo di „formar[si] un'identità sociale e psicologica"[5] propria, cosa che vale ancora di più per le donne che, per la prima volta, possono affrontare ruoli sociali al di fuori dei contesti familiari tradizionali in cui si trovavano generalmente confinate all'interno del focolare domestico e sottomesse al marito patriarca.[6]

Le due scrittrici trattate nel presente contributo, Grazia Deledda (1871-1936) e Sibilla Aleramo (1876-1960), provengono da contesti geografici e sociali molto diversi della Nuova Italia, ma sono accomunate da „percorsi esistenziali ed intellettuali"[7] simili. Le loro auto-biografie, *Cosima* (1937 pubblicata postuma) e *Una donna* (1906), rivelano infatti

> il senso di estraneità e soffocamento percepito da entrambe le protagoniste, la loro ribellione nei confronti della realtà esterna e di norme familiari e sociali che relega-vano la donna, in quanto tale, a posizioni subalterne.[8]

Ciò che accomuna le due scrittrici, come osservato a proposito dei loro scritti autobiografici, sarebbe quindi l'„auto-rappresentazione di una nuova e più autentica soggettività femmi-nile, sessualmente marcata, che, proprio grazie alla scrittura, si ri-inventa e ri-crea […]"[9] – un'affermazione che, come vorremmo dimostrare di seguito, vale anche o forse ancora di più per le loro lettere all'insegna di un discorso intimo, situato tra desiderio, follia e infine delusione dovuta all'insuperabilità delle differenze tra loro e i rispettivi ‚partner‘ amorosi oppure tra loro e gli uomini nei confronti dei quali affermano sentimenti d'amore e di passione. In realtà la ‚delusione‘ oltre a essere amorosa, a livello artistico-letterario risulta dall'affermazione della donna non ancora avvenuta a pieno e dalla sottovalutazione di sen-timenti che veramente rendono già percepibile il ‚pensiero della differenza sessuale‘: sviluppato più avanti nel secolo da filosofe come Luisa Muraro o Adriana Cavarero. Questo pensiero non vede più la femminilità come „negazione e complementarità della mascoli-

---

[3]   Cf. a proposito della costituzione e costruzione estetica dell'‚io‘ tramite gli epistolari del romanticismo Bohrer 1987, 16-17.

[4]   Il rapporto tra periferia e centro, accompagnato da un'acuta osservazione delle crisi esistenziali in atto nel progresso verso la modernità nel nostro contesto vale ad esempio per Grazia Deledda, e l'accomuna ad altri rappresentanti – maschili – di questo periodo, attribuendole valore anche a livello europeo: „Not unlike Svevo and his peripheral vantage point of Middle-European Trieste, Deledda reverses the marginality of her Sardinian roots into the most radical openness to modernity. The dialectic between the margins and the centre of unified Italian culture enables Deledda, like Svevo, to reflect upon the crisis of the modern Western subject within a critical perspective that expresses the multifaceted texture of European culture of the early twentieth century" (Heyer-Caput 2008, 11-12).

[5]   Bohrer 1987, 16: „eine soziale und psychische Identität zu bilden". Anche se nel contesto concreto della cita-zione Bohrer si riferisce a Kafka, a nostro avviso l'osservazione sembra applicabile anche alla situazione di autrici e autori dello stesso periodo in Italia.

[6]   Come afferma Cavallero (1993, 176) referendosi a Paola Blelloch a proposito del ruolo delle donne in generale e in quanto artiste ed autrici, „[…] il rapporto donna-scrittura, già difficile in passato, diviene ancor più tormentato alla fine dell'Ottocento, perché alle solite difficoltà pratiche s'aggiunge ora la crisi esistenziale generale del tempo, che vede un crollo dei vecchi valori ed instaura un clima d'incertezza".

[7]   Ibid., 178.

[8]   Ibid., 175.

[9]   Ibid., 174-175.

nità", ma sostiene, in riferimento a Luce Irigaray, „la differenza egalitaria".[10] Questa linea di pensiero nel contesto postmoderno degli anni '80 e '90 scopre il potenziale artistico del riconoscimento di differenze strutturali sempre più sottili, oltre a quella tra i generi anche all'interno del singolo soggetto femminile stesso.[11] In questa ottica le scrittrici avanguardistiche come Grazia Deledda e Sibilla Aleramo con le loro sperimentazioni epistolari sarebbero finora state sottovalutate riguardo al loro contributo decisivo per la costituzione del soggetto moderno che nel secondo Novecento sarà alla base del pensiero poststrutturalista e decostruzionista.

Nella fase a cavallo tra Otto- e Novecento le lettere, infatti, in quanto genere di scrittura ‚femminile' – al contrario dell'autobiografia fin da Sant'Agostino, Dante e poi Goethe ritenuta un genere di tradizione ‚maschile'[12] – forniscono, nonostante la svalutazione da parte della critica patriarcale,[13] documenti interessanti di ‚introspezione' per osservare la costituzione moderna del soggetto nel suo tentativo di sempre maggiore differenziazione da mondi esterni prescritti (cf. anche il conflitto pirandelliano tra ‚vita' e ‚forma')[14] e nella sua libertà di confondersi con mondi immaginari.

Malgrado la percezione delle lettere come genere ‚minore', inteso in senso spregiativo, gli epistolari del periodo di passaggio verso la modernità cominciano a occupare ruoli più pertinenti alla scrittura letteraria; essi vengono quindi interpretati non (solo) come „documenti psicologici e autobiografici",[15] ma rappresentano invece luoghi in cui „l'io scrivente" crea un'immagine di sé, una „soggettività estetica"[16], e fungono inoltre anche da campo di sperimentazione di nuove forme di espressione.[17]

---

[10] Kahlert 2010, 94: „Diese Italienerinnen stellen in Anlehnung an Luce Irigaray (1979, 1980) die These auf, dass die Geschlechterdifferenz im abendländischen Diskurs bisher nicht als egalitäre Differenz gedacht worden sei, sondern sich innerhalb einer Identitätslogik bewege, in der Weiblichkeit nur als Negation und Komplementarität von Männlichkeit gelte".

[11] Cf. ibid.: „‚Differenz' ist in diesem Ansatz [der italienischen Differenzdenkerinnen] eine offene Potenzialität und ähnelt der von Jacques Derrida (z.B. 1990) als *différance* benannten Kunstfigur, einer strukturellen (nicht inhaltlichen!) Qualität des Unterschieds, die weder hör- noch sprechbar ist. [...] Die Differenzdenkerinnen unterscheiden neben der Differenz zwischen den Geschlechtern noch die Differenz von Frauen (z.B. durch Klasse, ethnische Zugehörigkeit) und die Differenz innerhalb jeder einzelnen Frau (durch die verschiedenen Erfahrungs- und Reflexionsdimensionen). Das zugehörige Subjekt ist gespalten, fragil, immer prozessierend und jenseits der (Geschlechter-)Differenz nicht denkbar".

[12] Cf. Cavallero 1993, 175. Küpper (2019, 31) vede uno dei motivi della ricezione problematica della Deledda in Italia e anche nel mondo nel confronto, sempre implicito, con le ‚tre corone' della letteratura italiana: Dante, Petrarca e Boccaccio.

[13] Cf. Salsini 2010, 7, a proposito del connubio tra lettere, romanzi epistolari e la posizione marginale e gerarchicamente inferiore delle scrittrici: „[W]hen letter writing evolved into letter fiction, an interesting shift in critical assessment took place. Although early female-authored epistolary novels were often a popular success, they were speedily dispatched to a literary graveyard, for when the male critical establishment coupled women's writing with the epistolary mode it soon became devalued as a genre".

[14] Pirandello otterrà il Premio Nobel nel 1934, otto anni dopo la Deledda.

[15] Bohrer 1987, 13; „psychologisch-autobiographische Dokumente".

[16] Ibid., 12; „ästhetische Subjektivität". Bohrer elabora questo concetto in riferimento a lettere scritte da rappresentanti tedeschi del romanticismo, classificandole come „autonome Texte [...], in denen das Ich sich gewissermaßen erst semantisch findet, erfindet" (ibid., 13).

[17] Cf. ad esempio la *Lettera di Lord Chandos* di Hugo von Hofmannsthal del 1902, una lettera finzionale considerata il ‚manifesto' della crisi linguistica; cf. a riguardo della dissociazione e del ritrovamento del soggetto in questa lettera di Hofmannsthal Ebrecht 1990, 244.

Per tornare alle due scrittrici al centro del nostro contributo, si può ulteriormente constatare che per mezzo dell'espressione letteraria e della scrittura come bisogno anche „fisico",[18] Deledda e Aleramo hanno conquistato infine „maggiore libertà d'azione ed una rinascita come donne e come artiste".[19] Scrivendo, queste donne si creano uno spazio proprio, un certo margine di libertà all'interno dei contesti ristretti del tempo e delineano la loro identità differenziandosi da significati altri, imposti dall'esterno.[20] La loro „posizione personale [è] di *differenza* più che di inclusione",[21] la donna si crea e autodefinisce nelle parole.[22] Nelle lettere questa autodefinizione avviene includendo soprattutto anche problemi e conflitti di natura psichica accentuati dal confronto col genere maschile[23] e, nel caso di entrambe le scrittrici da noi analizzate, anche da un rapporto difficile con la madre e quindi dalla mancanza di un esempio femminile portante.[24]

La profondità psicologica si riscontra soprattutto nelle lettere di stampo amoroso: nel dialogo amoroso il soggetto aspira alla costituzione di un mondo del tutto privato condiviso con la persona amata, una „Nahwelt"[25] nelle parole di Luhmann, che sia in grado di sostituire la perdita dei contesti tradizionali, anche provinciali, e che allo stesso tempo permetta l'esibizione intima in piena libertà, anche del tutto irrazionale, capace però di tracciare nuove forme sia dell'io sia del mondo. La „Nahwelt" di Luhmann rimane in uno stato di continua „*differenza*" dal mondo esterno, la „Fernwelt", un fatto che aumenta ancora di più la complessità e la contingenza delle possibilità dell'esperienza soggettiva.[26] Nel contesto intimo l'individuo si differenzia in modo ancora più sottile anche dal partner amoroso costituendo se stesso quindi in modo ancora più scolpito. Sempre in riferimento a Luhmann e alla sua teoria dell'amore-passione, „l'amore non è un sentimento bensì un codice di comunicazione che rende percepibile la differenza e che esalta anche la non-corrispondenza"[27] dei due soggetti.

In questo contributo vorremmo dimostrare che le lettere femminili, in questo particolare caso quelle di Grazia Deledda e Sibilla Aleramo, incentrate sulla descrizione e sull'analisi di sentimenti amorosi e passionali, sono particolarmente adatte a delineare il passaggio verso il modernismo e le nuove forme di espressione del soggetto che, in un mondo mo-

---

[18]   Deledda, Grazia. *Cosima*. Milano: Mondadori 1992, 75, citato in Cavallero 1993, 176.

[19]   Cavallero 1993, 175.

[20]   Per quanto riguarda la Deledda, le sue lettere giovanili mostrerebbero infatti „un animo tormentato e appassionato di fanciulla, che anela ad evadere dalle regole restrittive di un ambiente dove solo gli uomini possono esprimere i loro sentimenti e agire liberamente […]" (Sanguinetti Katz 1996, 30).

[21]   Cavallero 1993, 176, corsivo nell'originale.

[22]   Cf. Miller 1991, 15, citato in Cavallero 1993, 179: „the female autobiographer constructs herself in the language".

[23]   Cf. a proposito di questa tendenza nel primo Novecento Ebrecht 1991 e 1990, 244: „[Briefe] interessierten jetzt vor allem in ihrer Eigenschaft, innerpsychische Konflikte und Probleme zwischenmenschlicher und zwischengeschlechtlicher Beziehungen zu thematisieren". Cf. anche l'importanza delle donne per Freud nello sviluppo della psicanalisi, p.e. negli *Studi sull'isteria*, Breuer / Freud 2003.

[24]   Cf. a proposito della „genealogia femminile" Kahlert 2010, 95, che si riferisce alla teoria psicanalitica del ‚pensiero della differenza sessuale' (p.e. Muraro 1991).

[25]   Luhmann 1982/2012, 17.

[26]   Ibid., 18.

[27]   Ibid., 23-24: „In diesem Sinne ist das Medium Liebe kein Gefühl, sondern ein Kommunikationscode […] und es ist der Code, der Differenz erfahrbar werden läßt und die Nichterfüllung mitexaltiert".

derno sempre più omogeneo, tendono ad una differenziazione particolarmente intima. Queste lettere non solo forniscono alle donne/autrici una voce propria, ma permettono loro anche di far trapelare nuove forme di comportamento femminile lasciando intravedere nuovi tipi di „eroine epistolari".[28] Il carattere femminile, che in queste nuove costellazioni si rivela più saggio, più intraprendente, impegnato e produttivo rispetto al partner amoroso, entra attivamente nel mondo circostante, ad esempio essendo artista/scrittrice che negozia con i propri editori.[29]

Prima di confrontarci con gli epistolari delle due scrittrici in questione, bisogna far notare che Grazia Deledda e Sibilla Aleramo sono spesso state snobbate dalla critica e accusate soprattutto di „realismo verista troppo patetico e non sufficientemente oggettivo" la prima e di „soggettivismo eccessivo confessionale" la seconda.[30] In realtà – e questa potrebbe essere una possibile tesi complessiva – proprio questa soggettività portata agli estremi da parte delle voci femminili anticipa in un certo qual modo già la „disparizione del soggetto"[31] a favore del testo, che richiederà una maggiore partecipazione da parte del lettore.[32] Questo ulteriore passaggio, dalla soggettività spinta agli estremi alla focalizzazione dell'attenzione sul testo, che, posto al centro, viene arricchito di una rete di riferimenti intertestuali, è generalmente datato più in là nel corso del Novecento e, in realtà, demarca il passaggio verso l'epoca postmoderna. I testi femminili potrebbero essere quindi anche intesi come precursori, nel periodo modernista, di forme di soggettività estremizzata e in quanto tali sarebbero da (ri-)valutare come particolarmente d'avanguardia.

Grazia Deledda: „Amore e Gloria!"

Le lettere di Grazia Deledda, trattate nel presente contributo, sono indirizzate a Stanislao – Stanis – Manca, proveniente da una famiglia aristocratica di Sassari. Al tempo del loro scambio epistolare vive e lavora a Roma come redattore e critico teatrale del prestigioso quotidiano *La Tribuna*, mentre Grazia Deledda vive presso la propria famiglia a Nuoro.[33] Come si potrà osservare di seguito, le lettere sono contrassegnate da un sovrapporsi continuo del mondo reale al mondo immaginario e quindi alla dimensione interiore della scrittrice. Inoltre sono segnate da una serie di contrasti: periferia-centro, donna-uomo, Deledda-Manca. Tali opposizioni inducono la scrittrice all'elaborazione più dettagliata possibile della propria soggettività.[34] Fin dagli esordi letterari nel 1888, il paesaggio naturalistico e umano della

---

[28] Cf. Salsini 2010, 48: „new type of epistolary heroine".
[29] Ibid., 48, 49.
[30] Cavallero 1993, 178.
[31] Bürger 2001.
[32] Cf. Salsini 2010, 146: „narrative strategy [...] *calls* for [...] a more active participation in the interpretation of the text", corsivo nell'originale.
[33] Cf. Folli 2010, 7, e Sanguinetti Katz 1996, 33; il saggio di Giuliana Sanguinetti Katz è uno dei pochi testi che si occupano estesamente del carteggio Deledda-Manca.
[34] Sarebbe, infatti, proprio quest'appartenenza duplice e sofferta, questo cercarsi un posto tra periferia e centro, insieme alla posizione difficile di osservatrice ‚dal margine‘, a permettere lo sviluppo dell'ottica modernista di Grazia Deledda: „It is in this dual cultural citizenship, which corroborates the reversed hierarchy of the margins and the centre in the ‚minor literatures‘ of modernity, that Deledda's ‚sardità‘ – the rootedness of her

vasta produzione letteraria di Grazia Deledda resterà legato alla Sardegna; allo stesso tempo, l'autrice nutre un forte desiderio di far parte di un mondo, anche letterario, più ampio e dai respiri più larghi.[35]

Questo desiderio trapela spesso dalla corrispondenza epistolare con Stanis Manca iniziata nel 1891. È lui ad avviare la corrispondenza con Grazia Deledda, chiedendole di contribuire, con un articolo su Nuoro, ad un volume dedicato alla Sardegna.[36] Il loro scambio di lettere suggerisce l'immagine di una scrittrice esordiente consapevole della propria bravura e determinata a non rinunciare al suo desiderio di successo letterario – un desiderio che si avvererà anche senza l'aiuto di Stanis Manca, e che sarà reso visibile a livello internazionale dal conferimento del premio Nobel nel 1926.[37]

L'edizione critica alla quale si fa riferimento in questa sede[38] contiene le lettere di Grazia Deledda a Stanis Manca, ma non le risposte di quest'ultimo. La presenza ‚fantomatica'[39] di

---

        work in the geographical and historical landscapes of Sardinia – becomes more and more clearly a narrative metaphor for the moral and epistemological crisis of the modern European subject" (Heyer-Caput 2008, 12).

[35]   Mentre la vita privata di Grazia Deledda non è segnata da rotture con le convinzioni del tempo – si sposa nel 1900 e segue il marito, un impiegato statale, a Roma (cf. Küpper 2019, 34) –, spesso i personaggi – femminili – dei suoi romanzi lottano contro norme e strutture morali e sociali, che oltre la superficie realistica fanno intravvedere fratture e abissi psicologici, come viene osservato a proposito di uno dei primi romanzi di Grazia Deledda, *Elias Portolu*, anch'esso del 1900: „Die offizielle Moral, so wird hier schon deutlich – dies ist ein Orgelpunkt von Deleddas Werk – ist eine diskursiv produzierte Fassade, hinter der sich Abgründe verbergen […]" (Ibid., 36).

[36]   Cf. Folli 2010, 7.

[37]   Nonostante questo successo, ancora recentemente Deledda non viene presa in considerazione in quanto rappresentante della modernità, e ciò è riconducibile al fatto della sua „dual marginality, as a woman writer and an allegedly regional writer […]" (Heyer-Caput 2008, 8). Cf. anche Küpper 2019, 32, che parla della „Gender-Diskriminierung" come ragione della marginalizzazione di Grazia Deledda nella storiografia letteraria.

[38]   *Grazia Deledda. Amore lontano. Lettere al gigante biondo (1891-1909)*, curata da Anna Folli, Milano: Feltrinelli 2010; in seguito si cita da questa edizione. Folli si è occupata anche della pubblicazione dei taccuini di Sibilla Aleramo (Feltrinelli, 2002) e ha scritto la prefazione all'edizione feltrinelliana ([60]2019) della sua autobiografia *Una donna*. „Gigante biondo" fa riferimento a un brano del romanzo autobiografico deleddiano *Cosima*, nel quale la protagonista Cosima, scrittrice esordiente, riceve come ospite „da una città lontana" un „alto, grasso biondo giornalista" (Deledda 2007, 138; cf. a proposito anche Folli 2010, 7). Per quanto riguarda la sfida deleddiana nei confronti del sistema (letterario) patriarcale, personificato da Manca, va accennato alla rappresentazione scredante di Cosima da parte del giornalista e il commento ‚autoriale' ironico che ne segue e che rivendica la superiorità della ‚marginalizzata' Cosima: „(Oh, grande uomo biondo che vivi nella metropoli a contatto col mondo più tumultuoso, tu non saprai mai per tua esperienza quello che Cosima conosce attraverso la propria)" (Deledda 2007, 139). L'articolo fittizio in *Cosima* fa riferimento, anche a livello lessicale, ad un ‚Medaglione sardo' su Grazia Deledda da parte di Stanis Manca, uscito nella rivista *Vita sarda* il 14 febbraio 1892: anche se in questa sede l'argomento non potrà essere approfondito, va comunque accennato all'uso ricorrente di termini come ad esempio „giovinetta" e „piccola", all'evocazione continua della provenienza ‚provinciale' di Grazia Deledda, alla sua giovane età e alle svariate accuse di „romanticismo" e „sentimentalismo"– una retorica, quindi, intesa a mettere in rilievo la posizione subalterna di Grazia Deledda e a relegarla, sotto le spoglie di un elogio, al posto che le ‚spetterebbe' (cf. a proposito del ‚Medaglione' anche Folli 2010, 49-50, note 44 e 45, e la ristampa del testo in ibid., 181-190).

[39]   Cf. in riferimento al ruolo di ‚fantasmi' (‚fantômes') per la conoscenza di sé da parte del soggetto nel modernismo e nell'avanguardia europei André Breton: *Nadja* (1928), in: Breton 1988, 647. Qui il fantasma è, al contrario, la donna sfuggente, come lo indica il titolo dell'opera narrativa di Breton; cf. anche il mito della ‚passante' fin da Baudelaire.

Stanis Manca si avverte soltanto indirettamente tramite brevi citazioni dalle sue lettere e dalle risposte di Grazia Deledda a domande concrete da parte sua. Grazie al fatto che Manca, come interlocutore, rimane praticamente muto, è possibile concentrarsi quasi esclusivamente sull'autorappresentazione deleddiana, segnata, come osservato in generale a proposito del suo epistolario degli anni d'esordio, dall'„oscillation between self-consciousness and crisis of the subject".[40] Questo ritrovarsi ‚in bilico' è da considerarsi come campo di sperimentazione prettamente modernista, che nel caso della ‚categoria margine' delle donne è ancora più esposto alle difficoltà da affrontare.[41]

L'inizio dello scambio epistolare è all'insegna di una dimensione ‚pragmatica', non ancora ‚amorosa'. Grazia Deledda, già nella sua seconda lettera a Stanis Manca, rivela infatti il suo desiderio di farsi strada nella ‚repubblica delle lettere', chiedendo apertamente aiuto al compatriota sardo. Queste prime lettere veicolano spesso l'immagine di una scrittrice di provincia bisognosa di aiuto, un tratto particolare già osservato in altri contesti, ad esempio in alcune lettere destinate ad editori e altri scrittori, e descritto come „[...] atteggiamento in genere umile e sottomesso, da persona sprovveduta e bisognosa di aiuto [...]".[42] Questo è però soltanto un lato dell'autoritratto di Grazia Deledda:[43] da una lettera a Manca del 9 giugno 1891, impregnata di un atteggiamento ironico, emerge l'immagine di un'artista che non vuole essere limitata da vincoli sociali e morali e sfida la gerarchia dei generi, intesa nel doppio senso della parola:

> [...] con la mia franca confidenza le dimostro che le sue tre lettere le hanno procurato una piccola e sincera amica d'arte che farà tutto il possibile per farle cambiare d'opinione circa le donne che scrivono! È vero, abbiamo anche noi i nostri orribili difetti, fra i quali non ultimo quello di scrivere lettere come la presente ad uomini che non conosciamo, il che è un orrore per le altre donne, ma... chi ci condannerà? Siamo tutti figli di una stessa madre, l'Arte [...].[44]

Dietro l'apparente umiltà – Grazia Deledda si descrive come „piccola" – e la vena ironica visibile nell'esagerazione „orribili difetti" cela la rivendicazione del diritto delle donne di essere considerate, in quanto scrittrici, alla pari degli uomini – un argomento che costituisce un filo rosso di rilievo nell'intero epistolario.[45] A questo fine a livello linguistico la scrittrice unisce in modo molto raffinato termini tradizionalmente attribuiti al genere maschile, come ‚dimostrare' o ‚scrivere', a valori di connotazione ‚femminile', per esempio ‚confidenza', ‚lettere', ‚donne'. In più, Grazia Deledda stabilisce un rapporto quasi ‚intimo' con il giornalista in fondo sconosciuto: il richiamo all'arte come ‚madre' le permette di abolire ogni divario tra lei e Stanis Manca e di avvicinarsi idealmente a lui come ‚fratello', come un com-

---

40   Heyer-Caput 2008, 13.
41   Cf. nota 6 della parte introduttiva di questo contributo.
42   Sanguinetti Katz 1996, 30.
43   Cf. ibid.
44   *Lettera del 18 giugno 1891*, 63.
45   Grazia Deledda distingue, in questo brano, le „donne che scrivono" da „le altre donne" e introduce quindi una differenziazione, che afferma la già menzionata tesi della differenza del singolo soggetto femminile all'interno del gruppo delle donne (cf. nota 11 della parte introduttiva di questo contributo).

pagno allo stesso tempo distante e vicino.[46] In questo atteggiamento si rispecchia una caratteristica generalmente riscontrabile negli epistolari dell'Ottocento:

> Persönliche Briefe sind Ausdruck des Wunsches, einer anderen Person in Gedanken nahe zu sein, mit ihr in Gedankenaustausch zu treten, unabhängig von der Entfernung. Dabei wird die geistige Nähe nicht durch die unmittelbare körperliche Gegenwart des anderen gestört.[47]

Quest'argomentazione aiuterebbe eventualmente a spiegare perché Grazia Deledda esiti a inviare una sua fotografia a Stanis Manca, trovando sempre nuove scuse per il ritardo. Pare che non voglia permettere ad un'immagine apparentemente ,oggettiva', alla corporalità, anche se soltanto in fotografia, di sovrapporsi alla realtà alternativa, soggettiva, alla rappresentazione ideale di sé creata nelle lettere e impregnata di forti riferimenti intertestuali, che indicano il nesso intimo tra ,vita' e ,arte', ovvero di finzione e realtà. Questi riferimenti intertestuali vengono ripresi anche dal titolo dell'edizione critica delle lettere di Anna Folli, *Amore lontano. Lettere al gigante biondo. Amore...lontano* è il titolo di una novella di Grazia Deledda, pubblicata nel 1892, cioè nel periodo in cui ha inizio il rapporto per corrispondenza, appunto lontano da Stanis Manca, sia per quanto riguarda la distanza geografica, che per gli ideali e le convinzioni diametralmente opposti, soprattutto a proposito del ruolo delle donne nelle società e nell'arte. La novella tratta dell'amore „impossibile e umiliante"[48] di una pittrice per un giovane, idealizzato come „biondo cavaliere dei miei sogni eterei e sovrumani".[49] Questa descrizione riecheggia nelle parole con le quali Grazia Deledda descrive Stanis Manca, ad esempio „mio biondo amico",[50] ed è la scrittrice stessa a suggerire, sotto forma di negazione, un'eventuale analogia:

> Avete letto nel volumetto *Amore regale*, la seconda novella intitolata *Amore... lontano*? Vorrei scommettere che sotto le spoglie degli eroi, vissuti solo nella mia fantasia, avete voluto ritrovare me e voi [...].[51]

Grazia Deledda oltrepassa sempre di più i confini tra realtà e finzione; nel periodo dopo un incontro dei due a Nuoro, avvenuto nel settembre del 1891, si nota anche un cambiamento stilistico. Pare che il contatto con il mondo ,reale', cioè con Stanis Manca in carne e ossa, e non più soltanto in carta e inchiostro, abbia spezzato il loro rapporto ,spirituale' e portato a

---

[46] Con l'evocazione dell'amicizia, Grazia Deledda introduce un concetto basato non su una gerarchia rigida, verticale, ma piuttosto su rapporti alla pari, orizzontali (cf. a proposito del carattere reciproco, simmetrico dell'amicizia Heidemann 2012). In più, la genealogia matriarcale, evocata dall'appello all'arte in quanto ,madre', capovolge ironicamente le presunzioni patriarcali di Stanis Manca.

[47] Baasner 1999, 2.

[48] Sanguinetti Katz 1996, 36.

[49] Folli 2010, 156, nota 48. Come si evincerà in seguito anche da altri esempi, la dimensione onirica, intesa come liberatrice e allo stesso tempo più intima, verrà contrapposta in modo ricorrente alla realtà ,materiale', percepita come vincolante e piena di restrizioni.

[50] *Lettera del 9 agosto 1892*, 109.

[51] *Lettera del 9 agosto 1892*, 108. Anche in questo caso, si tratta quindi dell'affermazione implicita di un continuo sovrapporsi tra realtà e immaginazione. Deledda gioca con l'incapacità di Manca di ,indovinare' le sue intenzioni: anche se l'autrice nega ogni rassomiglianza, Manca non potrà mai sapere con sicurezza se i personaggi immaginari non celino riferimenti a persone vere, ovvero a loro due stessi. Cf. Sanguinetti Katz 1996, 36, a proposito dell'„amore di fantasia" di Grazia Deledda per Stanis Manca.

una delusione: nella persona ‚vera' non ritrova più il personaggio immaginato, proiezione dei propri desideri e ideali. Il loro scambio epistolare continua ancora per qualche mese fino al silenzio improvviso da parte di Manca. Dalle lettere che Grazia Deledda continua a spedire, trapela che il suo interlocutore non viene più stilizzato come ‚fratello artistico', ma come ‚oggetto'[52] di un amore passionale, non corrisposto. Ne risultano lettere intense, descritte da Anna Folli come „quasi deliranti".[53] Per un certo periodo, Grazia Deledda evita però ancora di mettere in scena l'esibizione di passioni ‚intime' e si sofferma piuttosto su uno dei temi centrali di tutto il suo epistolario, cioè sul suo diritto di ottenere un adempimento – sia nella vita privata che nella carriera letteraria; questo suo desiderio fervente si rispecchia in modo emblematico nei suoi ‚termini-manifesto' ricorrenti, „Amore e Gloria":

> Ecco, Stanis, io ho due passioni in cuore, due passioni ardenti, indomabili, che sono il pernio della mia esistenza, la mia vita medesima. Sono il mio motto, l'impresa cavalleresca dell'anima mia: Amore e Gloria! – Sì, io amo, profondamente, assolutamente, esclusivamente, forse più di voi, – ma insieme alla immensa passione della mia fanciullezza, ho il sogno continuo, tormentoso, febbrile della celebrità.[54]

Il campo semantico al quale Grazia Deledda ricorre in questa lettera è quello della ‚malattia d'amore': si parla di passioni indomabili, di tormenti e sogni febbrili, il tutto rinforzato dall'iperbolismo veicolato da espressioni come l'asindeto „profondamente, assolutamente, esclusivamente". Bisogna però sottolineare che le passioni descritte da Grazia Deledda non riguardano soltanto l'amore, ma alla pari anche il desiderio di successo e affermazione della sua soggettività. Con ciò, l'autrice trasgredisce i confini di ciò che le spetterebbe riguardo al suo ruolo nella società, in quanto donna: invece di anelare esclusivamente all'amore a livello morale, cioè come matrimonio, e con esso ad una posizione sociale sottomessa, esprime, al contrario, con parole ‚taglienti come un'arma', la sua „impresa cavalleresca dell'anima": il forte e irrefrenabile desiderio di passione da un lato e la sua volontà di ottenere successo in un campo in generale ‚riservato' agli uomini dall'altro. Dalla sua posizione marginale rivendica quindi con fermezza il „pernio della [sua] esistenza", la partecipazione a entrambi: amore e gloria, periferia e centro.

Infatti, come si evince dalla lettera seguente, pare che Manca la critichi proprio per queste sue ambizioni così ‚fuori luogo' (in realtà sicuramente ‚fuori tempo'). Grazia Deledda risponde con una difesa ardente, attaccando la posizione patriarcale di Stanis Manca, che la vuole relegare al ‚classico' ruolo femminile, rinfacciandole di voler, in fin dei conti, la fama come mezzo per un matrimonio vantaggioso. La lettera termina poi con una dichiarazione d'amore:

> Secondo voi, forse, io sogno la celebrità per me, – per egoismo perverso e spaventoso, – per acquistarmi un grado, una ricchezza... un marito altolocato e illustre!... E prostituisco l'amicizia, l'amore, l'ingegno, tutto, per i miei fini ambiziosi ed egoisti!...

---

[52] Manca funge da ‚oggetto' in quanto appare come una sorta di ‚schermo di proiezione' per le emozioni e i desideri articolati da Grazia Deledda.

[53] Folli 2010, 39.

[54] *Lettera del 9 agosto 1892*, 109. Tramite il riferimento intertestuale alla sua „impresa cavalleresca", Deledda inverte e supera razionalmente un contesto ‚romanzesco' di stampo boiardesco o ariostesco, nel quale i paladini e cavalieri inseguono sì i loro ideali, ma spesso senza una meta precisa e talvolta a costo della perdita del senno, a differenza della scrittrice.

> Ah, come siete cattivo a dirmi queste cose, e quanto mi fate arrossire, e quanto mi
> fate soffrire!... ma che cosa vi ho fatto mai, cosa vi ho fatto?... […] Perché… non
> l'avete compreso… no, non l'hai compreso, oh, Stanis, non l'hai compreso,… che ti
> amo sempre… che ti amo tanto… tanto, tanto… da morirne?...[55]

La lettera in questione è una delle più suggestive della raccolta, sia per quanto riguarda il
contenuto, sia per i cambiamenti stilistici rispetto alle lettere precedenti. Infatti, interiezioni
come „oh" e „ah", domande retoriche, figure stilistiche come il polisindeto, ripetizioni, frasi
sconnesse, lasciate in sospeso, che ricordano quasi uno *stream of consciousness*, corrispondono alla dichiarazione di sentimenti contrastanti. Da notare è, in questo contesto, anche il
fatto che Grazia Deledda, rivolgendosi a Stanis Manca, passa dal „voi" al „tu", abbattendo
così anche lessicalmente il divario tra loro due. L'immagine di sé creata da Grazia Deledda
rispecchia pienamente l'esperienza dell'amore come ,passione', intesa come sofferenza e mal
d'amore.[56] Nonostante l'intensità nella descrizione del suo stato ,passionale', si può notare
una vena ironica: Deledda proclama di arrossire sotto le accuse di Manca, come un'attrice
sul palcoscenico, e gioca quindi abilmente con lo stereotipo della donna vulnerabile, non in
grado di controllare le proprie emozioni. L'analisi lucida della posizione inferiore di
scrittrici rivela invece un atteggiamento molto razionale: utilizzando il termine ,prostituirsi',
essa accusa Manca, e con lui gli esponenti del sistema patriarcale, di giudicare le donne di
successo secondo un codice morale rigido e ipocrita contrassegnato dal dualismo ,matrimo-
nio', e quindi aderenza a norme sociali, e ,prostituzione', intesa come degrado morale e fisico. In più, Deledda veicola una critica al sogno di successo di stampo maschile, che mira
solamente all'ascesa sociale e all'accumulo di ricchezze materiali, opponendone nuovamente ad esso una dimensione ideale, quella di una soggettività ,sincera' e di un rapporto
reciproco, alla pari, basato su amicizia e amore.

Grazia Deledda reclama per sé il diritto di ,esagerare' su tutti i fronti, di trasgredire, sia
per quanto riguarda le sue aspirazioni letterarie, sia per quanto riguarda l'intensità delle sue
passioni, e di contestare norme e gerarchie patriarcali, personificate, nelle sue lettere, da
Stanis Manca. Come accennato già nell'introduzione, Deledda, nelle sue lettere, si crea
quindi un margine di libertà, costruendo – con mezzi stilistici ,poetici' – una propria
,soggettività estetica', contrassegnata dal continuo sovrapporsi tra realtà e finzione,
mostrando una forte autoconsapevolezza e la volontà di immergersi nel sondaggio profondo di sentimenti contrastanti e di esplorare a fondo la crisi del soggetto femminile scrivente. Va però sottolineato anche l'altro aspetto, non meno importante, che emerge dalle
lettere: l'atteggiamento pragmatico della scrittrice, che lavora senza sosta per la sua carriera,
mostrando grandi capacità organizzative, servendosi ad esempio dei contatti letterari di
Manca per promuovere i propri scritti.[57] In questo modo Grazia Deledda si muove in modo

---

[55] *Lettera del 16 agosto 1892*, 115-116.
[56] Cf. Luhmann 1982/2012, 30. Cf. Sanguinetti Katz 1996, 38-39 per un approfondimento dell'espressione
     amorosa come malattia e sofferenza nelle lettere in questione.
[57] Cf. Folli 2010, 192; Folli mette in rilievo il carattere ,finzionale' delle lettere, attestando che Grazia Deledda
     „comincia a costruire il suo personaggio" attraverso i vari carteggi, assegnando „ruoli epistolari" ai vari
     rappresentanti della ,repubblica letteraria' con cui corrisponde, in modo da tessere una fitta rete di contatti
     utili (cf. ibid.). In più, Sanguinetti Katz, sempre in relazione alle lettere indirizzate a Manca, parla del „lato
     pragmatico e organizzativo della scrittrice per quel che riguarda i suoi lavori, quando si rivolge al giornalista
     con tono sbrigativo e sicuro di sé […]" (1996, 35).

strategico: all'interno del discorso tra i generi cerca il parziale adattamento alle convenzioni sociali del tempo ai fini di poter esprimere ed affermare la propria ‚differenza' in quanto soggetto femminile autentico ed unico. Questa ricerca di una soggettività ‚autentica' segna in modo ancora più drastico, come si vedrà nel paragrafo successivo, le lettere di Sibilla Aleramo.

Sibilla Aleramo: „O la morte o la gloria!"

Il carteggio di Sibilla Aleramo con Dino Campana si svolge dal giugno/luglio 1916 fino all' ultima lettera di Campana datata 17 gennaio 1918, scritta dal Manicomio di San Salvi nei pressi di Firenze. Lo scambio epistolare si situa quindi in piena Prima Guerra Mondiale e nella fase dell'affermazione avanguardistica in Italia. Da quest'ultima la relazione di Campana ed Aleramo è fortemente segnata in quanto supera i limiti imposti dalla società del tempo spingendosi oltre, in un mondo a due in cui vita e arte non si distinguono più e si fondono in una cosa sola.[58] La loro è una relazione amorosa estasiata, che si nutre di poesia e si porta in sfere fuori dallo spazio e dal tempo. Si potrebbe anche parlare di *amour fou*.[59] La follia poetica in questo caso, a differenza della storia di Grazia Deledda con Stanis Manca, trova riscontro nella follia amorosa. E quest'ultima può essere vista come massima espressione della soggettività autentica. Come spiega Barthes nei *Fragments d'un discours amoureux*: la follia amorosa – a differenza del rimbaudiano „„*Je est un autre*'", che designa la follia come „un'esperienza di spersonalizzazione" („une expérience de dépersonnalisation") – fa sì che il soggetto diventi veramente tale – „*Je ne suis pas un autre*" – e questa autenticità renderebbe folle.[60] Mentre Sibilla Aleramo riesce a uscire sempre di nuovo da queste fasi di estasi riallacciandosi al mondo esterno e concentrandosi sulla propria produzione e affermazione letteraria, Campana al contrario si perde sempre di più nei suoi disturbi psichici che lo portano ad una vera e propria nevrastenia, segnata da „idee deliranti di grandezza e di persecuzione",[61] a un certo punto non più gestibile dal contesto sociale; infatti dal manicomio dove entra nel gennaio del 1918 (prima San Salvi di Firenze, poi il cronicario di Castel Pulci nel comune di Badia a Settimo), non ne uscirà più fino alla sua morte avvenuta il primo marzo del 1932.[62]

In seguito, sarà analizzata la voce di Sibilla Aleramo in questo carteggio composto, oltre alle lettere di Dino Campana, anche da quelle di altre persone che si muovevano nel contesto sociale della coppia.[63]

Si può notare che la voce di Sibilla è tripartita allo stesso modo della psiche umana nell'analisi dell'io di Freud, che però è formulata per la prima volta solo ne „Das Ich und das

---

[58] Cf. Conti 2002, 9.

[59] Cf. Meineke 2008.

[60] Barthes 1977, 142.

[61] Pariani 1938, 29, citato da Bonifazi 2004, XVIII.

[62] Cf. Conti 2002, 29; Bonifazi 2004, XVIII-XX.

[63] L'edizione più recente delle lettere è quella curata da Bruna Conti, uscita in nona edizione nel 2002 presso Feltrinelli/Milano, intitolata *Sibilla Aleramo, Dino Campana: Un viaggio chiamato amore. Lettere 1916-1918*. In seguito si cita da questa edizione.

Es" del 1923.[64] La prima voce – corrispondente all'io di Freud – è quella di una donna forte, libera, in carriera. Sibilla è la scrittrice di *Una donna*, pubblicato nel 1906, e agli occhi di Dino Campana rappresenta il mondo intellettuale di Firenze, in cui dopo aver lasciato il marito nel 1902 e, di conseguenza, anche il figlio,[65] ha avuto tanti amanti.[66] Fin dall'inizio del carteggio si capisce che Sibilla è interessata a portare avanti i propri progetti letterari che, nelle lettere, sperimenta con forme di auto-espressione femminile.[67] Il progetto concreto che sta sviluppando è il suo secondo romanzo *Il passaggio* che uscirà nel 1919.[68] Sibilla stessa chiama questi suoi interessi pratici le „[p]reoccupazioni della *Petite bourgeoise*".[69]

La seconda voce di Sibilla si trova al di fuori delle sfere letterarie e conserva in modo assai sobrio la visione dall'esterno; questa voce – che potrebbe corrispondere al super-io freudiano – si manifesta nella sua comunicazione epistolare con Emilio e Leonetta Cecchi e con la madre di Campana, Fanny, che la vede borghese a tal punto da chiederle addirittura di legalizzare l'unione col figlio Dino tramite il matrimonio, cosa che secondo lei potrebbe salvarlo.[70] Nelle lettere di questo tipo Sibilla nomina esplicitamente la malattia di Campana e impiega anche termini medici: „C. è malato profondamente, neurastenia [sic!] con mania continua di fuga, di annientamento. È atroce quel che la vita può su un uomo…".[71] Inoltre in questa prospettiva dall'esterno Sibilla è in grado di auto-osservarsi e di vedere quindi da una certa distanza anche i suoi propri comportamenti amorosi nei confronti di Campana: „Non avevo mai impegnata così totalmente la mia esistenza: era adorazione, sommissione, negazione mia totale… Ora non saprò mai più amare".[72]

La terza ‚parte' di Sibilla all'interno del suo dramma interiore, quella centrale, che sarà analizzata più in dettaglio di seguito, consiste nell'incontrollato *amour fou* per il poeta orfico Campana – nei termini di Freud si tratta dell'*es*. La dedizione di Sibilla al poeta amato è

---

64   Cf. Freud 1967.

65   Cf. *Lettera LI, del 29 ottobre 1916*, 81-82 (82): „Un male di quindici anni, tu hai detto… Sì, e anche per me. Sono quindici anni che son partita da mio figlio". Il figlio Walter Sibilla lo rivide solo nel 1933, cf. Conti 2002, 82, nota 2.

66   Cf. Conti 2002, 8-9; Folli 2019, IX. In realtà dopo aver lasciato il marito, l'Aleramo ha avuto un compagno per dieci anni, Giovanni Cena, con cui si impegna per l'alfabetizzazione nell'Agro Romano, compie opere „quasi missionarie" negli ambulatori dei quartieri popolari romani e soccorre i terremotati di Messina. Si dedica anche a intense letture della *Weltliteratur*. Dopo questa „seconda esistenza" sceglie Vincenzo Cardarelli e poi Giovanni Papini, si innamora di Umberto Boccioni e di altri ancora. Nel periodo precedente alla storia amorosa con Campana si muove nel contesto avanguardistico fiorentino.

67   Come osservato da Anna Folli, già il periodo intorno alla pubblicazione di *Una donna* è contrassegnato da riflessioni da parte di Sibilla Aleramo sul ruolo della donna riguardo alla letteratura e all'arte in generale: „Nella vita come nell'arte le donne scontano un loro peccato originale, per aver consentito a se stesse di immaginarsi secondo un modello maschile […]. Un giorno la donna arriverà da sola alla ‚Coscienza di tutte le cose'; allora esisterà ‚una nuova scuola, una tradizione d'arte femminile', e potrà nascere una nuova classicità" (Folli 2000, 199). Vedi ibid. a proposito dell'interesse, sempre nello stesso periodo, della scrittrice per le biografie e opere di altre autrici, prestando attenzione soprattutto al genere delle lettere: „Tra romanzi d'amore, epistolari, biografie, diari, note di viaggio, ritratti e studi di donne, si apre un percorso. Le cerca nelle lettere, che vede come espressioni dell'anima ed equivalente femminile di un'opera […]" (233).

68   Cf. Conti 2002, 46, nota 9.

69   *Lettera XIV dell' 8 agosto 1916*, 56.

70   Cf. *Lettera LXXXVII, Fanny Campana a Aleramo, del 22 marzo 1917*, 111-112 (112).

71   *Lettera XXXII, a Emilio Cecchi, del 3 ottobre 1916*, 69.

72   *Lettera LXVI, a Leonetta Cecchi Pieraccini, del 21 dicembre 1916*, 92.

segnata da un'adorazione mistico-religiosa, indirizzata all'auto-annullamento e alla negazione di se stessa. Tutto nasce dal fatto che Sibilla è affascinata dalla poesia del grande poeta,
dai *Canti Orfici*, e dalle sue lettere „al punto di sognare di conoscerlo".[73] Tramite lo scambio
epistolare la donna si addentrerà nel mondo poetico di Campana; i due si allontaneranno
dalla realtà fuoristante trovando riparo nella solitudine e portandosi vicendevolmente fino
all'estasi. Questo stato d'animo fuori da ogni controllo razionale si traduce anche nei loro
scritti letterari. Campana e Aleramo nel loro immaginario si muovono sulle orme dei *poètes
maudits* francesi, citati a più riprese, e vanno anche oltre, includendo le dimensioni inconsce
e arrivando fino ai limiti dell'esistenza. Questo lo dimostra chiaramente il loro motto che si
ripetono l'uno all'altra nelle lettere: „*Aut mors*", „o la morte o la gloria".[74] A confronto il
motto di Grazia Deledda, „Amore e Gloria", pur essendo osato per una donna di quei tempi,
è decisamente meno estremo e meno radicale.[75] Nel caso della relazione di Campana ed
Aleramo siamo giunti a espressioni fortemente avanguardistiche poiché liminali.

Vediamo più da vicino le lettere di questa terza voce, la meno filtrata. Sibilla Aleramo
contatta Dino Campana, che ha quasi dieci anni meno di lei, per la prima volta il 10 giugno
del 1916 dopo aver letto appunto i suoi *Canti Orfici*.[76] Questa prima lettera non è pubblicata
nel carteggio. Il loro dialogo prende comunque il suo vero inizio nel momento in cui Sibilla
si avvicina fisicamente a Dino, spostandosi per due settimane a Borgo San Lorenzo, a poca
distanza da Barco, Rifredo di Mugello dove risiedeva l'adorato poeta. In quei luoghi toscani
Sibilla sente lo spirito di Campana attorno.[77] L'ambientazione della storia d'amore in questi
paesini del Mugello è significativa, poiché si tratta, pur essendo periferia rispetto alle grandi
città della modernità, del ‚centro' della cultura italiana: il paesaggio di Dante e Michelangelo,
come conferma Dino in una delle sue lettere scritte in francese: „Je serais heureux si je
pouvais vous faire partager mes admirations pour cette ligne sévère et [sic!] musicale des
appenins qui marque depuis Dante e Michel Ange l'esprit de nos meilleurs".[78] Ed è proprio
qui, a Marradi, che Dino Campana è nato. Fin dall'inizio quindi la vita degli amanti, la loro
storia personale/autobiografica e la loro espressione poetico-letteraria si confondono con
una cultura molto vasta, espressasi, attraverso il tempo, in diverse arti. La loro conversa-
zione si situa in una dimensione artistico-letteraria che supera i tempi e gli spazi. Dopo la
prima lettera di Campana, l'Aleramo gli risponde con una dichiarazione d'amore ‚letteraria':

> Ho avuto la vostra cartolina, poche ore prima di partire, ieri. Adesso siamo più vicini,
> forse. Non so dove si trovi Rifredo, non ho domandato, e tutto il Mugello m'è nuovo.
> Qui sono in una casa di campagna, grande, deserta. Gli ospiti me l'han lasciata du-
> rante questa loro assenza, per due settimane. Caro Campana, sono vicina a

---

[73]   Conti 2002, 8.
[74]   *Lettera LXXIX, marzo 1917*, 106; *Lettera XCVIII, Campana a Aleramo, martedí 8 agosto* 1917, 119-120 (120).
       Da sottolineare è l'analogia con il motto combattivo garibaldiano „O Roma, o morte".
[75]   Nonostante questa differenza notevole, un'analogia tra Aleramo e Deledda viene suggerita implicitamente da
       Anna Folli, che elenca „ l'Amore, l'Arte, la Gloria" come i „sogni di Sibilla" (2000, 175), e da Sanguineti Katz,
       che scopre nelle lettere della Deledda una „voluttà di morte […] che riprende certamente il gusto decadentista
       per il binomio amore e morte" (1996, 35).
[76]   Cf. Conti 2002, 43, nota 1.
[77]   Cf. *Lettera V, del 28 luglio 1916*, 48-49 (48).
[78]   *Lettera IV, Campana a Aleramo, del 27 luglio 1916*, 47.

> S. Francesco perché, nata signora, mi son spogliata via via di molte cose, „felice
> d'esser povera ignuda" – vi parafraso. Ma non temete per il mio spirito. E ho amato
> Walt Whitman, come pochi altri. È già tanto tempo.
>
> Vi mando qualche mio vecchio articolo: giornalismo, non altro. Ma in uno parlo
> appunto, come potevo farlo allora, con ingenua gravità, di Walt. E in un altro, più
> recente, di Assisi. E in un altro ancora, della Provenza e di Parigi. Poi un brano
> d'autobiografia, ricordi d'infanzia. Metto anche una pagina ch'è un poco più che
> giornalismo, e che sarei contenta se voi leggeste con adesione: è di questo inverno.
> Volevate il mio ritratto, e invece vi mando delle parole, stampate! Mah. Le fotografie
> non mi somigliano. Ci vedremo, una volta.[79]

Inizialmente il loro discorso si sviluppa quindi attorno alla letteratura e a degli scritti da cui
tutti e due si sentono toccati nel profondo e che riecheggiano un rapporto intenso a sfere
più alte: si tratta, oltre ai *Canti Orfici* di Campana stesso, che l'Aleramo parafrasa in questa
lettera, di Walt Whitman e Francesco D'Assisi. A questi grandi della letteratura Sibilla
aggiunge i propri testi che riguardano le sue esperienze letterarie e personali: il suo lavoro
come traduttrice dal francese in ambito giornalistico, i suoi viaggi a Parigi e in Provenza e
inoltre testi autobiografici che trattano la sua vita e i ricordi d'infanzia. Queste „parole,
stampate!", come Sibilla sottolinea, sostituiscono il ritratto richiesto da parte di Dino e dimostrano la libertà della donna, che nei confronti del poeta afferma – con certe allusioni
erotiche – di essersi „spogliata via via di molte cose". Nelle lettere successive sarà però
questione di un „ritratto da bambina"[80] di Sibilla, ciò che sottolinea il ruolo essenziale delle
dimensioni più intime, più inconsce del soggetto nel momento dell'enfasi amorosa. Infatti,
nelle fasi di estasi tutti e due si riscoprono da bambini, in particolar modo nella notte di
Natale, con un tocco anche ultraterreno.[81]

Confrontandosi con la poesia, i due amanti dalle loro rispettive dimore solitarie tosca-
ne – Sibilla parla della „topografia dei nostri rispettivi eremi"[82] – si allontaneranno sempre
di più dalla realtà sociale circostante. Fin dall'inizio Sibilla avverte l'impossibilità di annul-
lare, nel mondo terreno, le differenze tra sé e Dino, come anche l'impossibilità di fornire un
ritratto autentico di se stessa: „Vedete che questa mia lettera non somiglia alla prima. Così
i ritratti non mi somigliano mai".[83] L'addio a Dino infatti lo formula prima ancora di vederlo
per la prima volta, essendo l'addio strettamente collegato alla chiusura del suo libro dei
Canti Orfici.[84] La vera unione esiste solo nella sfera poetica. Sibilla scrive il 25 luglio dal
Mugello:

---

[79] *Lettera II, del 24 luglio 1916*, 44-45.
[80] *Lettera LVIII, Campana a Aleramo, del 4 dicembre 1916*, 87. Da notare è il parallelo tra la reazione di Sibilla
      Aleramo e quella di Grazia Deledda, la quale esita a mandare una fotografia recente a Stanis Manca, per non
      distruggere l'immagine che ha creato di sé tramite le proprie lettere.
[81] Cf. *Lettera LXVII, del 24 dicembre 1916*, 92-93.
[82] *Lettera VII, del 31 luglio-1. Agosto 1916*, 50.
[83] *Lettera II, del 24 luglio 1916*, 45.
[84] L'addio stabilisce un riferimento intertestuale con la poesia *L'Adieu* di Apollinaire, che fa parte della raccolta
      Alcools, cf. *Lettera CIV, Campana a Aleramo, del 6 settembre 1917*, 122: „Addio. Nous ne nous reverrons plus
      sur terre. Addio". Cf. anche Conti 2002, 122, nota 2. Apollinaire essendo un poeta novecentesco avan-
      guardistico va oltre i *maudits*.

Chiudo il tuo libro,
snodo le mie treccie,
o cuor selvaggio,
musico cuore…

con la tua vita intera
sei nei tuoi canti
come un addio a me.

Smarrivamo gli occhi negli stessi cieli,
meravigliati e violenti con stesso ritmo andavamo,
liberi singhiozzando, senza mai vederci,
né mai saperci, con notturni occhi.

Or nei tuoi canti
la tua vita intera
è come un addio a me.

Cuor selvaggio,
musico cuore,
chiudo il tuo libro,
le mie treccie snodo…[85]

Come vediamo fin dall'inizio, Sibilla scrive a Dino anche in versi, come per assumersi il modo di comunicazione più intimo dell'adorato poeta, e fa confondere questa poesia con la musica („musico cuore", „nei tuoi canti") rimandando con ciò alla dimensione orfica. Dino invece risponde all'amata traduttrice in francese, firmando con „Votre Cloche". Sulla scia dei *poètes maudits* i due amanti si dichiarano inoltre cosiddetti „poeti notturni": „siamo poeti notturni, le stelle ci propizieranno l'avvenire".[86] Si tratta della fuga dal mondo reale privo di punti di riferimento fissi, dal mondo minacciato dalla guerra – infatti Dino non è mai sicuro di essere dichiarato riformato o di andare in guerra; due volte viene arrestato per la sua somiglianza con un tedesco.[87] In questo contesto la poesia deve colmare il desiderio d'orientamento – tradizionalmente legato alle stelle – e quindi fornire ,co-stella-zioni' più alte, come le cercava Mallarmé, che si autodichiarava le „Maître".[88] Rispettivamente, il loro rifugio amoroso sui monti dell'Appennino Aleramo e Campana lo chiamano „nos étoiles".[89] A Marradi Sibilla passerà un Natale da sola nella casa natale di Dino e gli scriverà da lì in una forma che somiglia ad uno *stream of consciousness*, se non addirittura ad una *écriture automatique,* creatasi sulla base dei temi dei *maudits*:

---

[85] *Lettera III, del 25 luglio 1916, 46.*
[86] *Lettera VII, del 31 luglio-1. agosto 1916, 50.*
[87] Cf. Conti 2002, 101, nota 1.
[88] Cf. „Un coup de dés" (1987) di Mallarmé. Cf. Wehle 2019.
[89] *Lettera XXVIII, del 22 settembre 1916, 67.*

Ci saremo noi, favole, stelle, cose lontane, irraggiungibili. Nessuno mai più ci coglierà, anche se crederà vederci, sentirci. Stelle. Tienmi le mani, prendine tutta la dolcezza, toglimi tutto, sono tanto felice di morire, ma tu ma tu… Tremo, mi guardo intorno, non vieni ancora, l'acqua scorreva…[90]

L'immagine dell'acqua che scorreva – vediamo il mescolarsi di passato, presente e futuro in queste righe – potrebbe essere un indizio della scrittura automatica, che rievoca il flusso libero delle parole derivanti dall'inconscio, condensando il tempo vissuto e ancora da vivere seguendo il desiderio.

Nell'ultima lettera che scriverà a Campana, Sibilla riprende sempre i *maudits*, citando il primo verso della poesia *Le balcon* di Baudelaire. Qui viene menzionata „la maîtresse", la versione femminile ancora più elevata, poiché in cima alle altre „maîtresses", di quel che si reputava di essere Mallarmé: „Mère des souvenirs, maîtresse des maîtresses".[91] Già con la sua poesia *Fauno*, mandata a Campana in una delle lettere,[92] aveva anticipato la sua vicinanza al ,Maître' e fatto intendere un amore sensuale libero, naturale, in una dimensione mitica al di fuori della società borghese e in generale dello spazio e del tempo. Sibilla di fronte a Dino cerca „come d'inginocchiarsi con le parole", e allo stesso tempo disprezza questo atteggiamento suo, mai si è „sentita davanti all'amore una così piccola cosa oscura"[93] e lo chiama „mia bella belva bionda".[94] A differenza di Stanis Manca, il „biondo cavaliere dei […] sogni eterei e sovrumani" della Deledda,[95] qui la „belva bionda" sovrappone la realtà agli abissi personali – le belve infatti già nell'*Inferno* di Dante rappresentavano proprio questi abissi minacciosi per l'integrità dell'anima.[96]

Le lettere di Sibilla segnate dall'estasi amorosa lasciano intendere una scrittura automatica capace di esprimere liberamente gli stati d'animo più profondi come anche le emozioni contrastanti, la „febbre", la sensazione di „bruciare", giungendo ai limiti dell'esistenza e includendo perfino reazioni violente e propriamente folli da parte degli amanti.[97] Ne è indizio ad esempio la ,poesia delle rose' scritta da Sibilla a Dino l'8 dicembre del 1916 da Sorrento dopo aver assistito ad una delle sue crisi nevrasteniche.

Rose calpestava nel suo delirio
E il corpo bianco che amava.
Ad ogni lividura più mi prostravo,
oh singhiozzo, invano, oh creatura!

---

[90]   *Lettera LXVII, del 24 dicembre 1916*, 93.
[91]   *Lettera XCVII, di fine luglio 1917*, 119. Cf. Conti 2002, 119, nota 1. Si noti il doppio senso di ,maîtresse' in francese in senso erotico e il ruolo di ,madre' della donna: „madre dei ricordi"; Grazia Deledda invece vedeva „l'Arte", e non se stessa, come la ,madre', vedi nota 44 del capitolo su Grazia Deledda.
[92]   Cf. *Lettera XIV, dell'8 agosto 1916*, 55-56.
[93]   *Lettera XII, del 7 agosto 1916*, 54.
[94]   *Lettera XIII, del 7-8 agosto 1916*, 55.
[95]   Vedi nota 49 del capitolo su Grazia Deledda.
[96]   Cf. Folli 2019, VIII. Sibilla legge la *Divina Commedia* nel 1901. Da notare che l'Aleramo si identifica con il grande poeta e non con la figura ,eterea' di Beatrice.
[97]   Cf. tra le altre *Lettera XVI, del 9 agosto 1916*, 58.

Rose calpestava, s'abbatteva il pugno,
e folle lo sputo su la fronte che adorava.
Feroce il suo male più di tutto il mio martirio.
Ma, or che son fuggita, ch'io muoia del suo male![98]

Il poeta ermetico Mario Luzi indicò questa poesia come „un appunto inedito di Sibilla, da porsi senz'altro tra i versi più vivi che abbia mai scritto, e lascia intravedere uno scorcio di vita ‚maudit' tra i più autentici".[99] Sarebbe da constatare, che, includendo l'inconscio in un flusso di scrittura libero, essa in realtà supera i *maudits* e si esprime in modo avanguardistico propriamente novecentesco puntando sulla trasgressione irrefrenabile di norme sociali e di genere (nel doppio senso della parola). Infatti più tardi risponderà all'accusa di essere dell'Ottocento, rinfacciatale da Franco Matacotta: „senza quella voce *ottocentesca* forse non sarei *divenuta quello che sono*".[100]

Conclusione

Come abbiamo cercato di dimostrare, le lettere di Grazia Deledda e Sibilla Aleramo rappresentano dei luoghi ‚protetti' che permettono alle autrici di costruire un'immagine complessa e fortemente estetizzata di sé. Allo stesso tempo il margine d'intimità del dialogo amoroso le induce, a tratti, all'espressione autentica della loro interiorità arrivando a forme che si potrebbero individuare come *stream of consciousness* o addirittura *scrittura automatica*. In questo modo le scrittrici non si differenziano solo come soggetti femminili autentici e unici, ma, sperimentando con nuove forme di espressione immediata, anche come artiste avanguardistiche vere e proprie. Essendo distante, il partner amoroso maschile funge da oggetto ideale per le proiezioni immaginarie delle scrittrici esordienti; il discorso amoroso moderno è contrassegnato dalla continua sovrapposizione di realtà e immaginazione. In questo mondo dell'Arte, la prospettiva femminile viene integrata ‚alla pari', senza la svalutazione di genere. In certi momenti la raffinatezza e l'arguzia dell'espressione della donna e il suo gioco ironico e impregnato di doppi sensi, capovolge addirittura le forme tradizionali applicate dalla voce maschile e quindi le supera.

Tramite il genere letterario subalterno della lettera, Grazia Deledda e Sibilla Aleramo sfidano le gerarchie patriarcali e centralistiche della Nuova Italia come anche le tradizioni di canone che relegavano le donne al margine della ‚repubblica delle lettere' svalutando la loro ‚differenza' di espressione. Il carattere intimista e „confessionale",[101] associato in senso negativo alle lettere, si rivela però al contrario, come abbiamo cercato di dimostrare, come strategia vincente e decisiva per la costruzione di una soggettività portata agli estremi.

Nonostante i paralleli tra le due scrittrici e i loro rispettivi epistolari – la contestazione dello status per quanto riguarda la posizione subalterna del soggetto femminile, l'acuta osservazione delle scissioni e rotture nella costruzione dell',io', la sovrapposizione di finzione e realtà, vita e arte –, sono osservabili anche delle differenze per quanto riguarda soprattutto

---

[98] *Lettera LX, dell'8 dicembre 1916*, 88.
[99] Luzi cit. da Conti 2002, 89, nota 1.
[100] Sibilla Aleramo: *Diario, 24 novembre 1940*, cit. da Folli 2019, IX.
[101] Cavallero 1993, 178.

l'esito dell'esperienza passionale, messa in scena nelle loro lettere. Per quanto riguarda Grazia Deledda, soprattutto dalle lettere a Stanis Manca dell'ultimo periodo trapelano emozioni forti, esuberanti, quasi incontrollabili. Queste trasgressioni restano però relegate ad una sfera immaginaria: infatti, l'esperienza amorosa dalla quale si scatenano è inesistente, si tratta di un amore non corrisposto, non realizzabile. Sibilla Aleramo nelle sue lettere a Campana invece va oltre l'espressione artistico-amorosa della Deledda. Fin dall'inizio si tratta di una „*interpenetrazione*" o di una „*relazione intima*"[102] che porta i due amanti in sfere poetiche di vasta gamma, unendo vita e arte, allontanandoli in questo modo sempre di più dal mondo sociale e sfociando infine nella follia più totale. Con le sue espressioni avanguardistiche derivando da forme di ,*amour fou* avant la lettre Sibilla Aleramo nel gioco intertestuale del discorso amoroso con Campana supera i *poètes maudits* francesi sulle cui orme si muove. E al contrario della relazione tra André Breton, il portavoce dei surrealisti che più tardi teorizzerà l'*amour fou*,[103] e Nadja, nel caso di Sibilla Aleramo e Dino Campana non è la donna bensì l'uomo che finirà al manicomio; la donna rimane la „maîtresse". Prima ancora di Breton Sibilla Aleramo sfrutta quindi la relazione amorosa segnata dalla follia per creare forme di espressione di una soggettività autentica portata ai limiti estremi dell'esperienza. Il risultato ne è, oltre alle lettere, il suo romanzo *Il passaggio* pubblicato nel 1919, nell'anno della stesura dei *Champs magnétiques*, da parte di Breton e Soupault, ovvero della prima opera ,ufficiale' in *écriture automatique* surrealista.

Bibliografia

Testi letterari

Aleramo, Sibilla / Campana, Dino. *Un viaggio chiamato amore. Lettere 1916-1918*. Ed. Bruna Conti. Milano: Feltrinelli ⁹2002.

Aleramo, Sibilla. *Orsa minore. Note di taccuino e altre ancora*. Ed. Anna Folli. Milano: Feltrinelli 2002.

Aleramo, Sibilla. *Una donna*. Ed. Anna Folli. Milano: Feltrinelli ⁶⁰2019.

Campana, Dino. *Canti Orfici e altre poesie*. Ed. Neuro Bonifazi. Milano: Garzanti 2002.

Deledda, Grazia. *Cosima*. Nuoro: Il Maestrale 2007 [1964].

---

[102]   Luhmann 2012, 14: „Das personale Moment in sozialen Beziehungen kann nicht extensiviert, sondern nur intensiviert werden. Es werden, mit anderen Worten, soziale Beziehungen ermöglicht, in denen mehr individuelle, einzigartige Eigenschaften der Person oder schließlich prinzipiell alle Eigenschaften einer individuellen Person bedeutsam werden. Wir wollen solche Beziehungen mit dem Begriff der *zwischenmenschlichen Interpenetration* kennzeichnen. Im gleichen Sinne kann man auch von *Intimbeziehungen* sprechen".

[103]   André Breton: L'*Amour fou* (1937).

Deledda, Grazia. *Amore lontano. Lettere al gigante biondo* (1891-1909). Ed. Anna Folli. Milano: Feltrinelli 2010.

Studi

Anton, Annette C.. *Authentizität als Fiktion: Briefkultur im 18. und 19. Jahrhundert.* Stuttgart et al.: Metzler 1995.

Baasner, Rainer. „Briefkultur im 19. Jahrhundert: Kommunikation, Konvention, Postpraxis", in: Baasner, Rainer (ed.). *Briefkultur im 19. Jahrhundert.* Tübingen: Niemeyer 1999, 1-36.

Barthes, Roland. *Fragments d'un discours amoureux.* Paris: Seuil 1977.

Bohrer, Karl Heinz. *Der romantische Brief: die Entstehung ästhetischer Subjektivität.* München: Hanser 1987.

Bonifazi, Neuro. „Introduzione", in: Campana, Dino. *Canti Orfici e altre poesie.* Milano: Garzanti 2002, VII-XXXIII.

Breuer, Josef / Freud, Sigmund. *Studien über Hysterie.* Frankfurt a. M.: Fischer ⁵2003.

Bürger, Peter. *Das Verschwinden des Subjekts – Eine Geschichte der Subjektivität von Montaigne bis Barthes.* Frankfurt a.°M.: Suhrkamp 2001.

Cavallero, Daniela. „Io e Lei: *Una donna* e *Cosima*: Due esempi di autobiografia al femminile", in: *Romance languages annual* 5 (1993), 174-179.

Conti, Bruna. „Introduzione", in: Aleramo, Sibilla / Campana, Dino. *Un viaggio chiamato amore. Lettere 1916-1918.* Milano: Feltrinelli ⁹2002, 7-38.

Ebrecht, Angelika. „Brieftheoretische Perspektiven von 1850 bis ins 20. Jahrhundert", in: Ebrecht, Angelika / Nörtemann, Regina / Schwarz, Herta (eds.). *Brieftheorie des 18. Jahrhunderts: Texte, Kommentare, Essays.* Stuttgart: Metzler 1990, 239-256.

Ebrecht, Angelika. „,Briefe sind wie Gespenster' – Psychoanalytische Interpretation literarischer Briefwechsel zwischen Männern und Frauen", in: Lück, Helmut / Miller, Rudolf (eds.). *Theorien und Methoden psychologiegeschichtlicher Forschung.* Göttingen: Verlag für Psychologie 1991, 155-165.

Folli, Anna. *Penne leggere: Neera, Ada Negri, Sibilla Aleramo: scritture italiane tra Otto e Novecento.* Milano: Guerini e Associati 2000.

Folli, Anna. „Quasi Grazia; Notizia bio-bibliografica", in: Deledda, Grazia. *Amore lontano. Lettere al gigante biondo* (1891-1909). Milano: Feltrinelli 2010, 13-51; 191-200.

Folli, Anna. „Prefazione", in: Aleramo, Sibilla. *Una donna.* Milano: Feltrinelli ⁶⁰2019, VII-XXI.

Freud, Sigmund. „Das Ich und das Es", in: Freud, Anna (ed.). *Sigmund Freud. Gesammelte Werke* 13. Frankfurt a.°M.: S. Fischer [5]1967, 235-290.

Gigante, Claudio. „Fatta l'Italia, facciamo gli Italiani. Appunti su una massima da restituire a d'Azeglio", in: *Incontri. Rivista europea di studi italiani* 26, 2 (2011), 5-15.

Heidemann, Dietmar H. „Die Idee der Freundschaft. Philosophische Überlegungen zu einem polymorphen Begriff", in: Münchberg, Katharina (ed.). *Freundschaft: Theorie und Poetiken*. München, Paderborn: Fink 2012, 43-51.

Heyer-Caput, Margherita. *Grazia Deledda's Dance of Modernity*. Toronto: University of Toronto Press 2008.

Kahlert, Heike. „Differenz, Genealogie, Affidamento: das italienische ‚pensiero della differenza sessuale' in der internationalen Rezeption", in: Becker, Ruth / Kortendiek, Beate (eds.). *Handbuch Frauen- und Geschlechterforschung: Theorie, Methoden, Empirie*. Wiesbaden: VS Verlag für Sozialwissenschaften 2010, 94-102.

Küpper, Joachim. „Grazia Deledda", in: Olk, Claudia / Zepp, Susanne (eds.). *Nobelpreisträgerinnen: 14 Schriftstellerinnen im Porträt*. Berlin: De Gruyter 2019, 31-46.

Luhmann, Niklas. *Liebe als Passion. Zur Codierung von Intimität*. Frankfurt a.°M.: Suhrkamp [12]2012 [1982].

Meineke, Eva-Tabea. „Verschriftlichung der Gefühle im Zeitalter der Psychoanalyse: die *Amour fou* im Briefwechsel von Dino Campana und Sibilla Aleramo", in: Stauf, Renate / Simonis, Annette / Paulus, Jörg (eds.). *Der Liebesbrief: Schriftkultur und Medienwechsel vom 18. Jahrhundert bis zur Gegenwart*. Berlin: De Gruyter 2008, 205-221.

Muraro, Luisa. *L'ordine simbolico della madre*. Roma: Riuniti 1991.

Nickisch, Reinhard M. G. *Brief*. Stuttgart: Metzler 1991.

Pariani, Carlo. *Vite non romanzate di Dino Campana scrittore e di Evaristo Boncinelli scultore*. Firenze: Vallecchi 1938; nuova edizione isolata della *Vita non romanzata* di Dino Campana, a cura di C. Ortesta. Milano: Guanda 1978.

Salsini, Laura A. *Addressing the letter: Italian Women Writers' Epistolary Fiction*. Toronto: University of Toronto Press 2010.

Sanguinetti Katz, Giuliana. „Grazia Deledda vista attraverso il suo epistolario", in: *Campi Immaginabili: Rivista Semestrale di Cultura* 16-18, 1-3 (1996), 29-40.

Wehle, Winfried. „Au seuil d'une éthique de la jouissance mentale: Mallarmé, *Un Coup de dés*", in: *Revue d'Histoire littéraire de la France*, 119e année, 4, 4 (2019), 851-864.

La lettera informale come risorsa per l'insegnamento: alcune proposte

Marinella Vannini

Abstract

In meinem Beitrag, der sich als Transkript des im Rahmen des Workshops „La Lettera italiana fra para|testo e testo letterario dal Trecento a Oggi" (Würzburg, 14. Januar 2020) gehaltenen Vortrags versteht, diskutiere ich mögliche Verwendungen des Briefes im Fremdsprachenunterricht Italienisch. Die beschriebenen Aktivitäten (wie der *Brief an den Lehrer*, die Aktivität des Lesens von Sibilla Aleramos Brief an Dino Campana und die des Abhörens und Analysierens von Sprachnachrichten sowie die Feedback-Aktivität am Ende eines Kurses) zeigen, dass der Brief (in seinen verschiedenen Formen) in jeder Phase des Unterrichts und der Unterrichtseinheit eine wertvolle Ressource ist, und wie er aufgrund seiner Spezifität in Aktivitäten eingesetzt werden kann, bei denen Lernende und Lehrende Protagonisten eines authentischen und sinnhaften kommunikativen Austauschs sind.

Introduzione

La lettera informale è stata (ed è) senza dubbio una delle tipologie testuali più utilizzate nell'insegnamento delle lingue straniere,[1] soprattutto per i livelli principianti e intermedi. E non è difficile capire il perché. La lettera informale, infatti, non solo si presta ad affrontare diversi temi e contesti legati alla sfera della quotidianità, dell'io e del rapporto con gli altri, ma consente anche di acquisire competenze linguistiche, comunicative e pragmatiche facilmente trasferibili nel parlato. Atti linguistici quali salutare, ringraziare, invitare, proporre, ordinare, consigliare, ecc. possono essere, in tal modo, esercitati nello scritto in maniera più autentica di quanto non avvenga con trascrizioni di dialoghi, che, pur simulando la realtà, risultano sempre artificiose.

Alla lettera, intesa come testo incarnato in un supporto cartaceo, sono da tempo subentrate le e-mail e, via via, diversi tipi di messaggistica istantanea, fra i quali, di recente, anche i messaggi vocali. Per questo motivo definisco la lettera nel senso più ampio del termine includendo anche le suddette tipologie di testo. Non sempre, però, tali forme di comunicazione vengono proposte in modo convincente in classe. Se, infatti, le lettere cartacee sono ormai appannaggio di amministrazioni ed aziende pubbliche o private, quanto è credibile una lunga e-mail in cui un adolescente racconta le proprie vacanze? Quanto è motivante per

---

[1] Una precisazione terminologica: in glottodidattica si parla di lingua straniera o di lingua seconda. Per lingua straniera (LS) si intende una lingua appresa in ambito scolastico in un paese in cui non viene parlata abitualmente. Per lingua seconda (L2) si intende una lingua appresa in un paese dove tale lingua viene parlata abitualmente.

adolescenti e giovani adulti scrivere un'e-mail fittizia ad un amico o ad un'amica, se è un'operazione completamente estranea alla loro esperienza quotidiana? E uno scambio di messaggi istantanei non richiede forse un interlocutore e un contesto ben determinato? Il fatto è che tanto il destinatario quanto le circostanze pragmatiche sono elementi imprescindibili per qualsiasi comunicazione e, in modo particolare, per il tipo di messaggi che stiamo considerando, ovvero testi pensati per una ricezione differita nel tempo e nello spazio da parte di un determinato destinatario al quale sono rivolti.

Ne consegue che nel dare le giuste risposte didattiche a queste domande è riposto il successo delle attività incentrate sulla lettera. La sfida dell'insegnante sarà quindi quella di proporre agli studenti attività che li coinvolgano attivamente e offrano loro l'opportunità di confrontarsi con la lingua bersaglio[2] in situazioni psicologicamente autentiche, che risultino rilevanti (in relazione alla finalità da perseguire), motivanti (in relazione al coinvolgimento emotivo e intellettivo) e sfidanti (in relazione alla difficoltà proposta).

In questa sede, si presentano alcune attività incentrate sulla lettera nelle sue diverse accezioni, da svolgersi nella lezione di apertura di un corso, ma anche in ogni fase dell'unità didattica,[3] nonché nella fase conclusiva dedicata al *feedback*.

La lettera all'insegnante

Nella prima lezione di un corso, in forma di *lettera all'insegnante* che i principianti scriveranno in lingua madre (L1), la lettera si rivela una risorsa preziosa per conoscere i bisogni e le aspettative degli studenti.

Per indirizzare gli studenti si possono fornire loro alcune domande guida, quali, ad esempio: „Che cosa mi aspetto da questo corso? Come vorrei che fosse? Quale potrebbe essere il mio contributo a questo corso?".

Si tratta di un'attività che ha una forte componente di autenticità psicologica, dal momento che esiste un reale destinatario alla missiva (l'insegnante) e che la comunicazione è autentica. Il mittente (lo studente), infatti, ha una reale e motivata necessità di comunicare al destinatario dei contenuti che ritiene importanti e il destinatario ha un reale e motivato

---

[2]   Per lingua bersaglio si intende la lingua che lo studente studia in ambito scolastico e non.

[3]   L'unità didattica, secondo il modello elaborato (in una prima versione) da Giovanni Freddi già nel 1994 (e poi negli anni rivisto in Italia da studiosi, quali, tra gli altri, P. E. Balboni e P. Diadori), si articola coerentemente in una successione di fasi. La prima è la fase della motivazione nella quale gli studenti vengono preparati all'incontro con il testo. Segue la fase della globalità (la fase dell'incontro con il testo), che si compone di una fase di precomprensione (esame del contesto e degli elementi paratestuali) e di una o più attività di comprensione. Si arriva quindi alla fase di analisi (o di riflessione sulla lingua), volta a dirigere l'attenzione dello studente su un elemento specifico (morfosintattico, lessicale, fonologico, ...). All'analisi segue la fase di sintesi, che è un momento di reimpiego, mediante produzioni più o meno controllate o libere, degli elementi trattati nella fase precedente. La fase di riflessione, che segue la sintesi, non ha a che fare con la riflessione sulla lingua, ma attiene alla riflessione meta-linguistica su come si impara una lingua. Serve a sviluppare strategie per imparare ad imparare una lingua. Seguono ulteriori tre fasi: la verifica di quanto appreso, un eventuale rinforzo e un recupero finale.

In riferimento al modello appena illustrato, occorre osservare che non si tratta di un modello definitivo, né tanto meno unico. Per approfondire il modello di unità didattica si vedano: Balboni 2002, 100-109; Diadori / Palermo / Troncarelli 2009, 205-227; Balboni 2013, 13-22; Mezzadri 2015, 61-78.

interesse a leggere tali contenuti. Il tempo da dedicare a questa prima attività è di circa 20/30 minuti; alla fine gli studenti possono consegnare le lettere all'insegnante oppure scegliere di condividere in plenum quanto hanno scritto.[4]

Sulla *lettera all'insegnante* si può ritornare durante l'ultima lezione del corso in fase di *feedback*: l'insegnante può riconsegnare agli studenti le rispettive lettere per consentire loro di riflettere sul percorso svolto, verificando (anche) quali aspettative sono state soddisfatte e quali disattese.

Durante il Workshop, realizzato in occasione della Giornata di studio dal titolo „La Lettera italiana fra para|testo e testo letterario dal Trecento a Oggi" il 14 gennaio 2020 all'Università di Würzburg, le domande guida, per questa prima attività, sono state: „Che cosa mi aspetto da questo Workshop? Come potrebbe arricchirmi professionalmente? Quale potrebbe essere il mio contributo a questo Workshop?".

La lettera nelle diverse fasi dell'unità didattica

Come osservato in apertura, la lettera[5] può essere usata anche in ogni fase dell'unità didattica. Dapprincipio nella fase di globalità, in quanto testo per esercitare la comprensione e familiarizzare con l'italiano scritto e orale[6] nelle sue varie forme e funzioni. Successivamente nella fase di analisi, come testo da cui partire per ricercare le regolarità della lingua nei suoi aspetti lessicali, grammaticali, stilistici, ecc. E quindi nella fase di sintesi come attività di produzione scritta (od orale), in cui si reimpiega, ed esercita, quanto appreso nelle fasi precedenti.

Prima di vedere alcuni esempi pratici di attività, è necessario, a mio parere, riflettere sulla complessità delle abilità di lettura e di ascolto e illustrare alcune strategie utili a semplificare il compito di comprensione scritta e orale di un testo. Leggere e ascoltare sono processi complessi che richiedono il pieno coinvolgimento, non solo cognitivo, ma anche affettivo, di chi legge o ascolta. Si tratta di processi che implicano un lettore o un ascoltatore attento, attivo e consapevole, che sa perché, che cosa e come leggere e ascoltare, quindi che seleziona le informazioni rilevanti rispetto allo scopo che persegue e che sceglie le strategie più appropriate per raggiungerlo. Ma la comprensione non è un processo semplice, né tanto meno lineare, e non si realizza in modo automatico. Insomma, leggere e ascoltare non sono, di per sé, necessariamente e automaticamente, sinonimi di capire. Se così fosse, tutti i problemi (dello studente e dell'insegnante) sarebbero risolti già da una prima lettura e da un primo ascolto partecipati e consapevoli. La comprensione, infatti, non muove da stimoli esterni, ma ha luogo a partire da processi cognitivi interni (come la decodificazione e l'interpretazione), che costituiscono la grammatica dell'anticipazione. La capacità, cioè, di ipo-

---

[4] Anche questa seconda parte dell'attività può essere svolta nella L1 (lingua madre) degli studenti, oppure, nel caso in cui gli studenti non abbiano una L1 condivisa, in una lingua ponte (ad esempio l'inglese).

[5] Insieme alla lettera si considerano anche i diversi tipi di testo che assolvono la medesima funzione di mettere in contatto a distanza un mittente con un destinatario.

[6] Nel caso che il testo da comprendere sia un messaggio vocale.

tizzare e, quindi, di anticipare, nell'atto del comprendere e dell'interpretare, quello che verrà detto o scritto in un determinato contesto.[7]

Vista l'indubbia complessità dei processi di comprensione, occorre chiedersi come aiutare gli studenti a capire e fare ricorso ad alcune strategie didattiche per facilitare loro la comprensione.[8]

La prima di queste strategie è la calibrazione, o dimensionamento, che consiste nel calibrare la difficoltà dell'input rispetto al livello linguistico dello studente.[9] Ma anche l'arricchimento semiotico, l'utilizzo cioè di altri linguaggi (ad esempio le immagini), favorisce la comprensione del testo. E ancora, un'utile strategia a disposizione degli insegnanti è la selezione tematica che consiste nel trattare a lezione sotto diverse angolature lo stesso argomento, o lo stesso genere, per un certo periodo di tempo.

A disposizione degli autori e delle case editrici, oltre che degli insegnanti, c'è anche la possibilità di agire tramite il *layout*, posizionando le domande di comprensione in corrispondenza delle risposte nel testo scritto (o meglio dei punti del testo in cui le risposte contenutisticamente si trovano).

Un'altra potentissima strategia è l'ostensione progressiva della consegna, che sfrutta le potenzialità della lettura e dell'ascolto ripetuti di un testo. Il principio ad essa sotteso è chiaro: più lo studente legge o ascolta, più capisce. Nell'ottica della progressività si muove anche l'ostensione progressiva del testo, per cui gli studenti sono chiamati a confrontarsi, durante le prime letture o i primi ascolti, non con l'intero testo (che incontreranno solo più tardi), ma con parti di esso, che saranno sufficienti per ricostruire il contesto.

Una strategia utile a livello cognitivo è anche quella che sfrutta le potenzialità dei momenti di pre-lettura o di pre-ascolto, che, se resi accattivanti e stimolanti, aiutano di gran lunga a livello cognitivo e motivazionale.

Ancora, per facilitare e accompagnare la comprensione si può manipolare un testo e chiedere agli studenti di scoprire al suo interno degli „intrusi semantici" di altri testi; o si possono prevedere dei percorsi integrati, come nel *dicto-cloze* ad esempio, durante il quale gli studenti ascoltano un testo letto due o più volte dall'insegnante per poi esser chiamati a ricostruirlo.

---

[7]   Per approfondire il tema della comprensione (scritta e orale) e dell'*expectancy grammar* si vedano: Bettoni 2001, 22-53; Balboni 2002, 110-112; Balboni 2013, 95-117; Mezzadri 2015, 165-209.

[8]   Per lo sviluppo di questa parte, relativa alle strategie di comprensione, mi sono avvalsa dell'intervento di Paolo Torresan dedicato alla comprensione di un testo scritto (del 16 ottobre 2019), in occasione del corso di aggiornamento online per insegnanti di Italiano a stranieri, organizzato da Alma Edizioni. L'intervento è rinvenibile al seguente indirizzo: https://www.almaedizioni.it/it/almatv/alma-webinar/webinar-paolo-torresan-leggere/ [12.03.2021].

[9]   Per approfondire la teoria dell'input comprensibile si vedano: Balboni 2002, 31-49; Pallotti 2006, 150-189; Mezzadri 2015, 30-33.

La lettera di Sibilla Aleramo a Dino Campana

Vediamo ora alcuni esempi pratici relativi all'uso della lettera nella fase della globalità: il primo è un esempio di ostensione progressiva del testo.

Il testo, che gli studenti devono leggere e comprendere è, in questo caso, una lettera d'amore dell'inizio del ventesimo secolo: la lettera di Sibilla Aleramo a Dino Campana datata 6-7 agosto 1916.[10]

È una lettera d'amore indirizzata da una donna ad un uomo, ma è prima di tutto la lettera di una poetessa ad un poeta. Nel testo i due livelli – quello intimo, privato, e quello letterario – si sovrappongono costantemente fino a confondersi e i sentimenti espressi (per quanto autentici) sono destinati ad assumere, già nelle intenzioni dell'autrice, una valenza letteraria. Sibilla (la poetessa-*femme fatale*) scrive a Dino (il poeta maledetto) facendo ricorso a molti degli elementi dell'estetismo dei primi del Novecento. Dolorosa e stanca di fronte al poeta, si rammarica di non aver saputo che abbracciarlo, laddove avrebbe voluto, invece, in uno slancio ben più plateale, baciare al suo amato le ginocchia. Lo incalza con le sue domande, per le quali (in fondo) non attende risposta. E, anche se chiude con un perentorio „Scrivimi", sembra lecito il dubbio che una risposta non l'attenda neppure per la sua missiva, dal momento che dichiara senza indugi di arrivare il 19 „dovunque".

E, in un crescendo di pathos, agogna di tornare bambina decenne, alleggerita dal „peso di storie di memorie affannose", per trovare finalmente rifugio fra le braccia del suo amato e rivedere la luce d'oro che ride sul suo volto.

Appare quindi evidente che gli studenti di lingua (e non), che con questa lettera si confrontano, debbano tener presente la tipologia di testo che hanno di fronte, ponendo attenzione sia agli aspetti contenutistici sia agli aspetti formali che la caratterizzano.

Nell'attività proposta in occasione del Workshop soprammenzionato, della lettera di Sibilla (convertita in formato immagine) sono state cancellate in maniera casuale alcune parti (utilizzando la funzione „pennello bianco" di un programma di editing), ma quelle rimaste sono sufficienti a ricostruire il contesto e a comprendere il testo.

Il testo, modificato in tal modo, risulta essere un *cloze* il cui utilizzo consente agli studenti di sviluppare l'abilità di comprensione attraverso l'elaborazione di ipotesi, sfruttando al meglio gli indizi semantici e sintattici che hanno a disposizione.

Gli studenti, di un livello linguistico non inferiore al B2, devono leggere più volte il testo manipolato e devono provare a ricostruirlo. Solo alla fine di questo lavoro di ricostruzione e comprensione, leggeranno il testo originario. Si veda di seguito il testo manipolato della lettera di Sibilla Aleramo.

---

[10] Cf. Epistola X, in: Aleramo 2000, 52-53. La scelta di questa lettera è stata determinata dalla volontà di continuità con l'intervento di Eva-Tabea Meineke e Stephanie Neu-Wendel (*Sperimentazioni avanguardistiche tra desiderio, follia e delusione – le lettere d'amore di Grazia Deledda e Sibilla Aleramo*, 91-110).

Figura 1: Lettera di Sibilla Aleramo a Dino Campana - Testo manipolato

Sibilla a Dino

Villa La Topaia, Borgo S. Lorenzo, domenica-lunedì, 6-7 agosto 1916

Perché non ho b. iato le tue ginocchia?
Avrei voluto fermare quell'auto. bile giù per la costa, tornare al Barco a p. i, nella nott , che c'è
il tuo petto per questa bambina stanc
Tornare. Con. una bambina, questa del ritra o a dieci anni. n quella che t'ha por. o tanto peso
di storie di men. rie affannose, che t'ha parlato c me se stesse. cora continuando il su povero
viaggio disperato, me se non ti vedesse, quasi, e n vedesse lo pazio intorno, le querele,
l'acqua, il regno mitico o ' vento e dell'anima Tu che acevi o soltai. dicevi la tua gioia. Sentivi
che la visione di grandezza e di forza si sare. e creata in me non appena io fossi partita? Nella tua
ce d'oro. E L n ho baciato le e ginocchia.
I. stri corpi su. zolle dure, le sp. he che frusci o sopra. fronte, mentre stelle incupiscono il
ciclo.
Non ho sa, to che ab. acciarti. Tu che m'ave i portata così lo no. Che il giorno. nanzi ascoltavi
soltanto l'acq n correr tra i sassi. Oh, tu non ha. bisogno di me!
È vero che vuc ch'io ritorni? Come una bambina i dieci anni. È vero che mi aspetti? Ri dere la
luce d'oro che ti ride sul volto. Tacere. ieme, tan. stesi al sole d'autunno. i paura di morire
, ma. Dino, Dino! Ti amo. visto i mie occhi stam ne, c'è tutto il cupo baglio. del miracolo.
No. so, ho paura. È vero che m i detto an ore! Non ha. bisogno di me. Eppure la ioia è così
forte. Non po o scriverti. Verrò il 19. L vunque. 14 resterò qui; a i e andrò poi er un
giorno. Son tua. Su felice. Tremo per te, i di me son sicura. E poi non è ve, son sic ra anche
di te, vivre o, siamo elli. Dimmi. Io non pos più dormire, ma tu i la mia sciarpa azzu. , ti
aiuta a portare i tuoi sog i? Scrivim

Fonte: Marinella Vannini - Workshop – Università di Würzburg - 14 gennaio 2020

La lettera di Sibilla Aleramo a Dino Campana diviene anche occasione preziosa per rispondere, nei fatti, a una delle domande che ci siamo posti: come possono gli insegnanti continuare a far scrivere lettere agli studenti, senza che l'attività proposta perda di autenticità dal momento che di lettere, ai giorni nostri, non se ne scrivono (e ricevono) quasi più?

La risposta a questa domanda (e la soluzione del problema) la si può trovare riportando indietro le lancette del tempo e pensando ad un'attività di produzione scritta[11] inserita in una cornice fittizia che sposti gli studenti in un'altra epoca, il 1916 per l'appunto, un'epoca in cui di lettere se ne scrivevano ogni giorno in gran numero.

E allora l'insegnante potrà dire agli studenti di immaginare di essere contemporanei di Sibilla e provare a rispondere alla sua lettera. In questo modo, spostandosi in un fittizio passato, l'attività potrà riacquistare quell'autenticità psicologica che, se fosse rimasta nel reale presente, avrebbe corso il rischio di perdere.

Occorre però avere ben presente che si tratta di un'attività complessa, dal momento che agli studenti viene chiesto di rispondere ad una lettera che è anche, e soprattutto, un testo letterario degli inizi del XX secolo.

Nello svolgere l'attività, gli studenti (e l'insegnante con loro) sono chiamati a fare una scelta: rispondere a Sibilla facendo ricorso (in un estremo tentativo di realismo e di mimesi) al suo stesso linguaggio, oppure risponderle senza dar troppo conto all'aspetto stilistico-formale del proprio scritto. In ogni caso, questa attività, seppur complessa (o forse meglio, proprio perché complessa) può risultare un'occasione importante per gli studenti di livello

---

[11]   Con questa attività di produzione scritta siamo nella fase di sintesi, a riprova delle enormi potenzialità della lettera, che può essere usata con successo nelle diverse fasi dell'unità didattica.

avanzato, per provare ad esprimere emozioni e sentimenti facendo ricorso ad un lessico e ad una forma che appartengono al livello alto della lingua. Può diventare per gli studenti l'occasione-sfida per mettersi alla prova e lavorare sulla propria interlingua,[12] portandola ad un livello più alto di complessità e bellezza. Gli studenti, che si sono confrontati, per comprenderlo, con un testo letterario, hanno ora l'opportunità di mettere alla prova le proprie capacità di produzione ad un livello alto di competenza contenutistica e formale.

Da quanto osservato fino ad ora, appare evidente che con la lettera di Sibilla a Dino, in quanto testo letterario, si potrà lavorare a lungo in classe. I testi letterari, infatti, offrono agli studenti un input vario e complesso, di alto valore linguistico, formale, contenutistico e culturale. Per la loro stessa natura, che afferisce agli universali dello spirito, si collocano al di fuori del tempo e costituiscono una sfida e uno stimolo sempre attuale. Parlano alla mente e al cuore degli studenti e agiscono sulla loro motivazione. Li inducono a riflettere e a rielaborare il materiale linguistico in modo autonomo e personale. Si fanno spunto per la comunicazione e stimolo potente per l'espressione individuale.[13]

Per la sua reale complessità e le sue tante potenzialità, l'attività di produzione scritta in risposta alla lettera di Sibilla Aleramo offre l'occasione per riflettere, seppur velocemente, sull'importanza di far scrivere gli studenti.

Far scrivere gli studenti permette loro di mettersi a confronto, oltre che con le proprie capacità e con i propri punti di forza (ciò che sanno e riescono a fare con la lingua), anche con le proprie mancanze (ciò che non sanno e non riescono a fare con la lingua), di accorgersene e di superarle. Nell'atto di produrre lingua gli studenti sistemano, quindi, la propria interlingua.[14] Ma nell'atto di produrre lingua gli studenti affinano anche il pensiero: scrivere (così come parlare) è ragionare.[15]

Scrivere, soprattutto (ma non soltanto) ai livelli alti di competenza linguistica, è tuttavia un'abilità complessa e ci sembra quindi il caso di vedere alcune strategie che è possibile mettere in atto per facilitare la produzione scritta degli studenti.[16]

La prima strategia è il modellamento. La logica della scrittura nelle varie lingue è diversa e il fatto di fornire agli studenti degli esempi di testi scritti nella lingua bersaglio, a cui ispirarsi nell'attività di scrittura, è senz'altro di aiuto, se non addirittura necessario. Ma anche la strategia, per certi versi, opposta, la divergenza, può essere un valido ausilio. Si tratta, in questo caso, di curare l'aspetto della fantasia, attraverso la scrittura creativa, espressiva, inventiva nella lingua bersaglio.

A ben vedere, sono proprio queste le due strategie alle quali si è ricorsi in occasione dell'attività di produzione scritta in risposta alla lettera di Sibilla Aleramo.

---

[12]   L'interlingua è la lingua, con una logica e delle regole proprie, parlata da chi sta apprendendo una seconda lingua. Per approfondire il concetto di interlingua si vedano: Bettoni 2001, 54-131; Pallotti 2006, 21-106; De Lillo / Macchiavelli 2011; Mezzadri 2015, 271-272.

[13]   Per approfondire la questione dell'uso dei testi letterari nei corsi di lingua si vedano: Balboni 2002, 138-146; Balboni 2006; Ardissino / Stroppa 2009.

[14]   A proposito, Paolo Torresan parla di forza grammaticalizzante *dell'output* (Torresan / Della Valle 2013).

[15]   Ancora Torresan parla di una dimensione concettuale oltre che linguistica dell'*output* (Torresan / Della Valle 2013). Per approfondire l'*ipotesi dell'output comprendibile* e l'importanza dell'*output* nell'apprendimento di una lingua si veda Swain / Lapkin 1995, 371-391.

[16]   Anche per questa parte sulle strategie si rimanda al citato intervento di Paolo Torresan del 16 ottobre 2019.

C'è poi lo *scaffolding*[17] lessicale, cioè il corredo lessicale che, a discrezione dell'insegnante, viene fornito agli studenti per facilitare loro il compito durante l'attività di scrittura.

E infine, la strategia della reticolarità[18] che, già nel nome, indica un legame con la rete, in cui, come è evidente, tutti comunicano con tutti.

I messaggi vocali

Rimaniamo ancora nella fase della globalità e vediamo un esempio di ostensione progressiva della consegna in un'attività di comprensione orale tratta da un manuale di italiano per stranieri di livello A2.[19]

Il testo, o meglio i testi da comprendere sono dei messaggi vocali, la quintessenza della modernità in fatto di comunicazione. È infatti proprio ai messaggi vocali (diretti eredi degli sms e dei messaggi WhatsApp) che oggi affidiamo, sempre più frequentemente, il compito che in passato è stato delle lettere: mettere in contatto a distanza un mittente con un destinatario.

La diversità di questi testi (i messaggi vocali che due amici si scambiano per prendere accordi nel XXI secolo) rispetto alla lettera di Sibilla Aleramo è tanto lampante quanto grande. Diversi sono il periodo storico, la lingua e lo stile, l'intenzione comunicativa e, naturalmente, anche il supporto materiale. Ed è proprio in virtù di queste notevoli differenze che i messaggi vocali e la lettera di Sibilla si presentano come occasioni preziose offerte agli studenti per confrontarsi con le varietà e le particolarità della lingua bersaglio.

Gli studenti, nell'attività in esame, ascoltano i testi due volte e, ad ogni ascolto, devono svolgere un compito di comprensione (Figura 2, punti **a** e **b**). Attraverso questo esercizio, gli studenti vengono messi a confronto con la lingua viva, l'italiano dei nostri giorni. Questa sarà per loro un'ottima occasione per conoscere e confrontarsi con le caratteristiche, e le potenzialità espressive, di una nuova modalità di comunicazione nella lingua bersaglio.

Conclusa l'attività di ascolto, segue un esercizio di analisi relativa al lessico e alle funzioni comunicative (Figura 2, punto **c**), per consentire agli studenti di scoprire e comprendere nel profondo le strutture, le specificità e le particolarità del materiale linguistico in questione.

---

[17] Prima di una produzione scritta, l'insegnante può anche chiedere agli studenti di costruire in prima persona il corredo lessicale utile per svolgere dell'attività, facendo eventualmente ricorso a mappe mentali o a tabelle.

[18] Paolo Torresan, nel suo intervento del 16 ottobre 2019, suggerisce un'attività da svolgersi in fase di sintesi: il *messaggio reticolare*. Agli studenti vengono distribuiti dei post-it di due diversi colori. Sui post-it di uno dei due colori devono scrivere una domanda; sui post-it dell'altro colore, dopo aver letto le domande dei compagni, scrivono le risposte. Anche questa attività, come la *lettera all'insegnante*, è un momento di autentica comunicazione all'interno del gruppo. Gli studenti scrivono le domande per le quali si aspettano una risposta da parte dei compagni e chi sceglie di rispondere ad una determinata domanda lo fa perché è realmente interessato e motivato a farlo.

[19] de Savorgnani / Cordera Alberti 2020, 114.

Figura 2: Messaggi vocali – Attività di ascolto e analisi

8 Un invito

a Mario propone a Paolo di andare ad una delle feste del punto 7. Quale? E che cosa risponde Paolo? Ascoltate i messaggi vocali e scopritelo. ▶ 1/32

ASCOLTARE

Mario propone a Paolo di _____

Paolo risponde che _____

b Ascoltate di nuovo i messaggi. Quali delle seguenti espressioni usano Mario e Paolo? ▶ 1/32

volevo... ○   hai voglia di... ○   che ne dici? ○   d'accordo ○
ti va? ○   per me va bene ○   purtroppo... ○   potremmo... ○
vorrei... ○   a me piacerebbe... ○   sì, mi va di... ○
però (domenica) non posso, mi dispiace ○   perché non ci andiamo... ○

c Quali espressioni del punto b si usano per...

*LAVORARE CON
IL LESSICO* ⋂⋂

... fare una proposta   _____
... esprimere un'intenzione _____
... accettare   _____
... segnalare un problema   _____
... fare una proposta alternativa _____

✎ 8–9

Fonte: *Chiaro! A2*, Nuova edizione, Hueber Verlag GmbH & Co. KG, 1. Auflage 2020/2. Druck 2021, Seite 114.

A questo punto appare utile fare un'ultima riflessione sulle attività di ascolto in relazione alla questione dell'autenticità. Chiedere agli studenti di ascoltare un dialogo registrato fra due o più persone è veramente chiedere loro di svolgere un'attività autentica? In quali occasioni, nella vita reale, capiterà loro di origliare il discorso di altri? La risposta è scontata: mai (o quasi). Inoltre, nella vita reale gli studenti avrebbero certamente la possibilità di intervenire in un discorso e chiedere eventuali chiarimenti su passaggi a loro oscuri.

E allora è chiaro che a peccare di autenticità è lo stesso meccanismo alla base della tipologia di ascolto in classe senz'altro più diffusa.[20] Per la loro intrinseca natura di comunicazione in differita, i messaggi vocali sembrano, invece, poter offrire una valida alternativa al dialogo, in direzione di una maggiore autenticità dell'attività stessa.

Si tratta di un aspetto da non trascurare dal momento che quanto più l'esperienza di apprendimento è autentica, tanto maggiore sarà l'interesse suscitato e quindi la possibilità di successo.

---

[20] Per una riflessione sull'ascolto in classe come *eavesdropping practice* e sul ruolo dello studente durante l'ascolto si veda Field 2008, 14-16 e 60-62. Per approfondire la questione dell'autenticità delle attività di ascolto si veda Mezzadri 2015, 181-183.

La lettera nel *feedback*

Avviandoci a concludere, ci soffermiamo sull'ultimo momento in cui si può usare la lettera in una lezione di lingua: quello del *feedback*. L'attività, da svolgersi alla fine di un corso, è condotta con l'ausilio di bigliettini colorati, sui quali gli studenti, in forma anonima e con l'aiuto di domande guida (ad esempio: „Che cosa mi è piaciuto? Che cosa mi ha sorpreso? Che cosa non mi è piaciuto?"), sono invitati a scrivere le proprie impressioni sul corso appena concluso, relativamente al proprio contributo, al gruppo e alla conduzione del corso.

Anche quest'ultima attività è un'attività grazie alla quale, con l'ausilio della lettera, ha luogo una reale comunicazione in classe. È un'attività che, per certi versi, chiude il cerchio con l'attività di apertura del corso (la *Lettera all'insegnante*). Gli studenti fanno il punto della situazione e, tornando sulle proprie aspettative rispetto alla strada da compiere e all'esperienza da vivere, riflettono sul percorso compiuto e sull'esperienza vissuta.

Anche in questo caso, si tratta di un'attività che sfrutta la potentissima strategia dell'autenticità, che coinvolge in prima persona gli studenti e consente loro di vivere in classe delle esperienze reali e per questo autentiche. Una strategia che agisce sulla motivazione e sull'attenzione e che facilita, quindi, l'apprendimento e l'acquisizione della lingua bersaglio.

Di seguito alcune lettere di *feedback* scritte dai partecipanti a conclusione del Workshop di cui si è parlato.

Figura 3: *Feedback*

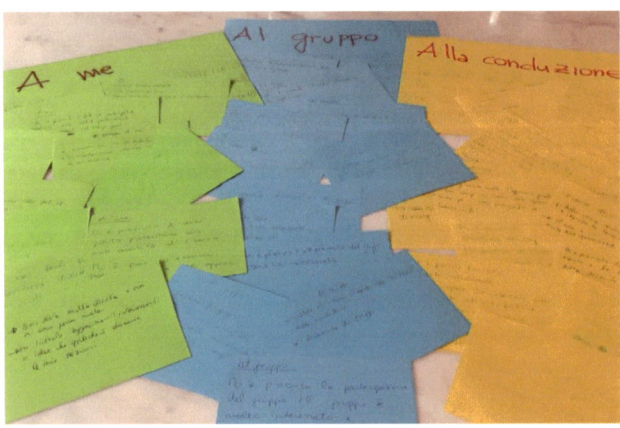

Fonte: Marinella Vannini - lettere di *feedback* - Workshop – Università di Würzburg - 14 gennaio 2020

Conclusione

A conclusione di quanto osservato appare evidente che il testo scritto sotto forma di lettera informale nelle sue diverse declinazioni si proponga come una risorsa preziosa per l'insegnamento di una lingua.

Come si è visto, si presta ad essere usato nei diversi momenti di un corso – dalla prima all'ultima lezione – e dell'unità didattica – dalla fase della globalità a quella di sintesi – e ad ogni livello di competenza linguistica. Offre agli studenti e agli insegnanti un materiale linguistico ricco e differenziato, che, soprattutto nel caso dei testi letterari, come la lettera di Sibilla Aleramo a Dino Campana, li induce al pensiero, all'interpretazione e alla rielaborazione stilisticamente raffinata nella lingua bersaglio. E, non da ultimo, consente di sfruttare la strategia dell'autenticità in attività che vedono studenti e insegnanti protagonisti di reali e significativi scambi comunicativi.

Inoltre, la lettera, in quanto occasione per gli studenti di comunicare all'insegnante i propri bisogni, desideri e aspettative, li incentiva ad esprimersi nella lingua bersaglio e, punto tutt'altro che marginale, proprio in virtù della sua natura di „ponte" fra le persone, elimina le barriere difensive e agisce sull'emotività, sulla fiducia in se stessi e negli altri e sugli aspetti motivazionali del processo di insegnamento-apprendimento, contribuendo ad abbassare il filtro affettivo[21] e a facilitare l'acquisizione della lingua.

Allegati

Sibilla a Dino – Epistola X – Testo originale

[Aleramo a Campana]
[Villa La Topaia Borgo San Lorenzo]
domenica-lunedì [6-7 agosto 1916]

Perché non ho baciato le tue ginocchia?

Avrei voluto fermare quell'automobile giù per la costa, tornare al Barco a piedi, nella notte, che c'è il tuo petto per questa bambina stanca.

Tornare. Come una bambina, questa del ritratto a dieci anni. Non quella che t'ha portato tanto peso di storie di memorie affannose, che t'ha parlato come se stesse ancora continuando il suo povero viaggio disperato, come se non ti vedesse, quasi, e non vedesse lo spazio intorno, le querele, l'acqua, il regno mitico del vento e dell'anima Tu che tacevi o soltanto dicevi la tua gioia. Sentivi che la visione di grandezza e di forza si sarebbe creata in me non appena io fossi partita? Nella tua luce d'oro. E non ho baciato le tue ginocchia.

I nostri corpi su le zolle dure, le spighe che frusciano sopra la fronte, mentre le stelle incupiscono il ciclo.

---

[21] Per filtro affettivo Stephen Krashen intende la difesa che, durante il processo di apprendimento, si alza in condizioni di stress e blocca l'acquisizione della lingua. Per approfondire si veda Krashen 1981.

Non ho saputo che abbracciarti. Tu che m'avevi portata così lontano. Che il giorno innanzi ascoltavi soltanto l'acqua correr fra i sassi. Oh, tu non hai bisogno di me!

È vero che vuoi ch'io ritorni? Come una bambina di dieci anni. È vero che mi aspetti? Rivedere la luce d'oro che ti ride sul volto. Tacere insieme, tanto, stesi al sole d'autunno. Ho paura di morire prima. Dino, Dino! Ti amo. Ho visto i miei occhi stamane, c'è tutto il cupo bagliore del miracolo. Non so, ho paura. È vero che m'hai detto amore! Non hai bisogno di me. Eppure la gioia è così forte. Non posso scriverti. Verrò il 19. Dovunque. Il 14 resterò qui; a Firenze andrò poi per un giorno. Son tua. Sono felice. Tremo per te, ma di me son sicura. E poi non è vero, son sicura anche di te, vivremo, siamo belli. Dimmi. Io non posso più dormire, ma tu hai la mia sciarpa azzurra, ti aiuta a portare i tuoi sogni? Scrivimi.

Bibliografia

Testi letterari

Aleramo, Sibilla / Campana, Dino. *Un viaggio chiamato amore. Lettere 1916-1918*. Milano: Feltrinelli 2000.

Studi

Ardissino, Erminia / Stroppa, Sabrina. *La letteratura ni corsi di lingua: dalla lettura alla creatività*. Perugia: Guerra Edizioni 2009.

Balboni, Paolo Emilio. *Fare educazione linguistica. Insegnare italiano, lingue straniere e lingue classiche. Seconda edizione*. Torino: UTET 2013.

Balboni, Paolo Emilio. *Insegnare la letteratura italiana a stranieri*. Perugia: Guerra Edizioni 2006.

Balboni, Paolo Emilio. *Le sfide di Babele. Insegnare le lingue nelle società complesse*. Torino: UTET 2002.

Bettoni, Camilla. *Imparare un'altra lingua*. Roma-Bari: Laterza 2001.

De Savorgnani, Giulia / Cordera Alberti, Cinzia. *Chiaro! A2 Nuova edizione*. München: Hueber Verlag 2020.

De Lillo, Massimo / Macchiavelli, Sabina. „Osservare l'interlingua. Un'esperienza di valutazione delle competenze in italiano L2", in: Laboratorio Itals. Settembre 2011. <https://www.itals.it/osservare-l%E2%80%99interlingua-un%E2%80%99esperienza-di-valutazione-delle-competenze-italiano-l2> [12.03.2021].

Diadori, Pierangela / Palermo, Massimo / Troncarelli, Donatella. *Manuale di didattica dell' italiano L2*. Perugia: Guerra Edizioni 2009.

Field, John. *Listening in the Language Classroom*. Cambridge: Cambridge University Press 2008.

Krashen, Stephen D. *Second Language Acquisition und Second Language Learning*. Oxford: Pergamon 1981.

Mezzadri, Marco. *I nuovi ferri del mestiere*. Torino: Loescher Editore 2015.

Pallotti, Gabriele. *La seconda lingua*. Milano: Bompiani. 2006.

Swain, Merrill / Lapkin, Sharon. „Problems in output and the cognitive processes they generate: A step towards second language learning", in: *Applied Linguistics* 16 (1995), 371-391.

Torresan, Paolo / Della Valle, Francesco. *Il noticing comparativo: la grammatica a partire dall'output*. München: LINCOM 2013.

Torresan, Paolo. „Leggere e scrivere. Riflessioni e proposte didattiche", in: *Le 4 abilità: corso di aggiornamento online*. ALMAwebinar. <https://www.almaedizioni.it/it/almatv/alma-webinar/?page=2> [12.03.2021].

Geschwister auf Distanz: transkulturelle und didaktische Perspektiven auf den E-Mail-Roman *Caro Hamid, fratello lontano* von Anna Russo

Julia Görtz

Abstract

Il presente articolo tratta del genere del romanzo e-mail, della sua relazione con il romanzo epistolare e del suo potenziale transculturale, didattico e intermediale. Partendo dalle caratteristiche del romanzo e-mail e dagli elementi che lo distinguono da quello epistolare, il contributo si propone di scandagliare la presenza del romanzo e-mail nella letteratura italiana e di dimostrare nuove forme intermediali. Per illustrare il potenziale transculturale e didattico viene analizzato il romanzo e-mail *Caro Hamid, fratello lontano* (2007) di Anna Russo nel quale due ragazzi di otto anni, George che vive in Francia e Hamid che viene dall'Indonesia, si incontrano virtualmente scrivendosi delle e-mail poco dopo la catastrofe dello tsunami nel 2004. Questo scambio viene esaminato ricorrendo al concetto di transculturalità di Wolfgang Welsch e alla nozione del *terzio spazio* di Homi Bhabha. Infine, ci si concentra sull'utilizzazione del romanzo giovanile nell'insegnamento dell'italiano come lingua straniera.

> Ciao Hamid, sono George tuo fratello
> che abita su un altro pianeta.
> Però le cose fondamentali non è
> che siano diverse.[1]

Einleitung

In Anna Russos E-Mail-Roman *Caro Hamid, fratello lontano* (2007) gelingt es dem französischen George und dem indonesischen Hamid dank ihres virtuellen Kennenlernens und der daraus entstehenden regelmäßigen E-Mail-Kommunikation, jegliche raumzeitliche und kulturelle Distanz zwischen einander zu überwinden. Die zwei Achtjährigen werden im Zuge einer Patenschaft („adozione a distanza", CHFL, 7) zu „Brüdern" und nehmen nach langen Bemühungen von Seiten Georges, Hamid zu finden, Kontakt zueinander auf. Obwohl es den beiden Jungen anfangs so vorkommt, als stammten sie von verschiedenen Planeten, werden sie sich schon bald der vielen Gemeinsamkeiten bewusst, die sie trotz der geographischen Entfernung verbinden.

---

[1] Russo 2007, 55. Im Folgenden: CHFL.

Im Zentrum dieses Beitrags stehen die Fragen, inwiefern die E-Mail-Kommunikation die Überwindung dieser Distanzen ermöglicht und auf welche Weise das Genre des E-Mail-Romans das transkulturelle Potenzial des Jugendromans mitbedingt. Im Folgenden untersuche ich deshalb die digitale Kommunikation zwischen Hamid und George aus transkultureller Perspektive unter Rückgriff auf die Konzepte der Transkulturalität (Wolfgang Welsch) sowie der Hybridität und des *Third Space* (Homi Bhabha).

Ein weiteres Anliegen dieses Beitrags ist es herauszuarbeiten, inwiefern sich Anna Russos[2] Jugendroman in die junge Tradition des E-Mail-Romans einschreibt und wie die Autorin mit den Genregrenzen spielt. Bereits in der ersten E-Mail fällt auf, dass kein E-Mail-Kopf, sondern ein Briefkopf vorhanden ist (cf. CHFL, 5). Es handelt sich jedoch klar erkennbar, da von einer „attach file" (CHFL, 7) gesprochen wird, um eine E-Mail. Diesen und weiteren Brüchen mit der Diskurstradition wird im vorliegenden Artikel nachgegangen. Um den Jugendroman, der erstmals 2007 bei Edizioni EL und 2012 als E-Book bei New Life erschien,[3] innerhalb des Genres des E-Mail-Romans verorten zu können, wird zu Beginn auf diese literarische Gattung und deren Eigenschaften eingegangen.

Abschließend soll auch der Tatsache Rechnung getragen werden, dass es sich bei *Caro Hamid, fratello lontano* um einen Jugendroman handelt, der sich nicht zuletzt aufgrund seines geringeren stilistischen Anspruchs[4] für den Einsatz im Fremdsprachenunterricht anbietet. Dafür sollen das didaktische Potenzial sowie einige konkrete Vorschläge zur Arbeit mit dem Roman knapp dargestellt werden.

Der Briefroman des 21. Jahrhunderts? – Abgrenzung und Einordnung des E-Mail-Romans

Der E-Mail-Roman wird in der Forschungsliteratur häufig als Briefroman des 21. Jahrhunderts bezeichnet, da das Genre des E-Mail-Romans noch immer sehr jung und wenig untersucht ist. Nur eine einzige umfangreiche Studie liegt bisher zum Thema vor: In ihrer 2012 veröffentlichten Dissertation mit dem Titel *Der E-Mail-Roman. Zur Medialisierung des Erzählens in der zeitgenössischen deutsch- und englischsprachigen Literatur* stellt Sabrina

---

[2]   Anna Russo ist eine neapolitanische Jugend- und Kinderbuchautorin. Neben *Caro Hamid, fratello lontano* (Einaudi 2007) hat sie fünf weitere Jugendromane veröffentlicht: *La Bambina Babilonia* (Salani 2005), *Pao alla conquista del mondo* (Einaudi 2006), *Ibrahim, il bambino del campo* (Fatatrac 2008), *Il baffo del dittatore* (Mursia 2010), *Chuang Tse e il primo imperatore* (Alacran 2010).

[3]   Die Printversion von *Caro Hamid, fratello lontano* ist mittlerweile nicht mehr erwerblich und nur noch über Bibliotheken zugänglich. In der E-Book-Version, die vom Verlag New Life herausgegeben wurde, fehlen unglücklicherweise die 25 Illustrationen von Giulia Orecchia, die die Printversion begleiten. Dass diese im Zuge der Digitalisierung ausgespart wurden, ist bedauerlich, da insbesondere für das junge Publikum eine ästhetisch-motivatorische Komponente verloren geht. Deutlich gravierender ist jedoch, dass der Verlag New Life erhebliche Änderungen am Text vorgenommen haben, die nicht mit der Autorin abgesprochen sind (cf. Görtz 2020). Auf einzelne dieser Verschlimmbesserungen wird im Folgenden genauer eingegangen.

[4]   *Caro Hamid, fratello lontano* ist im Standarditalienischen verfasst und von einem einfachen, wenig experimentellen Stil und eingeschränkter Poetizität / Literarizität geprägt. Dies ist sicherlich in Teilen mit dem Genre des Jugendromans und dessen Zielgruppe sowie mit der Tatsache zu erklären, dass die E-Mails in Form von „direkter Rede" die stilistischen Kompetenzen der Absender bzw. die Anpassung an diese seitens der Erwachsenen widerspiegeln.

Kusche[5] die Entstehung des Genres dar und entwickelt erste Typologien sowie Analysekategorien, auf deren Basis sie deutsch- und englischsprachige E-Mail-Romane analysiert. Die zwischen 1995 und 2010 erschienenen Werke teilt sie in ‚reine' E-Mail-Romane, die nur aus E-Mails bestehen, und hybride Formen ein, in denen E-Mails zwar Bestandteil des Romans sind, doch sich mit anderen Textsorten abwechseln.[6] Eine solche Unterscheidung wird bereits in Bezug auf Briefromane unternommen. Der hier zu analysierende Roman *Caro Hamid, fratello lontano* ist den ‚reinen' E-Mail-Romanen zuzuordnen, weswegen der Fokus der folgenden Ausführungen auf diesem Typus des E-Mail-Romans liegt.

Gemeinsamkeiten der beiden Genres führen dazu, dass der E-Mail-Roman oftmals nicht eigenständig, sondern in Verbindung mit dem Briefroman betrachtet wird. Außer Acht gelassen werden dabei jedoch die Charakteristika, die den E-Mail-Roman vom Briefroman unterscheiden. Im Folgenden werden diese Gemeinsamkeiten und Unterschiede knapp dargestellt, bevor näher auf die spezifischen Eigenschaften des E-Mail-Romans eingegangen wird.

Sowohl ‚reine' Brief- als auch ‚reine' E-Mail-Romane sind von der Absenz einer übergeordneten Erzählinstanz gekennzeichnet, die die einzelnen Schriftstücke miteinander verbindet. Die Informationsvergabe erfolgt demnach in beiden Fällen sukzessive und die Zeit schreitet ruckartig voran. Kausale Verbindungen müssen oftmals vom Lesepublikum selbst hergestellt und mögliche widersprüchliche Aussagen zu einem kohäsiven Ganzen zusammengesetzt werden.[7] Die aufeinander folgenden Briefe bzw. E-Mails von verschiedenen Absendern schaffen eine dialogische und multiperspektivische Struktur, die beide Genres in die Nähe des Dramas rückt.[8]

Der größte Kontrast zwischen Briefroman und E-Mail-Roman liegt Sabrina Kusche zufolge im Verhältnis von Zeit und Raum sowie von Nähe und Distanz.[9] Während es sowohl dem Brief als auch der E-Mail möglich ist, räumliche Distanz zu überwinden, wirkt sich die zeitliche Komponente nur im Briefroman stark aus: Tage, Wochen oder Monate vergehen, bis ein Brief ankommt. Im E-Mail-Roman scheint hingegen jegliche raumzeitliche Distanz aufgehoben zu sein, da E-Mails innerhalb von Sekunden das andere Ende der Welt erreichen können. Die Verringerung des zeitlichen Abstands zwischen Antworten und die erhöhte Frequenz führen zu einer Unmittelbarkeit in der E-Mail-Kommunikation. Das Ausbleiben einer Antwort ist entweder auf eine bewusste Entscheidung oder technische Schwierigkeiten zurückzuführen. Eine daraus folgende Unterbrechung der Kommunikation ist eines der Handlungsmotive von E-Mail-Romanen, die Sabrina Kusche in ihrer Dissertation herausarbeitet und als Konfliktinitiator bezeichnet.[10]

---

[5] Im Folgenden wird aufgrund des Mangels an weiterer einschlägiger Forschungsliteratur hauptsächlich auf die Ausarbeitungen Sabrina Kusches zurückgegriffen.

[6] Cf. Kusche 2012, 57.

[7] Cf. ead. 2011, 155-156.

[8] Cf. ead. 2012, 35.

[9] Cf. ibid.

[10] Cf. ibid., 74-75.

Der E-Mail-Roman unterscheidet sich außerdem aufgrund seiner Intermedialität[11] vom Briefroman: Es findet eine „mediale Grenzüberschreitung"[12] statt, bei der die Strukturen der E-Mail im Roman reproduziert werden. Dabei können jedoch mediale Bestandteile wie Verlinkungen, Anhänge sowie Schaltflächen zum Antworten oder Weiterleiten nicht nachgebildet werden.

Sabrina Kusche warnt davor, die Unterschiede zwischen den Genres zu missachten und die simplifizierende Aussage zu treffen, der E-Mail-Roman sei der Briefroman des 21. Jahrhunderts. Sie unterstreicht, dass der Brief- und der E-Mail-Roman Produkte der kommunikativen und kulturellen Tendenzen ihrer jeweiligen Zeit sind. Der Briefroman ist als Antwort auf das Kommunikationsmedium Brief zu verstehen, während der E-Mail-Roman eine Antwort auf das neuartige Medium E-Mail darstellt.[13] Der E-Mail-Roman entwickelte sich somit nicht direkt aus dem Briefroman, sondern aus neuen Diskurstraditionen. Obwohl der E-Mail-Roman, so lässt sich festhalten, nicht als Briefroman des 21. Jahrhunderts zu bezeichnen ist, kann letzterer als Bezugsfolie für die Analyse des E-Mail-Romans genutzt werden.[14]

Auch die italienischsprachige Literatur wird von den kommunikativen und medialen Tendenzen der Gegenwart beeinflusst und das Medium E-Mail findet Eingang in die Romanproduktion. Bei der Mehrheit der Fälle handelt es sich um hybride Formen des E-Mail-Romans. Als Beispiel der transkulturellen Literatur soll hier Igiaba Scegos *La linea del colore* (Bompiani 2020) angeführt werden, in dem sich eine mehrseitige E-Mail der Cousine einer der Hauptfiguren an ebendiese findet. Dabei wird auch der bekannte E-Mail-Kopf bestehend aus Absender, Empfänger, Datum und Uhrzeit sowie Betreff reproduziert.[15] Neben *Caro Hamid, fratello lontano* gibt es wenige Romane in ‚Reinform',[16] die außerdem häufig nicht als E-Mail-Romane (it. *romanzo e-mail*) bezeichnet und vermarktet, sondern dem Genre des Briefromans (it. *romanzo epistolare elettronico*) zugeordnet werden.[17] Die Anzahl an E-Mail-Romanen bleibt, sowohl innerhalb als auch außerhalb Italiens gering. Es stellt sich die Frage, ob dies noch immer auf die Neuartigkeit des Genres zurückzuführen ist oder besser durch die gegenteilige Annahme zu erklären ist, dass die E-Mail mittlerweile von anderen Medien eingeholt und überholt wurde. Zwar werden E-Mails auch weiterhin ge-

---

[11]   Die Beziehung, die zwischen E-Mail und Roman besteht, ist nach Rajewsky als intermedialer Verweis zu bezeichnen: Während das Medium E-Mail, auf das Bezug genommen wird, selbst nicht materiell präsent sein kann, werden dessen Strukturen mit den Mitteln des Romans reproduziert. Weitere Formen von Intermedialität sind die Medienkombination, bei der mehrere Medien zusammengefügt werden, die im Endmedium präsent sind (bspw. Fotoroman), und der Medientransfer, bei der ein Medium in ein anderes übertragen wird (bspw. Literaturverfilmung) (cf. Rajewsky 2002, 15-19).

[12]   Kusche 2012, 44.

[13]   Cf. ibid. 32-33.

[14]   Cf. ibid. 36.

[15]   Cf. Scego 2020, 342-344.

[16]   Alessandro Perissinotto: *Al mio giudice* (Rizzoli 2004), Cesarina Vighy: *Scendo. Buon proseguimento* (Fazi 2010), Annarita Briganti: *Quello che non sappiamo* (Cairo 2018), Federico Roncoroni: *Un giorno, altrove* (Mondadori 2020).

[17]   So bspw. auch zwei weitere Jugend-E-Mail-Romane, die in der gleichen Reihe wie Anna Russos *Caro Hamid, fratello lontano* erschienen sind: Silvia Roncaglia und Sebastiano Ruiz Mignone: *31 e-mail per un piccolo principe* (Edizioni EL 2004), Stefano Bordiglioni: *Il giro del mondo in 28 e-mail* (Edizioni EL 2005). Die Reihe trägt den Titel *Lettere e diari,* obwohl darin Tagebuch-, Brief- und E-Mail-Romane veröffentlicht wurden.

nutzt, die private Kommunikation verlagert sich jedoch zunehmend auf Social-Media-Plattformen wie WhatsApp, Facebooks Messenger, etc. Daran anknüpfend, dass derartige kommunikative Tendenzen und Diskurstraditionen ausschlaggebend für die Entwicklung neuer Genres sind, kann damit gerechnet werden, dass vermehrt Chat- und Social-Media-Romane verfasst werden. Erste WhatsApp-Romane[18] gibt es bereits und auch medial-hybride Formen des E-Mail- und Social-Media-Romans entstehen: Im Jahr 2015 veröffentlichte die amerikanische Schriftstellerin Rachel Hulin ihren Roman *Hey Harry, Hey Matilda* über Instagram. Tag für Tag wurden über die Plattform, auf der audiovisuelle Inhalte mit textueller Beschreibung verbreitet werden können, Nachrichten zwischen Harry und Matilda in Verbindung mit einem Foto gepostet.[19] Die neuen Medien finden nicht nur Eingang in die Romanproduktion, sondern stellen in diesem Fall sogar das Basismedium dar. Ähnlich funktioniert das 2017 in Südafrika publizierte, weltweit erste WhatsApp-Drama (*Uk'shona Kwelanga*), das die Geschichte der Familie Langa nicht nur in Form von WhatsApp-Nachrichten, sondern über die App selbst erzählt. Das Drama setzt sich aus allen auf WhatsApp integrierten medialen Formen – Text- und Sprachnachrichten, Fotos sowie Videos – intermedial zusammen.[20] Nur schwer lassen sich die beiden Social-Media-Romane innerhalb von oder zwischen bestehenden Genres verorten und bilden daher wohl ein neues Genre für sich.

Es sind jedoch auch gegenläufige Tendenzen zu bemerken: Erst im vorletzten Jahr veröffentlichte Letizia Muratori ihren Roman *Carissimi* (La nave di Teseo 2019), der zu einem Großteil aus Briefen besteht. Obwohl auf *histoire*-Ebene weitere Medien Eingang in den Roman finden – die Hauptfigur dreht einen Dokumentarfilm und es wird über Facebook kommuniziert –, wird nur das Medium Brief intermedial reproduziert. Trotz neuer kommunikativer Tendenzen und daraus entstehender literarischer Produktionen scheinen weder Brief- noch E-Mail-Roman gänzlich ‚auszusterben‘.

Charakteristika des E-Mail-Romans

Um sie für die Romananalyse nutzbar zu machen, sollen einige Eigenschaften des Mediums E-Mail und des E-Mail-Romans im Folgenden genauer erläutert und vertieft werden. Dabei ist insbesondere das Verhältnis von Nähe und Distanz relevant. Sabrina Kusche zufolge entsteht in der E-Mail-Kommunikation eine Verzerrung dieses Verhältnisses: Obwohl das Gegenüber als Adressat nah erscheint, also eine gewisse räumliche Distanz überwunden werden kann, bleibt die reale Entfernung bestehen. Auch die Schnelligkeit des Austauschs suggeriert raumzeitliche Nähe, doch die Gegenwart des Absenders ist nie die Gegenwart des Empfängers. Nur durch die reale Distanz kann Nähe fingiert werden, sodass eine gewisse Gleichzeitigkeit von Nähe und Distanz entsteht. Diese Gleichzeitigkeit sieht Kusche auch in der E-Mail-Sprache: Konzeptionelle Mündlichkeit, die Sprache der Nähe, wird durch Mittel

---

[18]   In deutscher Sprache: Bärbel Körzdörfers *Mädchen auf WhatsApp* (Bastei Lübbe 2016) und *Mädchen auf WhatsApp² - Immer online* (Bastei Lübbe 2018); in italienischer Sprache: Simona Reas *Due vite in una chat* (Gruppo Albatros Il Filo 2018).

[19]   Cf. Caprotti 2015.

[20]   Cf. Lehner 2017.

konzeptioneller Schriftlichkeit (bspw. Planung und Organisation der Nachrichten) er-
wirkt.[21] Inszeniert wird das Verhältnis von räumlicher Nähe und Distanz im E-Mail-Roman
außerdem häufig durch eine Trennung des virtuellen vom realen Raum.[22] Während im realen Raum die Distanz bestehen bleibt, wird sie im virtuellen überbrückt.

Weitere Charakteristika des ‚reinen' E-Mail-Romans resultieren vorwiegend aus der
Tatsache, dass eine übergeordnete Erzählinstanz fehlt. Obwohl der E-Mail-Kopf Hinweise
auf die Zeit geben kann, findet keine allgemeine raumzeitliche Einordnung statt. Auch die
Figurencharakterisierung muss ohne Erzählerfigur auf andere Weise stattfinden. Der E-
Mail-Kopf kann hier ebenfalls helfen, da E-Mail-Adressen Auskunft über die jeweiligen Figuren geben können. Darüber hinaus findet die Figurencharakterisierung innerhalb der E-
Mails, ähnlich dem Drama, als Eigen- und Fremdcharakterisierung statt. Weitere Indizien
für Charaktereigenschaften finden sich in der Art des E-Mail-Verschickens: Länge, Frequenz und Abstand zwischen E-Mails können auf Stimmung oder Hierarchie- und Domi-
nanzverhältnisse hinweisen. Auch Sprachbesonderheiten erlauben es, Rückschlüsse auf die
Figuren zu ziehen. Zu diatopischen, diastratischen und diaphasischen Merkmalen, kommen diamesische Sprachbesonderheiten, die typisch für die Kommunikation über Online-
Medien sind: bspw. typographische Hervorhebungen wie Fettdruck oder Großschreibung
sowie die Nutzung von Emoticons. Diese Elemente ersetzen z.T. die im Medium der E-Mail
fehlende Gestik, Mimik und Prosodie.[23] Bei der Betrachtung der Figurencharakterisierung
und -konstellation muss beachtet werden, dass Identität online auf besondere Weise konstruiert wird: Zum Fehlen jeglicher körpersprachlicher Elemente und stimmlicher Besonderheiten kommt hinzu, dass jeder Absender, abhängig von der Stimmung, dem Gegenüber, etc., bewusst entscheidet, welche Informationen er von sich preisgibt.[24] Die „fluid
identities",[25] die so entstehen, fungieren Sabrina Kusche zufolge als ein weiterer Konfliktinitiator im E-Mail-Roman, der sich insbesondere während des Kennenlernens von Figuren
zeigt. Das Handlungsmotiv des Kennenlernens und daraus entstehende amouröse Beziehungen kennzeichnen einen Großteil der von ihr analysierten Texte[26] und viele weitere E-
Mail-Romane. So geht es auch in zwei der erwähnten italienischen E-Mail-Romane (*Quello
che non sappiamo* und *Un giorno, altrove*)[27] um den (Neu-)Beginn einer Liebesbeziehung.
Diese Romane sind häufig der Populärliteratur zuzuordnen, da sie literarisch weniger an-
spruchsvoll gestaltet sind und das vorrangige Interesse auf der *histoire*-Ebene liegt. Auch
die Stärken des Jugend-E-Mail-Romans *Caro Hamid, fratello lontano* sind auf dieser Ebene
zu finden. Zwar geht es in diesem Fall nicht um das Entstehen einer amourösen Beziehung,
doch steht in Anna Russos Text mit dem freundschaftlichen Kennenlernen der zwei Haupt-

---

[21]   Cf. Kusche 2012, 39-40.
[22]   Cf. ibid., 78.
[23]   Cf. ibid., 52-53; 76-82.
[24]   Cf. Dupont 2014, 194-95.
[25]   Kusche 2012, 37.
[26]   Ein weiteres Handlungsmotiv, das Sabrina Kusche in ihrer Dissertation analysiert, ist die Bürokommuni-
       kation.
[27]   Anders verhält es sich in Alessandro Perissinottos *Al mio giudice* und Cesarina Vighys *Scendo. Buon
       proseguimento*: Während im ersten Roman der angeklagte Luca Barberis Kontakt zu seiner Richterin auf-
       nimmt, ist Vighys Werk ein autobiographischer E-Mail-Roman, in dem die letzten drei Jahre des Lebens der
       Autorin in Form von E-Mails an Freunde, Familie, etc. dargestellt sind.

figuren George und Hamid ein ähnliches Handlungsmotiv im Vordergrund. Bevor der Roman genauer auf das transkulturelle und didaktische Potenzial untersucht wird, sollen problematische Aspekte der Genre-, Ort- und Sprachwahl kritisch diskutiert werden.

Genre-, Ort- und Sprachwahl: Problematisierung des E-Mail-Romans *Caro Hamid, fratello lontano*

Anna Russos *Caro Hamid, fratello lontano* lässt sich zwar dem Genre des E-Mail-Romans zuordnen, spielt aber mit dessen Grenzen. So rücken ihn manche Aspekte in die Nähe des Briefromans, andere in die Nähe des Chat-Romans. Einerseits ist die Frequenz der E-Mails zwischen den Hauptfiguren George und Hamid stellenweise derart hoch, dass die Kommunikation wie ein Chat-Gespräch wirkt. Dabei fallen jegliche Begrüßungs- und Verabschiedungsformeln weg (cf. CHFL, 88-92) und die Nachrichten bestehen teilweise nur aus einzelnen Wörtern. Andererseits beginnen, wie schon in der Einleitung kurz erwähnt, alle E-Mails des Romans mit einem Briefkopf.[28] Statt der Angabe des Adressaten und des Absenders, der entsprechenden E-Mail-Adressen, des Versandzeitpunkts und eines Betreffs finden sich lediglich Ort und Datum.[29] Ohne das Wissen, dass es sich bei *Caro Hamid, fratello lontano* um einen E-Mail-Roman handelt, wäre es nicht überraschend, wenn auf einen Briefroman geschlossen würde. Schon das Cover vermittelt diesen Eindruck: Es ist als Rückseite eines braunen Briefumschlags gestaltet, der mit einer Kordel verschlossen ist und auf den mehrere Briefmarken geklebt sind. Während auf der Titelseite der Printausgabe – gestaltet von Yan Nascimbene – bunte Briefmarken und ein Pariser Stempel zu sehend sind, stammen die Briefmarken, die das Cover der E-Book-Version zieren, aus der Schweiz, Kanada und Burkina Faso. Diese Änderungen seitens des Verlags New Life scheinen lediglich den Zweck zu erfüllen, durch die ansprechenden und bunten Motive die Aufmerksamkeit der Zielgruppe auf sich zu lenken, und stellen so die Authentizität des Romans infrage.

Im Roman bezeichnet auch George selbst seine E-Mails mitunter als Briefe: „[M]agari il mio inglese non è dei migliori (infatti a scuola in questa materia non ho un grande voto), eppure ho letto e riletto **la lettera**, che vi ho inviato, e mi è sembrata chiarissima" (CHFL, 14-15, eigene Hervorhebung). An anderen Stellen nutzt er dann doch den Begriff E-Mail: „Sto mandando **e-mail** in tutto il mondo […]" (CHFL, 23, eigene Hervorhebung). Es stellt sich die Frage, ob George den Unterschied zwischen Brief und E-Mail nicht kennt oder ob die beiden Bezeichnungen für ihn synonym sind. Doch Anna Russo lässt auch Erwachsene die E-Mails immer wieder als „lettera" bezeichnen.[30] Obwohl sowohl Form als auch Be-

---

28   Diese Briefköpfe heben sich in der Printausgabe typographisch vom restlichen Text ab, da sie – wie auch der Romantitel auf dem Cover – in einer Schriftart gedruckt sind, die einer Schreibmaschinenschrift ähnelt.

29   Auch Daniel Glattauer verzichtet in seinem E-Mail-Roman *Gut gegen Nordwind* auf den typischen E-Mail-Kopf: So finden sich Betreff und die Abkürzungen „AW:" und „RE:", nicht aber Datum, Uhrzeit, Sender und Empfänger. Stattdessen wird der zeitliche Abstand zur vorherigen E-Mail angegeben. Bruno Dupont zufolge nimmt Glattauer „den Weg der Funktionalität und lässt nur die Elemente erscheinen, die für das Verständnis des Ablaufs wichtig sind" (Dupont 2014, 193). Mit der Entscheidung gegen den typischen E-Mail-Kopf bleibt der Schweizer Autor, anders als Anna Russo in *Caro Hamid, fratello lontano*, dem Genre treu.

30   Siehe bspw. die E-Mail von Simon Laclos (cf. CHFL, 17-19; auch unten aufgeführt). Insgesamt werden die Schriftstücke 20 Mal als Brief und 13 Mal als E-Mail bezeichnet.

zeichnungen darauf hindeuten, dass es sich tatsächlich um Briefe handeln könnte, geht aus dem Inhalt hervor, dass der Roman aus E-Mails besteht: In einigen E-Mails spricht George von Anhängen, er wird mehrfach dazu aufgefordert, E-Mails zu versenden und berichtet in seiner letzten Mail, er sei nach dem Lesen eines „Briefes" von Hamid auf der Tastatur eingeschlafen (cf. CHFL, 110). Aus dem Roman geht nicht hervor, warum Anna Russo sich dem Medium der E-Mail nicht konsequent verpflichtet. Mögliche Erklärungen könnten sein, dass sie versucht, ihrem jungen Lesepublikum mit dieser Komplexitätsreduktion entgegenzukommen. Falls sie davon ausgeht, dass es mit dem Medium der E-Mail noch nicht vertraut ist, sollte dies jedoch eher dafür sprechen, sich in das Genre des E-Mail-Romans einzuschreiben, um die Lesenden nicht zu verwirren und ihnen diese Kommunikationsform näher zu bringen. In einem per E-Mail durchgeführten Interview erklärt Anna Russo, dass der Brief für sie ein intimes, emotionales und poetisches Kommunikationsmittel darstellt und sie sich, obwohl es sich bei den Schriftstücken im Roman um E-Mails handelt, gegen den typischen E-Mail-Kopf und für stellenweise Bezeichnungen als Brief entscheidet, um diese Intimität und Emotionalität in die E-Mail-Kommunikation zu übertragen.[31] Trotz dieser Begründung wäre es möglich Anna Russo vorzuwerfen, sie mache es sich etwas leicht, wenn sie aus beiden Genres die jeweils hilfreichen Elemente entnimmt (die positiven Werte des Briefs sowie die Reichweite und Schnelligkeit der E-Mail) und der Text somit an Authentizität einbüßt. Zeitgleich verrät diese Wahl etwas über die (historischen) Konnotationen des Briefes und wirft die Frage auf, weshalb E-Mails nicht dasselbe Potential zugestanden werden kann.

In Bezug auf die Wahl des Schauplatzes und der Sprache fallen darüber hinaus weitere Inkongruenzen auf: Zum einen erscheint es unklar, warum Anna Russo ihren Roman in Frankreich und nicht in Italien situiert. Da in den E-Mails George selbst spricht bzw. schreibt, wirkt es befremdlich, dass die E-Mails eines französischen Jungen auf Italienisch verfasst sind. Die Vermutung, Russo hätten persönliche Erinnerungen zur Verortung in Südfrankreich bewogen, bestätigte die Autorin im Interview: „[F]a parte della mia vita. È il posto […] dove tutto quello che io ho scritto è vero. Io ho veramente abitato in questa strana casa costruita sulla sponda più bassa del fiume […]".[32] Da, wo für Anna Russo Authentizität entsteht, geht sie für Leser*innen verloren, denn inhaltlich gibt es keine Besonderheiten, die den Roman an Frankreich binden und gegen einen Schauplatz in Italien sprechen. Dies würde entsprechend Authentizität bieten und die Identifikation der jungen italienischen Leser*innen ermöglichen. Um zusätzlich Kohärenz zu schaffen, hätten m.E. zumindest die Cornflakes, an die George seine erste Mail richtet, um seinen „Adoptivbruder" Hamid ausfindig zu machen, einen französischen Markennamen (statt „Crescendo Bimbi", CHFL, 9) tragen sollen, denn auch die Eigennamen der Organisationen, die George anschließend kontaktiert, um Hamid zu finden, sind teilweise nicht italienischsprachig (*Free World*", „*Peuple du ciel*", CHFL, 27). Aus welchem Grund dann ausgerechnet das Aufnahmezentrum in Indonesien mit dem französischen „*Le Centre d'Accueil*" bezeichnet wird, das durch die Großschreibung außerdem wie ein Eigenname wirkt, ist unverständlich. Gerade hier erscheint die französische Sprache am unpassendsten.

---

[31]   Cf. Görtz 2020.
[32]   Ibid.

Zum anderen geht aus einigen wenigen Textstellen hervor, dass der Großteil der E-Mails auf Englisch verfasst sein soll. Denkbar ist, dass George zu Beginn auf Französisch schreibt, um die „Cornflakes" zu kontaktieren, dann aber mit der ersten Mail an eine Hilfsorganisation ins Englische wechselt. Explizit deutlich gemacht wird dies im Roman jedoch nicht. Im Interview erklärt Anna Russo, dass in ihrer Vorstellung alle E-Mails in englischer Sprache geschrieben werden.[33] In der oben aufgeführten E-Mail wird das Englische zum ersten Mal kommentiert: George schreibt als Antwort auf ein Missverständnis, dass sein Englisch sicherlich nicht besonders gut ist, doch dass ihm sein Text verständlich vorkommt. Einige Mails später wird George bestätigt, dass er seine Sprachkenntnisse verbessern und deutlicher formulieren sollte:

> […] Carissimo George La Clap,
> non sai quanto ti faccia onore la tua lettera e non prendertela troppo con quelli dell'ONU, […]. Ma credimi… fanno un grande lavoro. A loro discolpa devo dirti che dovresti davvero studiare un po' di più l'inglese. […] Per evitare altri equivoci in futuro, cerca di essere un po' più conciso nei tuoi messaggi. […] (CHFL, 17-19).[34]

Es ist zwar in der Tat authentisch, dass der Schriftverkehr auf Englisch stattfindet, es bleibt aber – trotz der verständlichen Erklärung, dass der Verlag seinen Sitz in Italien hat[35] – irritierend, dass die E-Mails in italienischer Sprache verfasst sind. Hinzu kommt, dass George im Alter von acht Jahren unmöglich das für die Kommunikation notwendige Englisch-Niveau erreicht haben kann. Im Cycle 2, den ersten drei Grundschuljahren, kommen französische Schüler*innen zwar erstmals in Kontakt mit einer ersten Fremdsprache, meist Englisch, die Schriftsprache wird aber weitestgehend vernachlässigt. Im Fokus steht die gesprochene Sprache, wobei vor allem das Verständnis und die Reproduktion – noch nicht die Produktion – geschult werden.[36]

Obwohl Anna Russo Erklärungen für die Inkongruenzen gibt, wird das Akzeptieren der erzählten Welt erschwert, da die Genre-, Ort- und Sprachwahl die Authentizität ihres Jugend-E-Mail-Romans vermindern.

Zwischen Frankreich und Indonesien: transkulturelle Perspektiven

Im E-Mail-Roman *Caro Hamid, fratello lontano* geht es um die Kontaktaufnahme des achtjährigen George mit seinem „Adoptivbruder" Hamid und das Kennenlernen der beiden Jungen. George lebt im südfranzösischen Sommières und Hamid befindet sich nach der Tsunami-Katastrophe in seinem Heimatland Indonesien im Dezember 2004, bei der er von seiner Mutter getrennt wurde, in einem Aufnahmezentrum. Einen Aufruf zur Adoption bzw. Patenschaft versteht George wortgetreu und erwartet, dass Hamid nun Teil seiner Fa-

---

[33] Cf. ibid.
[34] Der Briefkopf, der aus Ortsangabe und Datum besteht, wird in den Zitaten aus *Caro Hamid, fratello lontano* nicht wiedergegeben. Dies wird zu Beginn eines jeden Zitats durch Auslassungszeichen markiert. Wenn auch die Schlussformel nicht übernommen wird, endet das Zitat entsprechend mit Auslassungszeichen.
[35] Cf. Görtz 2020.
[36] Cf. Ministère de l'éducation nationale, de la jeunesse et des sports.

milie wird. Nachdem ihm seine Mutter das Missverständnis erklärt, versucht George seinen „Bruder" ausfindig zu machen, um ihn dennoch kennenzulernen. Die E-Mail-Kommunikation zwischen George und Hamid werde ich im Folgenden aus transkultureller Perspektive betrachten. Die (vorerst nur) virtuelle Begegnung von George und Hamid ermöglicht es den beiden Jungen, ihre kulturellen Vorstellungen zu hinterfragen und zu erweitern. So wird im Roman das Konzept von homogenen und abgrenzbaren Kulturen überwunden. Da, wo sich anfangs noch zwei scheinbar grundverschiedene Kulturen gegenüberstehen, entsteht ein kultureller Austausch, der nicht nur zum Verständnis der jeweils anderen Kultur führt, sondern darüber hinaus geht, indem er das Verbindende gegenüber dem Trennenden betont. Wolfgang Welschs Transkulturalitätsbegriff[37] ist dementsprechend geeignet, um das entstehende Verständnis der generellen Hybridität von Kulturen herauszuarbeiten.

Anna Russos Jugendroman bietet aufgrund seiner Multiperspektivität von Grund auf ein gewisses transkulturelles Potenzial, da sich verschiedene Meinungen oder unterschiedliche Sichtweisen auf Sachverhalte unter anderem mit der Herkunft und dem kulturellen Hintergrund der Figuren erklären lassen. So stehen sich Georges und Hamids Perspektiven aufgrund ihrer kulturellen Distanz gegenüber. Durch Georges anfangs sehr eingeschränkten Blickwinkel entstehen Missverständnisse: Er glaubt beispielsweise, Hamid spiele nicht wie er Fußball, sondern Wasserball, da der Ball häufig im Wasser landet, das Indonesien umgibt.

> […] Io gioco dove mi capita, ma sono il più bravo a recuperare la palla quando finisce nell'acqua, perché nuoto più veloce di tutti. […].

> […] Ah, che delusione! Ma allora non giochiamo allo stesso gioco. Io parlo del calcio, quello che dici tu è pallanuoto. […].

> […] No! Anche a noi piace il calcio. Solo che qui tutto finisce in acqua, perché l'acqua è dappertutto. […] (CHFL, 44).

Nach und nach wird sich George solcher Differenzen bewusst und möchte die Lebensweise seines Bruders auf Distanz verstehen: „[M]a davvero non capisco come sia il tuo mondo. Magari se me ne parli non direi più cose inutili" (CHFL, 51). Hamid hingegen ist überzeugt, dass das Unverständnis auch nach Erklärungen bestehen bleibt:

> […] Neppure io so come sia fatto il tuo mondo, ma non per questo me ne preoccupo, anche perché poi quando me lo spieghi non lo capisco. E non succede solo a me. Accade a tutti quelli che si trovano qui, quando si parla del mondo di là. […] (CHFL, 51).

Dennoch versuchen die Brüder, sich besser kennenzulernen und zu verstehen. Hamid stellt Fragen zu all jenen Begriffen und Eigennamen aus Georges E-Mails, die er nicht einordnen kann:

---

[37]   Das Konzept der Transkulturalität unterscheidet sich von den Konzepten der Multi- und Interkulturalität, die auf dem obsoleten Kugelmodell der Kulturen basieren, nach welchem Kulturen in sich homogen sind und sich nach außen von anderen abgrenzen. Dem Konzept der Transkulturalität liegt die Annahmen zugrunde, dass Kulturen hybrid und rhizomartig vernetzt und so durch Verflechtungen charakterisiert sind (cf. Welsch 2017, 10-12).

> [...] [M]i hai chiesto cose che non conosco. Allora, per cambiare, adesso le domande le faccio io. Cos'è una piscina? E chi sono tutte quelle persone: Batman, Spiderman, King Kong? La Francia è una monarchia, e il vostro re si chiama Kong?! Ma sei proprio sicuro di averle viste? Magari stavi male, la febbre fa brutti scherzi, sai. [...] (CHFL, 56). [38]

Der komische Effekt, der durch die falschen Schlüsse Hamids erzielt wird, dient dazu, George verstehen zu lassen, dass er nicht vom gleichen kulturellen Kenntnisstand aller Menschen ausgehen und nicht von seinem Wissen auf jenes anderer schließen kann. So wird ihm und in einem weiteren Schritt auch dem Lesepublikum seine bisherige Eurozentriertheit und Unreflektiertheit vor Augen geführt. Mit einem erweiterten Bewusstsein für die kulturellen Differenzen nähern sich George und Hamid in den folgenden E-Mails auf persönlicher und kultureller Ebene weiter an und überbrücken somit geographische und kulturelle Distanzen.

Auch der von Sabrina Kusche herausgestellte Konfliktinitiator der Unterbrechungen in der Kommunikation findet in Anna Russos Roman Verwendung, um Distanz zu überwinden. Solche Unterbrechungen werden in *Caro Hamid, fratello lontano* sowohl in Bezug auf technische Ursachen – Hamid hat in Indonesien nicht dauerhaft Zugang zu einem Computer und Internet[39] – als auch in Bezug auf bewusste Entscheidungen, nicht (sofort) zu antworten, inszeniert: George antwortet auf eine Frage zu seinem verstorbenen Vater erst nach zwei Tagen,[40] während Hamid die Kommunikation unterbricht, da es ihm schwerfällt, über seine vermisste Mutter zu sprechen:

> [...] Ciao Hamid, non rispondi? Hai parlato con Juan? [...]

> [...] Hamid vi siete spostati di nuovo?
> Preoccupatissimo, George.

> [...] Scusami George,
> ma quando non rispondo è perché sto male.
> Prima quando immaginavo di cercare la mamma la sentivo tanto vicina, ma adesso
> al pensiero che la stiamo cercando davvero e che le risposte non arrivano, l'ansia mi
> paralizza. [...] (CHFL, 86-87).

Das, was für die kurze Zeit bis zur nächsten Nachricht ein gewisses Konfliktpotenzial bietet, transformiert sich in diesem Fall jedoch in ein besseres und tieferes Verständnis der beiden

---

[38]   In der E-Book-Version des Verlags New Life wurde die zitierte Textstelle wie folgt verändert: „[...] [M]i hai chiesto cose che non conosco. Allora capovolgiamo la situazione, adesso le domande le faccio io. Cos'è una piscina? E chi sono tutte quelle persone: Batman, Spiderman, King Kong? Quindi la Francia non è una repubblica, ma una monarchia e il vostro re si chiama Kong?! Eppure a scuola insegnano altre cose! Quello che racconti mi meraviglia. Sei proprio sicuro di stare bene? A volte la febbre gioca brutti scherzi. [...]".
Durch die Änderungen am Originaltext entstehen Logikfehler: Nur drei Tage zuvor erklärt Hamid George, dass er bis dato nicht in die Schule ging und der folgende Tag sein erster Schultag sein wird (cf. CHFL, 54). Er kann dementsprechend nicht wissen, dass in der Schule über das politische System Frankreichs vermittelt wird.

[39]   „Ma per tutto il tempo del viaggio ti ho pensato: mi dicevo: *Adesso George starà cercando di mettersi in contatto con me e magari si starà preoccupando per il fatto che non rispondo…* e tante altre cose così" (CHFL, 50).

[40]   „George, perché non rispondi?!" – „Scusami per il silenzio, ma per me parlare di queste cose è difficile" (CHFL, 76).

Jungen. Da beide aus einem sehr ähnlichen Grund, dem Verlust eines Elternteils, nicht antworten, fühlen sie sich einander näher und verbundener. Die gemeinsame Trauer wird hier als verbindendes Element inszeniert und den kulturellen Unterschieden entgegengesetzt.

Überwunden werden die kulturellen Differenzen zwischen George und Hamid in Anna Russos Roman durch die digitale Kommunikation, also im virtuellen Raum. Dieser fungiert als Bindeglied zwischen Frankreich und Indonesien, zwischen George und Hamid. Sabrina Kusche geht in ihrer Dissertation in Bezug auf ihr Korpus auf die Gegenüberstellung von realem und virtuellem Raum ein, differenziert aber den realen Raum nicht weiter aus. Dies liegt mitunter daran, dass dieser sich in den von ihr untersuchten Romanen sehr homogen gestaltet. Die Figuren leben, wenn nicht sogar in der gleichen Stadt, mindestens im gleichen Land. Ein transkulturelles Potenzial findet demnach keine Erwähnung. In *Caro Hamid, fratello lontano* sind schon die beiden realen Räume so grundverschieden, dass sie nur schwer als Ganzes in der Kategorie „realer Raum" gefasst werden können. Vielmehr als zwei „trennende Räume"[41] finden sich in Anna Russos Roman zwei getrennte (reale) Räume und ein verbindender (virtueller) Raum. Bruno Dupont bezeichnet den virtuellen Raum in E-Mail-Romanen in seiner Analyse von Daniel Glattauers *Gut gegen Nordwind* als Heterotopie, die innerhalb der Realität einen Raum mit klarer Grenzziehung darstellt.[42] Dupont zeigt zwar auf, dass die beiden Hauptfiguren Emmi und Leo eine Grenze zwischen Realität und Virtualität ziehen, doch erläutert er weder das Konzept der Heterotopie noch die spezifischen heterotopischen Eigenschaften genauer, die der virtuelle Raum für ihn besitzt. Als Heterotopie kann vielleicht der virtuelle Raum in *Gut gegen Nordwind* bezeichnet werden, nicht aber der virtuelle Raum allgemein, der durch E-Mail-Kommunikation und in E-Mail-Romanen kreiert wird. Insbesondere die Ausführungen zu *Caro Hamid, fratello lontano* aufgreifend, erscheint es mir deutlich gewinnbringender den virtuellen Raum als *Third Space* im Sinne Homi Bhabhas zu verstehen. Er stellt sowohl zwischen den unterschiedlichen Kulturen Georges und Hamids ein *inbetween* dar als auch zwischen kulturell weniger entfernten Figuren. Das Konzept des Dritten Raums erlaubt es, die Distanz zwischen virtuellem und realem Raum als überwindbar anzusehen; die trennende Grenze kann zum verbindenden Grenzraum werden. Bhabhas *Third Space* und der virtuelle Raum im E-Mail-Roman sind real nicht betretbare Orte, an denen Identität ausgehandelt wird. In solchen Zwischenräumen wird die Dichotomie von Eigen- und Fremdkultur überwunden und die Hybridität von Identität[43] und Kultur deutlich:

> [T]he theoretical recognition of the split-space of enunciation may open the way to conceptualizing an *inter*national culture, based not on the exoticism of multiculturalism or the *diversity* of cultures, but on the inscription and articulation of culture's *hybridity*. To that end we should remember that it is the 'inter' – the cutting edge of translation and negotiation, the *inbetween* space – that carries the burden of the meaning of culture.[44]

---

[41]   Kusche 2012, 78-79.
[42]   Cf. Dupont 2014, 197.
[43]   Auf die hybriden Identitäten, die im virtuellen Raum entstehen, geht Sabrina Kusche bereits in ihrer Dissertation ein. Eine Verbindung mit dem Konzept des *Third Space* hätte diese Ausarbeitungen noch stützen und erweitern können.
[44]   Bhabha 1994/2004, 56.

Im virtuellen Zwischenraum verhandeln George und Hamid demnach einerseits ihre fluide Online-Identität, die sich wie oben ausgeführt aus den ausgewählten, bruchstückhaften Informationen zusammensetzt, die preisgegeben werden, und andererseits ihre kulturelle Identität im Austausch miteinander. Dieser Austausch stellt eine transkulturelle Verbindung zwischen den beiden Jungen her, die sie einander näher sein lässt.

In den frühen (Liebes-)E-Mail-Romanen führt die Kommunikation im virtuellen Raum nicht zu einer realen Überbrückung der Entfernung zwischen den Figuren: die Trennung zum realen Raum bleibt bestehen, ein Treffen der Figuren findet nicht statt. In der von Kusche untersuchten Trilogie *Chat :-), Connect }:-)* und *Crash ;)* entscheiden sich die Hauptfiguren zwar dazu, die im virtuellen *Third Space* überbrückte Distanz auch in der Realität zu überwinden, ein Flugzeugabsturz hält sie jedoch davon ab.[45] In Daniel Glattauers *Gut gegen Nordwind* steht für beide Figuren fest, dass sie sich nicht treffen wollen, da sie befürchten, eine Grenzüberschreitung würde das Ende ihres Verhältnisses bedeuten. Sie versuchen dennoch die Distanz zwischen sich anderweitig zu überbrücken. So „verabreden" sie sich beispielsweise in einem Café, ohne sich jedoch zu sagen, wie sie aussehen.[46] Anders als in den erwähnten Romanen wollen George und Hamid die geographische Distanz überwinden, es ist ihnen aber nicht möglich: Sie sind Kinder, tausende Kilometer voneinander entfernt, und Hamid befindet sich nach der Tsunami-Katastrophe in einem Aufnahmezentrum. Wie Emmi und Leo in Glattauers E-Mail-Roman überlegen sie sich jedoch Möglichkeiten, die Distanz zu verringern. So planen sie, gemeinsam, nämlich zur gleichen Uhrzeit, Fußball zu spielen, um einander näher zu sein:

> […] Noi giochiamo sempre alle cinque del pomeriggio. Se fai il conto delle ore, perché la maestra a scuola mi ha spiegato che voi siete più avanti o più indietro con l'orologio, non ricordo più, insomma provaci tu… potremo giocare nello stesso momento e fare finta di giocare insieme.
> Un bacio, Hamid
>
> […] Caro Hamid,
> che idea fantastica!
> Neppure io conoscevo bene questa storia dell'orologio… […] Quel famoso signor Jeoff, di cui ti ho già parlato, mi ha spiegato il meccanismo e adesso so che io sono sei ore indietro rispetto a te, che sei sei ore avanti. Quindi per essere sincronizzati, noi dobbiamo giocare qui alle undici del mattino e voi lì alle cinque del pomeriggio. […] (CHFL, 64-65).[47]

---

45   Cf. Kusche 2012, 75.
46   Cf. Dupont 2014, 196.
47   In der E-Book-Version des Verlags New Life werden auch an dieser Textstelle gravierende Änderungen vorgenommen. Aus völlig unverständlichen und der Autorin unbekannten Gründen (cf. Görtz 2020) beträgt der Zeitunterschied zwischen Frankreich und Indonesien acht Stunden statt der von Anna Russo korrekt verwendeten sechs Stunden. Zusätzlich maßt sich der Verlag nicht nur an, zu behaupten, Indonesien liege „hinter" statt „vor" Frankreich, sondern begeht ebenfalls einen schwerwiegenden Rechenfehler: „[I]o sono otto ore avanti a te, che sei otto ore indietro. Quindi per essere sincronizzati, noi giochiamo qui alle dodici del mattino e voi giocate lì alle sette del pomeriggio". George und Hamid würden keinesfalls zeitgleich Fußball spielen können, da die geplanten Spielzeiten (12 Uhr mittags in Frankreich, 19 Uhr abends in Indonesien) nicht annähernd übereinstimmen; auch dann nicht, wenn der Zeitunterschied tatsächlich acht Stunden

Am Ende des Romans wird George und Hamid im Gegensatz zu den frühen E-Mail-Romanen sogar ermöglicht, jegliche räumliche Distanz zu überwinden,[48] da Georges Mutter vorschlägt, die Ferien in Indonesien zu verbringen, nachdem sie die E-Mails zwischen ihrem Sohn und ihrem ‚Adoptivsohn' gelesen hat:

> [H]a iniziato a leggere, ed è andata avanti a leggere tutte le nostre e-mail. Po io mi sono svegliato…Leggeva e piangeva oppure rideva. Ero così preoccupato che ho fatto finta di dormire, ma lei non ci è cascata e all'improvviso, mentre continuavo a tenerla d'occhio di nascosto, si è voltata e mi ha detto: «Tra un po' iniziano le vacanze, non credi che dovremmo andare a conoscere tuo fratello e sua madre?!» […] (CHFL, 110-111).

Das *lieto fine* ist in diesem Fall einerseits mit der Zielgruppe und andererseits mit der transkulturellen Botschaft des Romans zu begründen: Bemühungen, nicht nur „fremde" Kulturen zu verstehen, sondern das eigene Verständnis von Kultur zu hinterfragen und zu erweitern, können dazu führen, jegliche Distanz – ob raumzeitlich oder kulturell – zu überwinden.

Didaktisches Potenzial: *Caro Hamid, fratello lontano* im Unterricht

Nicht zuletzt aufgrund dieser transkulturellen Aspekte bietet der Jugendroman *Caro Hamid, fratello lontano* ein didaktisches Potenzial für den Fremdsprachenunterricht Italienisch. Inter- bzw. transkulturelle kommunikative Kompetenz[49] ist eines der in den Bildungsstandards festgelegten übergeordneten Bildungsziele, zu denen der Fremdsprachenunterricht allgemein und die fremdsprachliche Literaturdidaktik[50] insbesondere einen aktiven Beitrag leistet. Literarische Texte machen die Innensicht der Figuren zugänglich und ermöglichen es den Lesenden/Lernenden so, einen Perspektivwechsel zu vollziehen und Empathie zu entwickeln.[51] Dies gilt prinzipiell für alle literarischen Figuren, trifft aber in besonderem Maße auf jene Figuren zu, die sich – ob in Bezug auf Herkunft, Kultur, Glaube, Sexualität, etc. – von den Lesenden unterscheiden:

---

betrüge. Es sei darauf hingewiesen, dass eine weitere erhebliche Änderung am Ort, an dem sich das *Centre d'accueil* befindet, vorgenommen wird: In der Originalausgabe schreibt Hamid seine ersten E-Mails aus der indonesischen Stadt Medan, in der E-Book-Version wird diese zum nichtexistierenden „Lac". Die Verschlimmbesserungen seitens des Verlags New Life nehmen dem Roman jegliche Authentizität.

48 Sabrina Kusche hatte darauf hingewiesen, dass sie das Potenzial zu einer solchen Überwindung sieht, nicht aber in welchem Kontext oder mit welcher Funktion. Ihren Interpretationen folgend, würde ein Treffen die Funktion erfüllen, aufzuzeigen, dass virtueller und realer Raum vereinbar sind (cf. Kusche 2012, 79).

49 Zur Begriffsdebatte sowie für Konzepte und Modelle inter- und transkultureller Lernprozesse siehe: Reimann 2017.

50 Siehe dazu vorrangig Bredella, bspw.: Bredella 2002.

51 Cf. Bredella 2013, 155-156, 177-178.

> Literary texts cultivate in ourselves a capacity for sympathetic imagination that will enable us to comprehend the motives and choices of people different from ourselves, seeing them not as forbiddingly alien and other, but sharing many problems and possibilities with us.[52]

Die Multiperspektivität des E-Mail-Romans begünstigt dies zusätzlich, da nicht nur ein Perspektivunterschied zwischen Leser*in und Figur existiert, sondern auch zwischen den einzelnen Figuren. Außerdem handelt es sich nicht um die Perspektiven von Figuren der Zielkultur, obwohl der Roman in der Zielsprache Italienisch verfasst ist, sodass die Arbeit damit zwangsweise über die Thematisierung von Ausgangs- und Zielkultur hinaus geht. *Caro Hamid, fratello lontano* kann so besonders zur Förderung transkultureller Kompetenzen beitragen.

Abschließend sollen hier einige konkrete Vorschläge/Ideen für Unterrichtsaktivitäten gegeben werden, die in der Schulpraxis selbstverständlich noch in einen größeren didaktisch-pädagogischen Kontext eingebettet werden müssen. Es handelt sich dabei vorrangig um Aktivitäten, die in der *post-reading*-Phase[53] zu verorten sind.

In besonderem Maße bieten sich Aktivitäten an, die darauf abzielen, die Leerstellen, die durch die in der E-Mail-Kommunikation ruckartig voranschreitende Zeit entstehen, zu füllen. Die Frage: „Was ist in der Zwischenzeit passiert?" kann in Form von Dialogen (zwischen George und seiner Mutter, zwischen Hamid und einem Verantwortlichen des Aufnahmezentrums, etc.), oder Monologen und Tagebucheinträgen beantwortet werden. Dabei kann der im Leseprozess passive Perspektivwechsel durch Ausformulieren von Gedanken und Gefühlen aktiv zum Ausdruck gebracht werden. Auch Texte aus der Sicht einer Erzählinstanz sind denkbar. Diese können sowohl zusammenfassender Natur sein als auch zur Hypothesenbildung dienen und den Roman kreativ erweitern. Die Fortsetzung des Romans stellt eine weitere kreative Aktivität dar. Neben den kreativ-verarbeitenden Aktivitäten kann sich an die Lektüre von *Caro Hamid, fratello lontano* ebenfalls die Beschäftigung mit der Textsorte E-Mail anschließen. So können die Unterschiede zwischen Brief und E-Mail thematisiert und die Elemente und Redemittel erarbeitet werden, die zum Verfassen einer E-Mail in italienischer Sprache notwendig sind.

Daran anknüpfend könnte ein übergeordnetes Ziel der Unterrichtssequenz sein, dass die Schüler*innen E-Mail-Freundschaften zu einer italienischen oder italienischsprachigen Schulklasse in einem anderen Land aufnehmen.

---

[52] Nussbaum 1998, 85.

[53] Für allgemeine Ideen zu *pre-*, *while-* und *post-reading*-Aktivitäten bei der Arbeit mit Kinder- und Jugendliteratur im Fremdsprachenunterricht siehe: Höner 2014, 78-92.

Fazit

Der E-Mail-Roman *Caro Hamid, fratello lontano* überschreitet Grenzen. Die achtjährigen Hauptfiguren George und Hamid trotzen jeglicher Distanz, indem sie sich über E-Mails kennenlernen, sich einander virtuell und kulturell annähern und zu Freunden/Brüdern werden. Ländergrenzen werden wortwörtlich überschritten, wenn George und seine Mutter ihren Adoptivbruder bzw. -sohn am Ende des Romans in Indonesien besuchen. Den virtuellen Raum, der in der E-Mail-Kommunikation entsteht, als *Third Space* zu verstehen, erweist sich als überaus hilfreich, um nicht nur die Überbrückung von raumzeitlicher, sondern auch kultureller Distanz zu analysieren. Der E-Mail-Austausch im virtuellen *Third Space* ermöglicht es George und Hamid, ihre Identitäten im transkulturellen Kontext (neu) auszuhandeln. Die Botschaft, dass weder zwischen virtuellem und realem Raum noch zwischen Ländern und Kulturen trennende Grenzen liegen, sondern diese miteinander verbunden sind, wird im Roman durch den Bruch mit Genregrenzen verstärkt. Stellenweise vorkommende Elemente des Brief- und des Chat-Romans machen aus dem E-Mail-Roman ein auf allen Ebenen von Hybridität gekennzeichnetes Werk.

Trotz der etwas problematischen Entscheidungen in Bezug auf Begrifflichkeiten, Sprach- und Ortswahl, bietet *Caro Hamid, fratello lontano* großes didaktisches Potenzial für den Fremdsprachenunterricht. Die Unstimmigkeiten sollten jedoch auch im Unterricht thematisiert und diskutiert werden.

Literaturverzeichnis

Primärliteratur

Briganti, Annarita. *Quello che non sappiamo*. Milano: Cairo 2018.

Glattauer, Daniel. *Gut gegen Nordwind*. Wien: Paul Zsolnay 2006.

Muratori, Letizia. *Carissimi*. Milano: La nave di Teseo 2019.

Perissinotto, Alessandro. *Al mio giudice*. Milano: Rizzoli 2004.

Roncoroni, Federico. *Un giorno, altrove*. Milano: Mondadori 2020.

Russo, Anna. *Caro Hamid, fratello lontano* (=lettere e diari 18). San Dorligo della Valle (Trieste): Edizioni EL 2007.

Russo, Anna. *Caro Hamid, fratello lontano* (E-Book). s. L.: A New Life 2012.

Scego, Igiaba. *La linea del colore*. Milano: Bompiani 2020.

Vighy, Cesarina. *Scendo. Buon proseguimento*. Roma: Fazi 2010.

Sekundärliteratur

Bhabha, Homi. *The Location of Culture*. London: Routledge 1994/2004.

Bredella, Lothar. *Literarisches und interkulturelles Verstehen*. Tübingen: Narr 2002.

Bredella, Lothar. „Wozu lesen wir Geschichten im Fremdsprachenunterricht?", in: Klein, Erwin / Meißner, Franz-Joseph / Prokopowicz, Tanja (eds.). *Lesen, Lesekompetenz, Leseförderung: Akten des GMF-Sprachentages Aachen 2011*. Giessen: Giessener elektronische Bibliothek 2013, 154-181. <http://geb.uni-giessen.de/geb/volltexte/2013/9525/> [27.10.2020].

Caprotti, Alice. „Hey Harry, Hey Matilda: ora il romanzo epistolare è su Instagram", in: *Finzioni*.   <https://www.finzionimagazine.it/news/finzioni-digitali/e-news/hey-harry-hey-matilda-ora-il-romanzo-epistolare-e-su-instagram/> [06.11.2020].

Dupont, Bruno. „Erzählen im Zeitalter des Internets. Daniel Kehlmanns *Ruhm* und Daniel Glattauers *Gut gegen Nordwind*", in: *GERMANICA* LV (2014), 189-207.

Görtz, Julia. *E-Mail-Interview mit Anna Russo*, 28.10.2020 bis 16.11.2020 (unpubliziert).

Höner, Dorotea. „Umgang mit Texten", in: Krechel, Hans-Ludwig (ed.). *Französisch Methodik*. Handbuch für die Sekundarstufe I und II. Berlin: Cornelsen 2014, 78-92.

Kusche, Sabrina. „Der E-Mail-Roman und seine Spielarten – Eine typologische Annäherung", in: Nünning, Ansgar / Rupp, Jan (eds.). *Medialisierung des Erzählens im englischsprachigen Roman der Gegenwart: Theoretischer Bezugsrahmen, Genres und Modellinterpretationen*. Trier: Wissenschaftlicher Verlag Trier 2011, 153-167.

Kusche, Sabrina. *Der E-Mail-Roman. Zur Medialisierung des Erzählens in der zeitgenössischen deutsch- und englischsprachigen Literatur*. Giessen: Giessener elektronische Bibliothek 2012. <http://geb.uni-giessen.de/geb/volltexte/2012/8903/> [26.10.2020].

Lehner, Sandra. „Chat fiction: The new format for creative storytelling", in: *MIPTrends* <https://mipblog.com/2017/07/chat-fiction/> [06.11.2020].

Ministère de l'éducation nationale, de la jeunesse et des sports. „Programmes et horaires à l'école élémentaire", in: <https://www.education.gouv.fr/programmes-et-horaires-l-ecole-elementaire-9011> [26.10.2020].

Nussbaum, Martha. *Cultivating Humanity: A Classical Defense of Reform in Liberal Education*. Cambridge: Harvard UP 1998.

Rajewsky, Irina O. *Intermedialität*. Tübingen: Francke 2002.

Reimann, Daniel. *Interkulturelle Kompetenz*. Tübingen: Narr 2017.

Welsch, Wolfgang. *Transkulturalität*. Wien: New Academic Press 2017.

Alphabetische Liste der Autorinnen – Lista alfabetica delle autrici

Veronica Andreani è una studiosa indipendente, docente di materie letterarie nella scuola secondaria in Italia. Ha conseguito la laurea magistrale presso l'Università degli Studi di Pisa e il diploma di licenza presso la Scuola Normale Superiore, dove ha frequentato anche il corso di dottorato sotto la guida di Lina Bolzoni (titolo della tesi: „Le *Rime* di Gaspara Stampa: un canzoniere «d'un foco in altro» nella Venezia di medio Cinquecento"). Qui è tornata poi come assegnista di ricerca (2018/2019) per collaborare al programma di *Letteratura del Rinascimento*. È stata *visiting scholar* presso il Dipartimento di *Italian Studies* di New York University (Spring semester 2013 e 2014), dove ha anche svolto attività di insegnamento di lingua italiana a livello *undergraduate*.

I suoi interessi di ricerca riguardano la scrittura femminile, il petrarchismo veneziano, l'epistolografia e i rapporti tra letteratura e arti visive. Attualmente sta rielaborando la sua tesi di dottorato su Gaspara Stampa, autrice sulla quale ha pubblicato vari saggi in volume e in rivista. È stata relatrice in numerosi convegni nazionali e internazionali ed ha co-organizzato il convegno „Scrivere «a ventura» o «col compasso»: le lettere degli scrittori nel primo Cinquecento", svoltosi nel 2019 tra Scuola Normale Superiore e Istituto Nazionale di Studi sul Rinascimento.

Julia Görtz ist akademische Mitarbeiterin am Romanischen Seminar der Universität Mannheim, Abteilung Literatur- und Medienwissenschaft. Sie studierte in Leipzig, Perugia und Macerata. Derzeit promoviert sie an der Universität Würzburg im Bereich der Romanistik zum Thema Literatur und Sprachwechsel. In ihrer Dissertation beschäftigt sie sich mit den Auswirkungen eines migrationsbedingten Sprachwechsels und der Auseinandersetzung mit Traumata auf die Ästhetik literarischer Werke anhand von Romanen und Erzählungen Ornela Vorpsis und Bessa Myftius. Forschungsinteressen: transkulturelle und postkoloniale Literaturen und Theorien, frankophone und italophone Texte und Medien (Filme, *Graphic Novels*, *Bandes dessinées*, etc.) des 20. und 21. Jahrhunderts, kulturwissenschaftliche Ansätze zur Darstellung von Raum, Erinnerung und Trauma. Veröffentlichungen: „Le rôle du bar dans le roman franco-africain: *Verre Cassé* d'Alain Mabanckou et *Tram 83* de Fiston Mwanza Mujila", in: Bastian, Sabine / Felten, Uta / Goudaillier, Jean-Pierre (eds.). *Cultures et mots de la table*, Berlin: Peter Lang 2019, 243-254, „Die literarische Konstruktion Albaniens als *lieu(x) de souvenirs* – Bessa Myftius *Confessions des lieux disparus*", in: von Hagen, Kirsten / Hertrampf, Marina O. / Nohe, Hanna (eds.). *An der Schnittstelle der Welten: Französischsprachige Erzählungen von migrierenden Frauen im 21. Jahrhundert / Au carrefour des mondes: narratifs en français de femmes migrantes du XXIe siècle*, München: AVM 2021 (in Druck). Lehre an der *Coimbra Group International Summer School on European Multilingualism* in Sarajevo (30.06.-06.07.2019).

Martha Kleinhans ist Professorin für italienische und französische Literaturwissenschaft an der Universität Würzburg. Sie studierte in Würzburg, Caen und Perugia und lehrte an den Universitäten Würzburg und Innsbruck. Promotion im Bereich der altfranzösischen wissensvermittelnden Literatur (*"Lucidere vault tant a dire comme donnant lumiere". Untersuchung und Edition der Prosaversionen 2, 4 und 5 des Elucidarium.* Tübingen: Niemeyer 1993), Habilitation über den italienischen *scrittore-ingegnere* Carlo Emilio Gadda (*Satura und pasticcio. Formen und Funktionen der Bildlichkeit im Werk C.E. Gaddas.* Tübingen: Niemeyer 2005). Herausgeberin (zus. mit Richard Schwaderer) des Bandes *Transkulturelle italophone Literatur - Letteratura italofona transculturale.* Würzburg: Königshausen & Neumann 2013 (DAAD-Tagung 2012). Forschungsschwerpunkte: Dante Alighieri und die mittelalterliche Mystik, Carlo Emilio Gadda, Bildlichkeitsforschung, transkulturelle und transnationale Literatur Italiens und Frankreichs, italienische Lyrik. Zahlreiche Aufsätze zur Mediävistik sowie zur italienischen und französischen Literatur und Kultur. Workshops, wie z. B. „(Dopo) la Grande Guerra – Italien und der Große Krieg" (2014), „Dante zeigt Gefühle" (2015), „La lettera italiana fra para|testo e testo letterario dal Trecento a Oggi" (2020) sowie mit zeitgenössischen italienischen Autorinnen und Autoren (Antonia Arslan, Carmine Abate, Dacia Maraini, Anilda Ibrahimi, Pap Khouma, Nicola Lagioia, Andrea Molesini, Igiaba Scego, Alda Teodorani).

Maria Chiara Levorato è docente di lingua italiana presso l'Università di Heidelberg. Ha studiato presso la Facoltà di Lettere e Filosofia dell'Università di Bologna dove ha conseguito la laurea in *Lettere moderne.* Titolo della tesi: „L'interpretazione della Genesi nelle *Quaestiones Veteris et novi Testamenti* dell'Ambrosiaster". Attualmente è dottoranda presso l'Università di Würzburg: il suo tema di ricerca è il linguaggio metaforico nelle *Lettere* di Caterina da Siena. Principali interessi di studio: la letteratura mistica e, in particolare, le autrici mistiche italiane medievali, la letteratura cristiana del tardoantico e del medioevo, le teorie sul linguaggio metaforico. In quanto membro del Gruppo di studio e di ricerca di Linguistica, Filologia e Letteratura del Centro Studi interdisciplinare *Scuola Abbà* (Roma) ha organizzato e partecipato come relatrice ai seguenti congressi: „Il dire è dare. La parola come dono e relazione" (2015), „Chiara Lubich in dialogo col mondo: 2° Convegno internazionale di studi linguistici e letterari" (2020). L'intervento tenuto nel 2020, „Lettura della *Favola fiorita* attraverso il senso della vista", è in via di pubblicazione (prevista settembre 2021). All'università di Würzburg ha condotto seminari di lingua e letteratura italiana e ha collaborato all'organizzazione del Workshop „(Dopo) la Grande Guerra: von Caporetto bis zum Marsch auf Rom" (2018/2019) e del convegno „La lettera italiana fra para|testo e testo letterario dal Trecento a Oggi" (2020).

Eva-Tabea Meineke ist Privatdozentin am Romanischen Seminar der Universität Mannheim, Abteilung Literatur- und Medienwissenschaft. Sie studierte an der Universität IULM in Mailand und am University College London (UCL) und promovierte innerhalb einer *Co-tutelle de thèse* der Universitäten IULM und Paris 8 in Vergleichender Literaturwissenschaft (*Die Geheimnisse der Stadt – Imaginäre Ordnungen in der europäischen Erzählung des beginnenden 19. Jahrhunderts.* Würzburg: Königshausen & Neumann 2015). 2017 habilitierte sie an der Universität Mannheim (*Rivieras de l'irréel. Surrealismen in Italien und*

Frankreich. Würzburg: Königshausen & Neumann 2019). Herausgeberin (zus. mit Anne-Rose Meyer, Stephanie Neu-Wendel, Eugenio Spedicato) des Bandes *Aufgeschlossene Beziehungen. Italien und Deutschland im transkulturellen Dialog. Literatur, Film, Medien.* Würzburg: Königshausen & Neumann 2019 und (zus. mit Antje Lobin) des *Handbuch Italienisch* (Berlin: ESV 2021). Forschungsschwerpunkte: Französische und italienische Literatur des 19. bis 21. Jahrhunderts, Großstadtliteratur, Romantik/Realismus, Surrealismus, Migration und Transkulturalität, Intermedialität.

Stephanie Neu-Wendel ist Juniorprofessorin am Romanischen Seminar der Universität Mannheim, Abteilung Literatur- und Medienwissenschaft. Sie studierte an den Universitäten Hamburg und Bologna und promovierte 2011 in Hamburg (*Alessandro Tassoni [1565-1635]. Metamorphosen des Epos.* Frankfurt am Main u.a.: Peter Lang 2012). Vor Antritt der Juniorprofessur war sie als Koordinatorin des Interdisziplinären Centrums für Narratologie (ICN) sowie als e-Learning-Beauftragte an der Fakultät für Geisteswissenschaften (beides Universität Hamburg) tätig. Herausgeberin (zus. mit Eva-Tabea Meineke, Anne-Rose Meyer, Eugenio Spedicato) des Bandes *Aufgeschlossene Beziehungen. Italien und Deutschland im transkulturellen Dialog. Literatur, Film, Medien.* Würzburg: Königshausen & Neumann 2019 und (zus. mit Kirsten von Hagen) des Bandes *Théophile Gautier als Wegbereiter der Moderne.* Bonn: Romanistischer Verlag Dr. Hillen 2017. Forschungsschwerpunkte: transkulturelle und postkoloniale Literatur Italiens (Forschungsprojekt „Letteratura postcoloniale transculturale italiana", www.lpti.de), Kriminalromane, Narratologie, Faktualität/Fiktionalität.

Tanja Schwan ist Lehrkraft für besondere Aufgaben in den Bereichen französische und italienische Literaturwissenschaft und Kulturstudien am Institut für Romanistik der Universität Leipzig sowie wissenschaftliche Koordinatorin des dort ansässigen Interdisziplinären Forschungsseminars „Codierungen von Gender in der Romania" (CGR). Sie studierte in Heidelberg, Nancy und Siegen und lehrte (neben Leipzig) auch an den Universitäten Siegen, Mannheim, Hildesheim und Rostock. Promotion zum Thema *Geschlechterperformanzen im historischen Umbruch: Renaissance und Avantgarde. Exemplarische Stationen der romanischen Literatur- und Kulturgeschichte* (Univ. Leipzig, 2008), Habilitationsprojekt mit dem Arbeitstitel „Papierne Passionen. Melodramatik und Metafiktionalität in Roman und Oper des 19. Jahrhunderts" (Frankreich – Spanien – Italien). Herausgeberin u. a. der Bände *Coding Gender in Romance Cultures.* Berlin: Lang 2020 (zus. mit Uta Felten, Francisco A. Zurian, Giulia Colaizzi), *Pathos – zwischen Passion und Phobie. Schmerz und Schrecken in den romanischen Literaturen seit dem 19. Jahrhundert.* Berlin: Lang 2015 (deutsch / spanisch, zus. mit Isabel Maurer Queipo) und *Strategien von Autorschaft in der Romania. Zur Neukonzipierung einer Kategorie im Rahmen literatur-, kultur- und medienwissenschaftlich basierter Geschlechtertheorien.* Heidelberg: Winter 2012 (zus. mit Claudia Gronemann, Cornelia Sieber). Forschungsschwerpunkte und zahlreiche Aufsätze auf dem Gebiet der intermedialen Modellierung von Körper, Gender und Affekten in den romanischen Literaturen und Kulturen von der Frühen Neuzeit bis zur Gegenwart. Mitveranstaltung und Co-Leitung der wissenschaftlichen Tagungen und Kulturevents des Leipziger „Centro interdisciplinare di Cultura italiana" (CiCi), z. B. zu Federico Fellini (2020), Elena

Ferrante, Donna e cinema (beide 2019), zur Rezeption der italienischen Renaissance- und Barockmalerei in den europäischen Literaturen und Kulturen (2018), zu den Liebesdiskursen in der Theaterkultur des *Settecento* (2017) oder zu Krisennarrativen in Literatur und Film (DAAD-Tagungsreihe in Neapel, Athen und Leipzig, 2016) sowie Moderation von Begegnungen mit zeitgenössischen Autorinnen und Autoren (Olivier Guez, Marion Messina) bzw. Wissenschaftlerinnen (Geneviève Fraisse, Marie-Jo Bonnet) in Kooperation mit dem Institut français Leipzig.

Marinella Vannini è laureata in Lettere (Dipartimento di Italianistica, cattedra di Storia della letteratura italiana moderna e contemporanea) presso l'Università "La Sapienza" di Roma e specializzata nell'insegnamento dell'Italiano a stranieri presso l'Università Ca' Foscari di Venezia. È esaminatrice CELI e TELC e autrice per la casa editrice Hueber, per cui ha pubblicato diversi manuali di lingua italiana per stranieri, tra cui, recentemente, la guida per gli insegnanti di *UniversItalia 2.0* e di *Chiaro! Nuova edizione.* È stata docente di glottodidattica presso il dipartimento di Romanistica dell'Università di Bonn, insegnante di italiano presso i centri linguistici delle Università di Augsburg e Würzburg. Attualmente insegna italiano presso la Hochschule für Angewandte Wissenschaften di Monaco di Baviera ed è dottoranda presso il dipartimento di Romanistica dell'università di Bonn, sotto la guida del Professor Paul Geyer (tema di ricerca: la poesia vociana).